傭兵の告白

フランス・プロラグビーの実態

Inside French Rugby

ジョン・ダニエル 著

John Daniell

冨田ひろみ 訳

INSIDE FRENCH RUGBY
by John Daniell

傭兵の告白　目次

カバーデザイン 野村浩
カバー写真 出村謙知

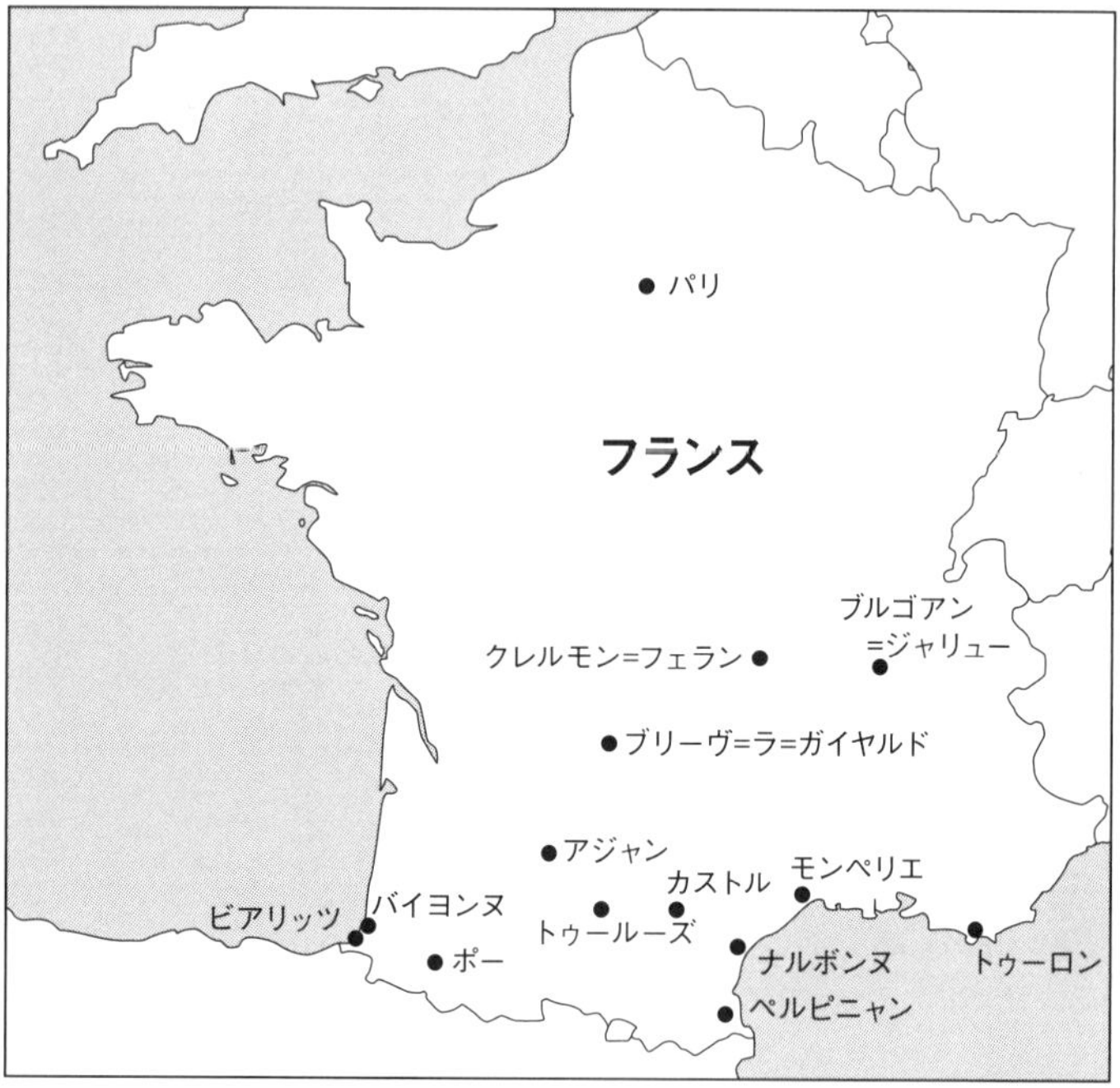

バイヨンヌ……………………アヴィロン・バイヨネ
アジャン………………………スポルティング・ユニオン・アジャン・ロッテ=ガロンヌ
カストル………………………カストル・オランピク
クレルモン=フェラン…………アソスィアスィオン・スポルティヴ・モンフェランダ・クレルモン・オーヴェルニュ（モンフェラン）
パリ……………………………スタッド・フランセ
ポー……………………………セクション・パロワズ
トゥールーズ…………………スタッド・トゥールーザン
トゥーロン……………………リュグビィ・クラブ・トゥーロネ
ナルボンヌ……………………ラシン・クラブ・ナルボンヌ・メディテラネ
ビアリッツ……………………ビアリッツ・オランピク
ブリーヴ=ラ=ガイヤルド……クラブ・アトレティク・ブリーヴ・コレーズ・リムーザン
ブルゴアン=ジャリュー………クラブ・スポルティフ・ブルゴアン=ジャリュー
ペルピニャン…………………ユニオン・スポルティヴ・アルルカン・ペルピニャン
モンペリエ……………………モンペリエ・エロー・リュグビィ・クラブ

＊ 2005〜06年シーズン当時

傭兵の告白

フランス・プロラグビーの実態

フランス選手権トップ14　フランスの最上位十四チームが競うリーグ戦で、発足は一八九二年。八月～翌年六月の間、ホーム・アンド・アウェーでの総当たり戦が行なわれ、順位確定時の下位二チームが自動的に二部リーグ（プロＤ２）に降格する。上位六チームによりプレーオフトーナメントが行なわれ、優勝チームにブレンヌス盾が授与される。また、この六チームが翌シーズンのハイネケンカップ（欧州クラブ王者決定戦）出場権を得る。

日本語版プロローグ

ラグビーの世界は変化している、それも猛スピードで。二〇〇五年、国際ラグビー評議会（IRB）が、ラグビーワールドカップ二〇一一年大会の開催権をニュージーランドに与えると決定した際、日本ラグビーフットボール協会（JRFU）の森喜朗会長（当時は招致委員会会長）は「旧友たちの輪《サークル》の中だけでパスをまわしている」ことに不満を表明した。IRBは絶好の機会を逃してしまったという思いが世界中を駆けめぐった。だが、それからちょうど二年後、IRBはついに、サークルの外にいる新しい友人にボールをまわすことにした。二〇一九年、IRBのユニオン非創立メンバー国が世界最大の競技会を主催する。これはラグビー史上初めてのことだ。

日本がラグビーワールドカップ二〇一九年大会のホスト国になるのは偶然のたまものではない。世界第三位の経済大国として、日本はかなりの資金をつぎこんでいる。IRBの狙いは、この大会で新たなラグビーファンを開拓することだから、そこでより重要になってくるのは、日本がこの大会にかける意気込みの強さだ。IRBの計算によれば、日本のラグビー競技者数はニュージーランドとほぼ同じで、伝統的にラグビーが盛んなウェールズやスコットランド、さらにオーストラリアよりもはるかに多いのである。

私が日本のラグビーのことを直《じか》に知ったのは、一九九二年、オックスフォード大学選抜チームの一員として日本に遠征したときだ。東京、神戸、大阪で数万人の大観衆を前にプレーをし、日本のU23代表チームを相手に二勝一敗の成績をおさめた。楽しい経験もたくさんあった。早稲田大学の女子ラグビーチームのメンバーは、映画「サウンド・オブ・ミュージック」の「ドレミの歌」を歌いながら酒を飲むゲームを楽しんでいた。歌の一節ごとに一杯のビールを飲みほすのがルールで、競争に勝った女子チームの選手は一曲が終わるまでずっとビールを飲みつづけていた。もっとも、敗者は一人もいなかったようにおぼえている。それから、ごちそうもたくさん食べた。あるアフターマッチ・ファンクションでは、ロブスターが盛られたトレーがずらっと並んでいて、全部平らげるつもりで挑戦したが、どうがんばっても無理だった。

もう二十年近く前のことだし、学生チームによる二週間の遠征ごときで結論を引きだすなんて無茶を承知のうえだが、それでもはっきりわかったことが三つあった。まず、日本ではラグビーの育成に非常に力を入れていて、主にそれを支えているのは大学ラグビーと社会人ラグビーだということ。次に、その育成には、国際舞台で強いラグビーを見せることをサポートするだけの豊富な資金があるということ。そして三つめが、ヨーロッパ各国のクラブでプレー経験がある選手もいたオックスフォード大チームを打ち負かすだけの、日本育ちの才能《タレント》ある選手が当時も、そしてもちろん今日もたくさんいるということだ。

しかも、日本とは、最先端のものと古き善きものとが調和した社会であり、それがラグビーをやるための確固とした土台になっている。

日本が二〇一九年大会で掲げた目標は、ベスト8進出だ。これはかなり野心的な宣言のように思えるが、二〇一六年のオリンピック正式種目に七人制ラグビー（セブンズ）が採用されたことで、日本の目標達成への可能性がにわかに高まってきたと思う。セブンズは、十五人制よりも選手の動きがより自由になるぶん、軽量かつ身軽な選手のほうが有利になる。十五人制の試合につきものの激突を回避したプレーが求められるからだ。つまり、オープンスペースをつくために、選手は知力、スキル、スピードを駆使しなければならない。オリンピック種目入りが後押しとなって、セブンズの人気は高まりそうだ。あと二十年もしたら、十五人制よりもセブンズのほうが有名になっていて、セブンズ種目に参加した国のすべてでラグビー専用の競技場ができているかもしれない。セブンズはテレビ中継しやすい形態《フォーマット》なので、オリンピック種目に採用されたのを契機にアメリカやロシアで関心が高まれば、ラグビーの勢力基盤が、これまでのグレート・ブリテン及び北アイルランド、フランス、そしてSANZARと総称される南アフリカ、ニュージーランド、オーストラリアといった国々から、ほかの国へあっさり移ってしまう可能性だってある。

一九九六年からのプロ化容認は、ラグビーそのものを変えてしまった。ラグビーは十九世紀に誕生して以来、この競技自体が、一つの連邦みたいなものだった。イングランドで始まったラグビーは、やがてウェールズ、スコットランド、アイルランドに楕円のボールをパスし、一八八三年にホーム・ネイションズという競技会を誕生させ、さらにはイングランドの植民地であったニュージーランド、オーストラリア、南アフリカにもちこまれた。フランスは、一九一〇年にファイブネイションズへの参加を認められたものの、選手に報酬を払ったかどで一九三〇年代に退会処分となる。その後、ＩＲＢに完全復帰を認められたのは一九七八年になってからだ。ところが、今日のラグビー界で最もパワフルなのはこのフランスである。それは国内リーグの資金力にものを言わせて、世界中からトッププレーヤーを集めていることによる――少し例をあげても、ダニエル・カーター（ニュージーランド）、フランソワ・ステイン（南アフリカ）、ジョニー・ウィルキンソン（イングランド）、マット・ギタウ（オーストラリア）などなど――ＩＲＢの現会長《プレジデント》が、ベルナール・ラパセというフランス人であることも影響しているのだろう。

ラグビーは、伝統に縛られた保守的なスポーツとしての歴史を歩んできた。そしてそのせいで、今日も依然として、好機を逃すという結果を招いているのだ。本書は、筆者がモンペリエという南フランスにあるプロのラグビークラブに在籍していた最後の一年を描いたもので、このクラブはフランス版プレミアリーグのトップ14の一つだ。二〇〇三年、ウイングの大畑大介――通算トライ数世界記録保持者で日本ラグビーの伝説的プレーヤー――とモンペリエが契約を結ぶ寸前まできていった。ダイスケと同時期に私は移籍し、二人とも町外れにあるくたびれたホテルに滞在しながら、プレシーズンのトレーニングに参加した。

ダイスケとのコミュニケーションは通訳を必要としたから、ごく限られたものでしかなかったが、おそらく私と同じように、モンペリエが現代ラグビーの最先端にあるクラブかと思いきや、ひどくアマチュアっぽい組織だったことに失望したのではないだろうか。ダイスケなら、一軍レギュラーとして十分やっていける実力があったと確信しているが、彼には外国人受け入れ枠という壁があった。本来ならこれはクラブ側が解決しておくべき問題だったうえに、日本人の彼にチーム内でのコミュニケーションがスムーズにできるのかという疑念をクラブ側が払拭できなかったこともネックとなった――その点、英語圏の選手は、フランス語がまるで話せなくても渡仏後すぐにピッチに出られる場合が多い。ダイスケは二、三週間ほどチームに帯同したのち――その間、彼が受けたフィジカルテストの結果は飛び抜けていたし、フィールド上で豊かな才能を発揮していたにもかかわらず――結局は帰国してしまったのだった。

モンペリエの上層部による情けない判断の例は、これだけでは済まなかった。この先お読みになればすぐにわかるだろう。

これまでのラグビーは、伝統があることをずっと誇りにしてきたが、これからも成長しつづけていこうとするなら、新たなやり方で己を見直す必要がある。プロフェッショナリズムによってプレー水準がより高くなったとはいえ、だれもが〝プロの〟手法にあわせて試合をやろうとすれば、退屈と言ってもいいほど独創性を欠いたラグビーになってしまうおそれがあるのだ。たとえばフランスでは、かつてはクラブごとに独特なプレースタイルがあった。ペルピニャンは「怒れるカタロニア人《ラ・フィリア・カタラン》」そのもの、つまりどっとほとばしるエネルギーと、目の前のものをなんでも一掃してしまう攻撃性があった。トゥールーズは、見事なハンドリング（ボールさばき）のスキルを磨くことに力を注いだ――「悪ふざけはトゥールーザンのもと《ジュ・ド・マン・ジュ・ド・トゥールーザン》」だ（「悪ふざけはけんかのもと」という諺をもじっている）――かたやグルノーブル、ブルゴアンのようなアルプス山脈にあるチームの試合を支えるのは、チーズとじゃがいもをたらふく食べて育った選手であり、彼らが泥んこのフィールドで敵を苦しめることにある。ところが、最近では、どのクラブもこぞって「トータル・ラグビー」をやりたがり、そのくせ勝利に貢献しそうなものなら、なんでも練習にとりこんでしまう。

もし日本が――さらに言えばグルジアやブラジル、ケニアといった国々が――この先、その国ならではのプレースタイルを生み出すことができれば、未来はいっそう明るい。三十年先に世界がどう変わっているかなど、私には想像もつかないが、それはオールブラックスになるのを夢見ていた子どものころの自分が、三十年後の自分の姿を想像できなかったのと同じようなものだ。未来はいつだって予測するのが難しいけれど、ラグビーは混沌《カオス》から秩序をつくりだすことにこれまでずっと奮闘してきたのだ。

〝ポテンシャル〟ということばは、もはや言い古されてしまっているかもしれないが、それでも日本には、ラグビーを真にグローバルな球技にしてくれるという期待が世界中から寄せられている。日本のチームと選手の成功をいつでも祈っています。

はじめに

〝傭兵《マーセナリー》〟ということばは、耳にここちよくない。まるで、金のためなら平気で忠義を売りわたす、冷血な目をした殺し屋みたいな響きだ。私はその〝傭兵〟であり、仲間もほとんどがそうだ。かつてジョージ・オーウェルが言ったように「真剣に戦うスポーツとは射撃のない戦争に等しい」とすれば、我らはさしずめパルチザン兵団の先頭で、仮想戦争をやりぬく兵士ということになる。傭兵が戦う理由は金と勝負が好きだからだ。だが、たいていは金のためにだけ戦う。

たいがいにおいて、我らはプロフェッショナル・ラグビープレーヤーと呼ばれている。これは、鋤《スペード》のことをスコップ《シャベル》と呼んでしまうのにちょっと似ている。どちらも同じものだと思っても許されそうだが、実際にそれらを使って作業をするはめになれば、両者の違いにはすぐに気づく。二つの違いが（鋤とスコップではなく、ただのプロ選手と〝傭兵〟との違いが）どこにあるかを理解するには、ラグビーのことを知らないといけない。

近ごろは、ラグビーをやることが出世の近道になりそうだと思われるかもしれないが、私はほかの仕事がしたかったせいもあり、ずるずると落ちこぼれてしまった。英文学の学位をとったところで、ジャーナリストとして成功したいなんて野望は、無謀でしかないことがわかった。とある地方のテレビ局で仕事にありついたものの、そのテレビ局はあっという間につぶれてしまった。ラジオ・ニュージーランドの「モーニングリポート」での臨時アシスタントプロデューサーの仕事も終わってしまうと、もっと自分でなければできない仕事がないか、ずっと探していた。

　海を渡るのもよさそうだった。大学時代の友人たちの落ち着き先が、パリやモスクワ、ニューヨークと、実にさまざまな異国の地だったのだ。私は遠く離れた島国、ナウル共和国に駐在するオーストラリア高等弁務官事務所でフォーラムの準備をする仕事に打ち込んだ。そこは人口一万一千、一世紀かけてリン鉱石を採掘しつづけたせいで景観がずたずたになった島だった。こんな仕事は、夢に描いた将来の設計図には組みこまれていなかったはずなのに、それに気づかないほど私はへとへとになっていた。ほかに仕事はないかといろいろあたってみたけれど、どん詰まりだった。どんな仕事にしろ経験が問われるのに、仕事が見つからない以上、経験を積む手だてがないという、若者特有の〝八方ふさがり〟に陥ってしまったのだ。

　そんなとき、ラグビーがプロ化された。買ってもいないロトに当選したような気分だった。二十四歳にしてラグビー歴はすでに十五年あったし、プレーヤーとしての寿命があるとすれば、私はまさにピークを迎えつつあると言えただろう。よその競争社会にかかる成功への梯子《はしご》を最下段から登ろうとじたばたするよりは、新たに生まれ、ほかよりは実入りがよさそうなラグビー市場《マーケット》にかけられた梯子ならば、中段あたりに割りこめそうに思えたのだ。

　初めから金のためにラグビーをやる人間など、もちろんいない。ほかのスポーツと同様、とっかかりは、おもしろそうだったからとか、威圧的な父親に強制されたからとか、そういうのが理由だ。ニュージーランドでは珍しくもない話だが、私が初めてラグビーをやったのは学校の授業でだった。始めたきっかけがなんであれ、ラグビーの魅力の一つに、何か自分よりも大きなものに属しているという安心感がある。チームメイトとの友情が生まれ、あるグループ内で果たすべき役割を与えられて、それをしっかりやりぬくよう求められる。立ち向かってくるすべての相手に対し、学校やクラブ、あるいは住む町を代表しているので、勝利の喜びや敗北の苦さをわかちあい、がんばったぶんだけご褒美があることに気づき、レフェリーが下す不公平な判定などもろもろに抗議する方法を学んでいくうちに、たいがいの子どもは大人になっていく。

ここまで列挙したことは、ほかのチームスポーツと大差ない。だが、ラグビーの魅力をとくに強調するなら、それは二本の根本的な支柱——包括と相互扶助にある。たとえばサッカーのように、わりとシンプルに見える競技と比べれば、ラグビーはルールからして複雑で、選手の体型もスキルもバラエティに富んでいたほうがいい競技なのだ。ラグビーでは一つのチームの中に、それぞれに向いたポジションが必ずある。太った子（両親が望む表現をすれば〝骨太の子ども〟）には、スクラムを支えるプロップがあり、私のように背が高くてぶかっこうだとロックになる運命が待っていて、手足がひょろ長くて運動が得意な子ならフォワード第三列になるか、もっと技巧派で聡明ならハーフバックス（スクラムハーフとスタンドオフ）で競技に加わるか、俊足の持ち主ならバックスに向いている。やせこけてのろまで頭が鈍くて、ぎこちない動きしかできなければ、ハーフタイムにオレンジを差し入れたり壁にスコアを記入したりと、限られた形でゲームに参加することになるかもしれない。レフェリーなら、いつだってできる。

簡単に言ってしまえば、ラグビーにおいてチームが目指すのは、ボールを支配し、組織プレーをして、ひとりの選手がゴールラインの向こう側にボールを置いて、1トライをあげること。もちろん、これも重要なことだが、対戦相手に同じことをさせてはならない。こうしたいっさいを成し遂げるために求められるのがチームワークであり、ある程度の特別なスキルであり、体当たりできる勇気だ。私はここでルールやら戦術やらにクビを突っこむつもりはない。それだけで一冊の本になってしまう。もちろん、ゴールポストのあいだにボールを蹴れるようになったほうがいいけれど、それができたからといって、この競技の核心に触れられるわけではないのだ。ラグビー史の通《つう》なら、こう言うだろうか。トライが〝試み《トライ》〟と呼ばれるゆえんは、ラグビーが初めて行なわれた当時、トライの価値がゼロだったからだ、と。ラインの向こうにボールを置くのは、ボールをゴールに蹴りこむのを〝試み《トライ》〟る機会が与えられるにすぎなかったのだ、と。だが、あれから時は経ち、ラグビーは進化しつづけてきた。

ラグビーが、コンタクト（接触）スポーツ——もっとふさわしい言い方をすれば〝激突スポーツ〟——であるということからしても、体当たりできる勇気があるかないかは重要だ。負傷がつきもののスポーツといえば、まっ先にラグビーの名が挙がる。全力疾走しながら他人に体当たりするなんて、ふつうに考えたら狂気の沙汰《さた》に等しいし、たやすくできることではない。若いうちは、こういうところに惹《ひ》かれるやつがもちろんいる。あえて危ない橋を渡りたがる彼らは、危険に真正面から立ち向かうことで、自分は頼りがいがあって勇敢だということを仲間たちに証明しようとする。チームメイトもまた、そのことを証明するよう求められる——選手それぞれが、チームに貢献するはずの、自分にしかないスキルを提供しなければならないし、それができれば、互いを尊敬しあえる強い絆はすぐにできあがる。チームのパフォーマンスがプライドの源泉となって、コミュニティの一員だという思いをより強固なものにするのだ。ラグビーをやるものは——女性を含めて——しばしばタフガイに見られがちで、おもしろいことにこの競技の根本をつくっているのは、泥臭いけれど人間の根っこの部分にある情に訴えているところなのだ。

　ラグビーそのものに、古風な価値観がつきものだ。男らしさとか自己犠牲とかプライドといったやつである。ラグビーに関する偉大なる決まり文句《クリーシェ》の一つに、〝ジャージにかけるプライド〟というのがある。この文句を耳にするたび、私はひそかに舌打ちをしているが、この競技を形成する根本原理をてっとりばやく伝える手段の一種ではある。ここには、ラグビーにおける〝傭兵〟と〝ただのプロ選手〟との立ち位置の違いがあらわれている。〝ジャージにかけるプライド〟ということばの裏には、チームカラーを身につけるということは、身につけた人自身、つまりは、泥まみれになって走りまわる自分やチームメイトを表現しているだけでなく、所属するコミュニティそのものを表現している、という考えがある。チームカラーを身につけた人は、チームの先輩すべてに対して恩義を感じるばかりか、自分たちの代表だからという理由で自分を応援してくれることになるコミュニティの人たちすべてに対しても恩義を感じることになるのだ。私の辞書では「狭量」としか定義づけていないこんな考えを、フランス語では〝愛郷心《レスプリ・ド・クロシェ》〟と表現するのだから、ずいぶんと理想主義的な言語感覚だ。クロシェとは、文字どおりの意味で言えば教会の鐘楼《しょうろう》のこと。象徴的には、よきフランス人が大切にするすべて――家族や友人や故郷《ふるさと》といった、自分が存在できている根っことなるものをあらわしている。

ジャージが、あるいはジャージに象徴されるものが、自分にとって価値があるという人なら、それこそジャージにプライドをかけることはできるが、そうでなければ、そのジャージは色が黒か白か赤か青か多色づかいかは知らないが、いろいろあるジャージの中の一枚でしかない。ニュージーランドの中等学校で過ごした三年間、私はレギュラーの十五人こそわがヒーローだと思いつづけ、やがてその一員に加われた。チームのためにプレーするという、あのぞくぞくとした感覚を純粋に強く味わったのは、あれ以来ほとんどない。

もちろん、ニュージーランド人としての感激が最高潮に達するのは、黒のジャージを身につけるときだ。一九九二年、私はニュージーランドのU21代表としてオーストラリア戦に出た。試合前夜、チームメイトのマーク・マイヤーホフラーは、このジャージのために死ぬ気でがんばろうと言いはなった。ずいぶん大げさなことを言うやつだ、と思ったのをいまでも思い出す――だから彼はのちにオールブラックスの一員になれて、私はなれなかったのだ。明けて試合当日、試合終了まで残り二十分のところで、私はタックルをくらって片方の肩をひどく痛めてしまった。もう一人のロックはとっくに退場していたから交代要員がいなかったが、痛みはどんどん増している。肩をみてくれたチームの理学療法士のひとこと。「監督はおまえのねばりに期待しているぞ！」

こんなとき若いやつは、ついこんなことを夢見てしまう。終了まであと二十分、数千の観客の目前で宿敵オーストラリアから激闘の末の勝利をよびこむために、そしてお国のために、最後までやりぬかなくては、と。だが、実際にフィールドに立ち、象撃ち銃で撃たれたみたいな痛みが走っていて腕が上がらなくなってみろ。頭の中ではこんなせりふがあふれ出てくるだけだ。「くそったれ、これは兵隊さんゲームじゃねえぞ!」と。だれが自分に褒美をくれるっていうんだ?どう考えても、このままプレーを続けりゃ傷はどんどんひどくなるだけだ。少なくとも、コンタクトを受けるたびに激痛が走るぞ、と。だが、もちろん、フィールドを去ったりはしない。ニュージーランド対オーストラリア戦だぞ。ジャージにプライドをかけろ。そうだ、それでいいんだ!

ここまで読んで、なんだこいつ、自分をヒーローにでもしたいのかね、と思われた読者がいたら、たぶんそのとおり。だが、あのチームの一員なら、だれだって同じことをしたはずだ――しかも同じようなやり方で。たっぷり時間をかけてトレーニングをつみ、長時間試合に出つづけるのは、自らのパフォーマンスをナショナルチームに選ばれるだけの水準に引きあげようとするためだ。当時一九九二年は、ラグビーがプロ化される四年前。ラグビーで金を稼げるなんて、だれも想像しなかった時代だ。一九九四年、私がウェリントンに所属したころも、状況は変わっていない――たっぷり時間をかけてトレーニングし、週末は試合でつぶす、それだけのことだった。

だが実のところ、試合に出る理由はほかにもたくさんあった。トップチームの選手は、社会的なステイタスが得られた。自分の実力を示す機会に恵まれたし、喜びやチームスピリットから生まれる仲間意識をかみしめる機会にも恵まれた。おまけに、何かいいことをしていると心から喜べた。ただし、あれだけのエネルギーや気迫や野心のいっさいを正当化できる大事なものは、本当は一つしかなくて——そのまっとうな理想主義の姿に、私のひねた心はちくっとするが——それが、ジャージにかけるプライドなのだった。

一九九六年、ついに、我ら選手に報酬が支払われるようになった。プロのラグビー選手になったのだ。当初は、プロになったといっても何も変わらないように思えた。所属チームはこれまでと同じ。トレーニングにかける時間も同じだ（クビにならないだけの時間はかけた）。月末になると小切手を受け取るというだけだった。

ところが、やがて状況は変わった。ウェリントンの監督、フランク・ウォーカーとの関係が、いまなら〝ややこしくなった〟と表現するのがいちばんましな、あのシーズンのことだ。あのシーズンの初め、監督からこう言われた。チームキャプテンになってくれ、と。とんでもない提案だと思った——キャプテンの経験なんてないし、その任にもっとふさわしい選手がこのチームにはたくさんいたのだから。ところが、おだてに乗りやすい私は言いくるめられて、キャプテンより華々しくはないぶん荷も軽い、副キャプテンを引き受けてしまったのだ。その後、チームがすばらしく連勝を続けたあとで一敗した。すると、次のゲームに備えてロッカールームへ入ろうとするところに、フランクからのことづけだとして、チームマネジャーにこう告げられた。きみには期待してたんだが、無駄な骨折りだったな、と。厄介払いされるのは時間の問題だった。

次のシーズンにスーパー12（ニュージーランド、オーストラリア、南アフリカの有力な12のクラブで競うリーグ戦のこと。現在は15）に属するクラブと契約できるチャンス——フルタイムのプロ選手として報酬をもらうチャンス——は、あっけなく断たれてしまった。だが、物は考えようだ。スーパー12の一つ、ウェリントンでプレーしたかったという望みがもはやかなわないとはいえ、それは同時に、自分を地元にしばりつけておくものが、感情的にも契約のうえでもなくなったということなのだ。

ラグビーがプロ化する以前、選手とは、自分が暮らす町のチームに所属していた。その町に暮らす理由は、職場や学校があるからとか、はたまた、そこで生まれ育ち、引っ越すなんて思ったこともないからだった。ともかく、ラグビー以外の理由で人はその町に暮らした。ところが、ラグビーのプロ化到来により、(自分を獲得したいと申し出た)チームを選べるようになり、そのチームのホームタウンが、これからの自分のホームになる。ただひたすら、そのホームのためにラグビーをすればいいようになった。

こうなると〝ジャージにかけるプライド〟なんてどうでもよくなるのは言うまでもないこと。自分が着るジャージが何色だろうが知ったこっちゃないし、それまでは存在すら知らなかった町で、知り合いでもなければ自分とは話すことばも違うだれかとチームメイトになる。そうしていられるのも、チーム側が契約金をたっぷり出すと承知してくれたからだ。自分がそこに引っ越して、かつて金のためではなく好きだからやってきたことをそっくりそのままやっていこうと思うだけの契約金を。〝傭兵〟になろうと思えばなれるんだよ、私のようにね。

故郷でラグビーを続けるという幸運は尽きたと結論を下すと、私はイングランドへ渡り、ハリクインズのラグビーディレクター、ディック・ベストの面接を受けた。ディックは私を歓迎してくれ、年俸二万ポンドにプラス、アングロ・ウェリッシュカップも含めた、すべてのチャンピオンシップで一勝するごとに千ポンドのボーナスを出すという条件を提示した。すべてひっくるめて年に約三万ポンドなり。ニュージーランドドルに換算すれば約九万、スーパー12のチームと契約するよりはるかに高額で、かなりおいしい契約に思えたが、あとになってわかったことに、もっとふっかけてもよかった。プロ化が始まったばかりのころは、頭のいかれた連中が契約金を釣り上げようとしてイングランド中を駆けずりまわっていたのだから。

同じような面接をロンドン・ワスプス・ラグビー・クラブのナイジェル・メルヴィルにも受けたところ、彼もディックとほぼそっくりなことを言い、ほぼそっくりの契約内容を提示したうえで、ただし労働許可証の取得が条件だと言い添えた。すぐさま、これが障害となった。イングランドでプレーするには、英国のパスポートを持っているか、もしくは過去十八か月以内に出身国の代表チームのメンバーだった経験が必須だ。いずれかの条件を満たせば、加入先のチームメイトに自分が加入することがどれだけ有益かを示せるからだという――それにしても、世界ランキングトップにあるニュージーランドで代表になることと、はるかに低いランクにあるクロアチアで代表になることが同等に評価されるとは、あんまりな法の抜け穴じゃないか。

二つの条件とも満たしていない私が向かったのがフランスで、この国では当時、外国人選手が一クラブに二名まで所属できたから、私はパリ郊外にある紫煙《しえん》が充満する一室で、ラシン・クラブ（現ラシン・メトロ92）の監督、クリストフ・モンべとの契約交渉にのぞんだ。モンべによれば、ラシンでは選手の月俸は五千から一万フランが相場だそうだ。イングランドのクラブが提示した額に比べれば低いが、ラシンは住まいまで提供してくれるという。私はこう切りかえしてみた。一万フランより低かったら来るつもりはありませんね、と。やがて両者、満面の笑みが広がり（しまった、また低く言いすぎちまったか！）、握手が交わされ、取引成立とあいなったのだった。

この本の内容が、へそ曲がりの若造がはした金のために自分の魂を売ったとか、ラグビー界における堕落しきった権力のことだとか、かつて純粋で高尚だったスポーツに幻滅していく過程だとかを描いた、もの悲しい話みたいだなと思われたとしても、たしかに否定はしない。それもこの本を構成する要素の一つなのだから。歌手のシンディ・ローパーがずばっと歌ったように〝金がすべてを変えてしまう〟というわけだ。もっとも、金と同等の価値あるものも、たくさんある。ラグビーがグローバル・マーケット化されたおかげで、選手は大好きなラグビーでたんまり報酬を得ながら、慣れ親しんだのとは異なる文化に触れ、新たな友人をつくる機会をもてるのだから。

さまざまに異なる背景をもった個人で編成されたチームには、なんとなくフランス外人部隊を思わせるものがある。本書は、二〇〇三年～二〇〇六年当時に所属していたモンペリエのことを軸に書いている。当時このクラブにはニュージランド人はもとより、グルジア人や南アフリカ人、サモア人、はたまたイスラム教徒とユダヤ教徒、イングランド人とアルゼンチン人が一緒だったこともあったけれども、共通の目的のためには一致団結できたのだ。それに、選手と加入先のチームとの関係は、恋愛結婚よりも見合い結婚のそれに近いと、はた目には見えるらしいが、時を重ねるにつれて相思相愛になっていけば、チーム全体に期待以上の成果をもたらす可能性を秘めている。軍隊みたいだとか、狂暴で血に飢えた集団、なんてのは的はずれな表現だけれども、真剣に戦うスポーツが〝射撃を排除した戦争〟に似ているとすれば、オーウェルのことばは、まさしくラグビーのことを言いあてている。

正直言って、ラグビーの〝傭兵〟たちは打たれ強いやつらの集まりであり、おまけにラグビー文化豊かなフランスは、全身泥まみれになればなるほど、どこよりもすばらしい国だとわかる。第一次世界大戦中、私の祖父は祖国ニュージーランドのくすんだカーキ色の軍服を着て、フランスで数年戦っていたというから、あの世代に比べたら、自分たちの戦いなんて快適そのものなのだ。

私がフランスで選手契約を交わした当時、ニュージーランドからの選手の流出など、ちょろちょろとした細い流れでしかなかった。今日では、洪水のようなという表現では済まされないほどで、たとえばタナ・ウマガやバイロン・ケラハーのようなオールブラックスのトッププレーヤーたちが、フランスのクラブのジャージを身につけることで、おいしいご褒美にあずかっている。これこそ、いまこの時代において、ラグビーが大変貌をとげているあらわれの一つであり、南半球ばかりか世界中のラグビーをも巻きこむ大変革なのだ。国際ラグビー評議会（ＩＲＢ）に強い政治力をもつ人物やどこかの国のユニオンの実力者を別とすれば、この大変革がラグビーにとっていいか悪いかは、議論の余地を残すものの、現にいま起きていることなのだから、その現実には慣れたほうがいい。

1 モンペリエ、わが家《シェ・モワ》よ

モンペリエでプレーするのもこれで三シーズン目――人口約二十万、その郊外を含めれば四十万にふくらむフランスでは中規模のこの町は、フランス南部、地中海から数マイル内陸に入ったリヨン湾の湾曲線のほぼ中間にある。この町に来たのは二〇〇三年七月、そのほんの数週間前に、モンペリエ・ラグビー・クラブは二部リーグで優勝し、当時は「トップ16」だった一部リーグへの昇格を果たしたばかりだった。

一部リーグ入りを果たしたクラブは、昇格決定の興奮がおさまると、そのあとには多くの金を狂ったようにかき集めることになるのが相場だ。来るべきシーズンに備えての選手契約で、選手層を厚くしチーム力を高めるためだ。リーグ・ナショナル・ド・リュグビィ（フランス・プロ・クラブ協会）は、六月から七月の約一か月間を移籍期間と定め、この期間中の契約を公的なものとして認めている。大半のクラブが一月から二月にかけて選手探しに着手し、五月までには新たに補充する選手の大半とプレ契約を交わしてしまう。つまり、弱小クラブが二部リーグからの昇格を果たして、大手クラブと同じ契約交渉の席につく権利を勝ちとったと大喜びするころには、売りに出ている有能な選手は大手クラブにとっくにむさぼり尽くされていて、残る選手はスクラップばかり、ということに気づくのだ。

運がいいことに、私もそんなスクラップの一人になった。地中海沿岸地方から約百マイル離れた、スペインとの国境の東側にあるペルピニャンでの二シーズン目の契約が打ち切られてしまったのだ。ペルピニャンは、モンペリエよりも小さな町なのに、モンペリエより大きなクラブがある。このクラブは、欧州クラブ王者決定戦ことハイネケンカップ（ヨーロッパのクラブ及び地域代表チームによる対抗戦）の決勝に進出したばかりで、正真正銘の重量クラス――パリのスタッド・フランセやトゥールーズのスタッド・トゥールーザン、さらに最近では、大西洋沿岸のバスク地方にあるビアリッツ・オランピク――という、常にフランスのプロラグビー界の頂点に君臨しつづけるクラブからなる小さなサークルに仲間入りして、自他ともに認めるビッグクラブになろうと決めた。その結果、シーズン終了後に引退する気がないという選手が在庫整理されることになり、一チーム三十名の登録選手のうちの十四人とともに、私も職を失ったのだ。

このことをまったく予期していなかったわけでもなかったので、前年の十二月末ごろから、過去にかかわりのあったあちこちのエージェントに自分を売り込んではいたものの、ややこしい結果を招いただけだった。私はモンフェランから真剣なオファーを受けていたのに、もっといいチームに行きたくて、ぐずぐず引き伸ばしているうちに、向こうは他の選手と契約してしまった。本当に行きたかったのは、パリにあるスタッド・フランセだったが、ごきげん伺いの電話攻撃もむなしく、沈黙以外の回答は得られなかった。トップリーグにいる十いくつかのクラブに関するかぎり、自分などゴルディロックス（英国の昔話に登場する主人公で熊の家に入り込んだ少女のこと）扱いという気分。大手はあまりに大きすぎた。スタッド・フランセでの仕打ちのあとでは、ベテラン選手などたいして欲しがりもしないトゥールーズのようなチームにわざわざ打診する気すら起きなかった。一方、小さなクラブなら、少なくとも興味くらいは示してくれるものの、あまりに小さすぎた。

状況はますます絶望的になりつつあった——実際、しばらくの間は絶望的だった——そんなとき、モンペリエという、大きすぎず小さすぎず、ちょうどいい大きさに思えるクラブが目の前にあらわれた。ラグビーに関していえば、モンペリエで自分が苦労するのは明らかに目に見えていたが、ラグビー以外のことも視野におさめれば、意外と悪くない。フランスのラグビー専門週刊新聞「ミディ・オランピク」が「プレーヤーが好きなクラブ」と題する調査を行なったことがあって、ラグビーはもちろん、それ以外の「生活の質」も考慮にいれるのだ。そこでモンペリエは、トゥールーズ、ビアリッツ、パリ、ペルピニャンに続く第五位となり、カストルやクレルモン・フェラン（モンフェラン）、ブルゴアンといった自分より大きなクラブをおさえて、高評価を受けたのだった。

私がモンペリエと契約を交わそうとしたまさにその日、ビアリッツが来るシーズンにロックが足りないことに気づいて、私に加入の意思を問う電話をかけてきた。数時間ばかりためらったあと、モンペリエで比較的重要な役割をこなしているほうが、スター選手がきら星のごとく居並ぶビアリッツでベンチに座っているよりはましだと思ったし——いや、あとから思えばもっとひどいことになっていただろう——それに、ビアリッツのようなリゾート地の海岸より、経済が活発なモンペリエのほうがガールフレンドも仕事を見つけやすいだろうと思ったのだ。何よりも、モンペリエは私の獲得に熱心なことをはっきり示してくれていたし、私がお世辞に弱いことはとっくに書いたとおりで、自分のプレーをめぐってクラブが争奪戦を繰り広げなかったことに失望したのを認めるしかない。実は、そうなったらいいと期待していたのだけれど。

ビアリッツとの契約を勧めたエージェントからはこう言われた。きみは間違いをおかしたね。これから一年、そんなふうにごり押しするようじゃ、一緒にやっていくのはなかなか難しいよ。こんな慰めのことばを耳の中で鳴り響かせたまま、うだるように暑い七月の朝、私は地元の陸軍兵舎から借りたグラウンドに出ていった。それがモンペリエでのトレーニング初日だった。

ペルピニャン在籍中、プレシーズンのトレーニングといえば、最初の数週間は町を離れた貸しグラウンドでするが、残りの期間は本拠地のスタジアムか、もしくはスタジアムと隣接した付属グラウンドで行なったものだ。この複合型スタジアムはウェイト・トレーニング室あり、洗濯室ありのすばらしい施設だった。かたやモンペリエの場合は、ペルピニャンでは味わったことがない、流浪の民の雰囲気があるというか……。いついかなる日にも、チームはスタジアムか陸軍兵舎の借用グラウンドか町を離れた別の貸しグラウンドのどこかでトレーニングをしているか、その三か所のどこかでウェイト・トレーニングをしていた。そして雨が降れば、すべては白紙。三か所のどこにいようがトレーニングは中止だ。試合用のジャージや練習中に選手を区別させるためにつける色つきのゼッケンは週に一度、洗濯してもらえるが、それ以外の日の洗濯は自分でなんとかしなくてはいけないのだ。

公正を期すために書いておこう。モンペリエはとても若いクラブだ。この本が活字になるころには、付属グラウンドや雨天練習場も備えた最新式のスタジアムが完成して稼動することになっている。いずれにしても、その日の練習グラウンドをまちがえないよう青バエのごとく走りまわっていると、なんとも不思議なことに謙遜《けんそん》の気持ちが芽ばえてくる。とりわけ、どうしようもない方向音痴のチームメイトに悩まされたり、バッグの中ですえた臭いを放つ洗濯物の山と格闘していれば、どうしたって謙虚になる。

移籍することは、いつだって骨が折れる。まず、新たな住まいに引っ越すというラグビーとは無関係な厄介ごとに追われるのは言うまでもない。それから、これはどんな仕事でもつきものとはいえ、新たな仲間に自分の存在を示そうとするときには、くれぐれも慎重にやらねばならない。自分が、がっちりまとまったコミュニティの一部だっただれかの代わりにおさまることで意地悪されるおそれもあるし、元からいるメンバーがいまのチームに入ったときより高い給料をもらっているんじゃないかと疑われることが（それがまったくの事実無根ではないとしても）大いにありうるからだ。

フランスのラグビー界は狭いから、運がよければ、移籍先に以前からの知りあいがいることだってもちろんある。別のクラブで一緒にプレーしたかつてのチームメイトだ。モンペリエには、顔見知りが少なくとも一人いた。自分より数年早くパリ（のラシン）をやめた選手だ。運の悪いことに、積年の恨みがある相手もいた。ここ数シーズンの冬の午後、別々のジャージ姿で卑劣なプレーをやりあってきた古参の選手だ。

私はクラブになじもうと努力しながらも、来るべきシーズンがどうなることやらとかなり気をもんでいた。はっきり言って、モンペリエにも正真正銘のタレントはいたけれど、ペルピニャンにいた人数には及びもしない。モンペリエが昇格したばかりで予算も少ないことを考えれば、これは必然だ。絶対に成功するという保証もないのに、実力があって足が速くて頑丈そうな人材に金を出すのだから、クラブにある札束が小さければ小さいほど、手に入るものは少ないことになる。ご立派なのは、モンペリエが前シーズンにプレーした選手のほとんどすべてと二年契約を更新したこと。これで、一部への昇格を果たした彼らにすれば、自分たちが価値ある選手だということを披露する機会が与えられることになる。このクラブはそれに加えて、経験を積んだ選手をひとにぎりだけ補充した。そう、私のように、選手生命の終わりが近づいている者をね。

私が〝ご立派〟と記したのは、このクラブのやり方は褒められるけれど、けっして賢いやり方とは言えないからだ。クラブ側には、制限いっぱいとされる六名の選手を放出して、残った選手に単年契約を迫ることは苦もなくできるはずで、そうすれば不適格だった選手に代わる者を引き抜く時間をたっぷりかけられる。私がもといたペルピニャンのようなクラブには、選手に敬意を示すなどもってのほかというような野心にまみれた文化しかなくて、私は――歳を重ねた〝傭兵〟スピリットの持ち主は――そんな文化に慣れてしまっていたのだ。無慈悲な野望は、近視眼的になりうる一方で、降格という恐怖が眼前に迫っている場合には、それなりに一理ある。

同じ選手を雇いつづけることをポジティブにみれば、その選手たちがクラブの会長《プレジデント》から信頼されていることが明確なのでクラブの士気はあがるし、もしややこしい問題が起きたとしても、個々人がてんでばらばらな方向へ進んでいってしまわずに、組織として分裂するおそれは少ないだろう。どんなクラブでも、自分たちのところは固い絆に結ばれた家族も同然だと思いたがるものだが、モンペリエは大半のクラブよりもその思いをかなり実感できる。引退したあともコーチをやったり、オフィシャルな役割ではなくても、なんらかの形でクラブにかかわりつづける選手が多くて、それらのこともクラブの雰囲気をよくしてきたのだ。私利を計るだけのクラブだとわかれば、自分の賞味期限が切れたときには廃棄される肉片でしかないのだから。もちろん、モンペリエみたいなクラブは、プロの世界ではますます希《まれ》な存在になっている。

もっとも、雰囲気のよさがクラブの成績につながるわけじゃない。シーズン最後に二チームが二部に降格するのだが、専門家の目は、モンペリエがそのうちの一つになることまちがいなしと見ていた。二部優勝のチームと、シーズン最後にどうにか一部リーグ残留を果たしたチームとの間に存在する力量差を埋めるために、監督が下した決断は、選手を育てるために、だらだらとトレーニングはしないということだった。酷暑期のトレーニングは果てしないし、質より量では、逆効果になることがしばしばあるからだ。チームは進歩をとげるが、それで十分なのか私にはわからなかった。

二〇〇三／〇四年のシーズン最初の数試合は親善試合みたいな内容だったから、たいして発奮材料にもならなかった。クラブにとって運がよかったのは、この年がワールドカップの開催年で、ビッグチームのスター選手が世界一を目指してオーストラリアで戦っているあいだは、国に残った我々だけで格下のフレンチカップ・コンペティション（フランス杯争奪戦）を闘いぬけたので、一部リーグという人生の厳しい現実とおりあい、喉元にナイフを突きつけられずに済んだ。結果はあまりよくないが——六試合中一勝しかできなかったが——恐れていたほどひどい結果ではなかった。チームは、すべてを試合《ル・コンバ》に投入して、順調にすべり出せたことを誇っていたが、それだけで十分とは言えない。粘り強いディフェンスと巧みなキックゲームで一勝をもぎとることはできても、この両方にきわめて長《た》けていなければ常勝チームにはなれないのだ。トップレベルのラグビーは、細身の諸刃の長剣か棍棒《こんぼう》かを選んでいるわけではない。棍棒はみんながもっていて当然、それが太ければ太いほどいい。とはいえ、細身の諸刃の長剣も同時に携え、その扱い方も知っておいたほうがいいのだ。

長剣をやたら衝きまくっていれば物が粉々になることに甘んじて、〝剣術〟については素人同然の我がチームだったから、フランス選手権《チャンピオンシップ》初戦の相手がハイネケンカップ優勝で鼻高々のトゥールーズに決まったときは、勝利の見込みはゼロと思われた。相手はワールドカップ出場のために抜けた選手が数人いたけれど、それでもデータ上は、我々より実力がはるかに上。試合開始二分後に、素早い展開から苦もなくトライをとられてしまうと、最もおそれていた結果になりそうに思えた。そのあと、奇妙なことが起こった。ホームの観衆の目の前で、ずたずたに叩きのめされるという悪夢に駆りたてられたせいか、我がチームが試合をひっかきまわしはじめて、最初のうちはほろ酔いかげん、やがて圧倒していったのだからびっくりだ。最終的にはトゥールーズが巻き返しのトライを二本あげたものの、最終スコアには、全員が——とりわけ私が——困惑しながら目をこする始末。モンペリエ50点、トゥールーズ31点だったのだから。

ラグビーの試合で番狂わせはめったにないから、この結果は一大事で、我ら全員、欠けていた自信を大いにつけさせてもらった。とはいえ、結局のところこの一勝は、そのシーズンのフランス選手権で見事躍進できる兆しとはならなかった。次のホームゲームでなんとか一勝をもぎとった後は、現実がおしよせてきて、我々は立てつづけに八敗してしまい、順位は容赦なく降格ゾーンへと下降していったが、春になるとチームもまとまってきて、トップ16での最初のシーズンを十位というかなり満足のいく結果で終えた。次のシーズンもほぼ同じようなものだった。周囲から降格チームの最有力候補と目されながら、スタッド・フランセのようなビッグチーム相手に、49対26という信じられない一勝を挙げて、すばらしいシーズンスタートを切れたのに、冬にはじりじりと順位を下げてあやうく降格寸前にまでなったが、なんとか十一位でシーズンを終えることができたのだ。

というわけでこれから迎える二〇〇五／〇六年シーズンは、モンペリエにとって、またもや困難なシーズンになりそうだ。トップ16だったチーム数はトップ14に減らされてしまい、降格するのはこれまで通り二チームというから、前シーズンなら十分のんきでいられた十一位という順位が大きなストレスとなる。クラブは予算を前年の五百五十万ユーロから六百六十万ユーロに引きあげたので、タレントは少し増えた。その結果、プレシーズンのトレーニング開始時には、チーム全員が楽天的になっていて、トレーニングキャンプの時点では、今季のチーム目標をフランス選手権六位から八位のあいだにおさめる、とした。

部外者から見たら、控えめな言い方に聞こえるかもしれない。プロスポーツの競技者としては、すべての試合で勝つことを目指すべきで、それこそが競争じゃないのか？　数年前の私なら、その意見に賛成できたはずだが、経験を積んだいまは、確実に八位にとどまるというだけでも傲慢に聞こえるほど。モンペリエは成長途上のクラブ、それはたしかだが、ほかのチームにだってそれはあてはまるわけで、梯子をのぼっていきたいと思うなら、自分たちの上にいる者を蹴落とさなければならないのだ。前年に我々より上位の成績をおさめたチームのうち、追い抜けそうなところはたぶん二つ――ブリーヴとナルボンヌ――だろうし、三つ目としては、アジャンが最悪のシーズンを送ってくれれば可能性はある。それなら我々は八位だ。もっと上にいくためには、ビッグクラブの一つ――ハイネケンカップの出場枠を獲得したクラブ――が絶不調のシーズンを送ってくれるか、さもなければ、こちらが目を見張るほどのプレーをしなければならない。いずれも、ありえないことじゃない。たぶん。

　同じく、ありえないことじゃないのが、我々より下位にあるクラブに追い越されて順位を下げるという、ぞっとするような思いを味わうことだ。それでなくても、十中八九、我々はシーズンを通じて、降格への恐怖感を抱きながら、実際には降格を免がれたとしても、ぼろぼろになっていくのだろう。いずれにしても、私はあえてそうなってもいいと思うくらいだ。パリでプレーした最後の年は、在籍していたラシンの降格が決まって、最悪なシーズンになりそうだった。絶え間ない内輪もめと財政破綻へのおそれが、ふがいない結果を招いたのだし、下手なパフォーマンスしかできないことへの当たり前のようにわき起こる罪悪感と、自分では避けたかったのに運命のすむ道を変えられないという思いなど、できれば味わいたくないものだ。とりわけ、これでラグビー人生最後の年になるかもしれないと思っていた自分にとっては。

さて、話を今シーズンの七月八日に戻そう。この日は「プロヴァレ」と呼ぶフランスラグビーのプロ選手のための選手会《プレーヤーズユニオン》とクラブとの間で取り決めた労働協約《コンヴェンション・コレクティブ》で定めた始動日より一週間早いのだが、休暇には他のクラブよりも数週間早く、六月初めに入っていたから、不満をこぼすものは一人もいない。フランスのプロラグビーは十一か月（ただし、南半球でのサマーツアーの海外遠征に招集されれば十二か月）でひと巡り、リーグ戦の最終試合が六月、八月末が新シーズンの開幕で、その前の七月から八月にかけての六週間がプレシーズンとなる。

ラグビーは冬のスポーツとされているが、フランス選手権大会の二十八試合とハイネケンカップの九試合、さらにはおよそ一ダースある国際試合とシーズン初めの親善試合も数えると、なんらかのメジャーな試合が開催されない週末などほとんどないため、トップクラスの選手は年間四十試合以上に出ることになる。比較してみると、他国の選手は国内外の試合をあわせても、最大で三十程度。フランスのスケジュールが選手の健康状態にどんな影響を与えるかは、いまだ協議中の問題だが、結論が出るまでのあいだは金が選手を動かす原動力だ。試合数の増加が、もろにテレビ局やスポンサーからの収益増につながるわけだから、この均衡を崩す障害は何もないように見える。最も試合に出る選手が最も稼ぐのは当然だから、そんな彼らに議論をしようという気が起こるわけがないのだ。

プレシーズンは、一連のフィジカルテストで始まるのがお決まりで、この年も例外にあらず。体組成検査、スピードテスト、ウェイトテスト、フィットネステストのすべてが実施され、それらのデータは科学的に処理されて、各選手のさまざまなパフォーマンスをめぐって、大いに議論されたり動揺を与えたりする。ウイングの選手はチーム一の俊足であることを目指す一方、プロップはベンチプレスに戦いをいどむ。一貫して、足がいちばん遅くて筋力がいちばん弱くて脂肪がいちばんついた選手の一人として、私はこのテスト期間を楽しめたことがないが、安心はしている。実際に試合が始まってしまえば、データなんてすぐにどこかへふっとんでしまうものだからだ。

そのシーズンは、私の低い基準でさえも、とりわけ印象に残らないスタートになり、12ミニッツテスト（十二分間でトラックをできるだけ長く走る――ふだんの自分なら、そこそこ首尾よくこなせるテストだ）の途中で片足をひきずる始末。前年のプレシーズンから抱えていた悪いほうのひざの痛みがひどくて、調整が遅れそうだ。私がこの件でシニカルにかまえるなら、これは「辛くてもためになる経験」と呼ぶところだが、監督ときたら、選手にトレーニングのしすぎなんてものはないと言い張るし、私の歳になれば最初の一か月間、無限に続く走りこみやフルコンタクトや死闘にも近いトレーニングをやる必要がないということも断固として認めようとしない。三十三歳の私が、チーム最年長の選手だというのに。

ひざが悪いので、フィットネス・トレーニング用に自転車の一種みたいな珍妙な装置を使うはめになる。上半身強化のために両手でペダルを〝漕ぐ〟ウィンチというやつだ。上部にローイング・エルゴメーターがついた肉体に激しい苦痛を与える装置。こんなみっともない代物を人前でやらなくてもいいと思っているが、私の姿を見て名人芸と呼ぶ者もいれば、無能力さを暴露しているという者もいる。ハンドルを持つ手が汗ですべって、ウィンチの円板車輪《ディスクホイール》にスライスされそうになったこともある。さて、丸々二週間すっかり休ませてもらったおかげで、アキレス腱もどうやら切らずに済んだ。かたや他のメンバーは、夏の暑さのなか、せっせと練習を続けていたのだ。

私が復帰するころ、クラブは親善試合の時期に入る。ちょうどフランス選手権開幕の数週間前。傷ついたひざの調子がまだよくないので、どうしてもラインアウトのジャンプで着地するとき、悪くないほうのひざに体重をかけてしまう。これはとんでもないことだ――ラインアウトでリフティングをすると、ふだんなら絶対にやろうとしない高さにまで伸び上がることになるから、とりわけ私のように体重が一一〇キロもあったら、もともと超人プレーなんてやるつもりはないわけだから、着地の瞬間は転ばないよう両足でしっかり踏んばらなきゃだめだ。二部リーグのリヨンとの試合でハーフタイム直前、私のまともなほうのひざが悲鳴をあげている、傷ついてもいないし腫れてもいないのに、動かすたびにカチッとかシュッとか不吉な音がする。

これはこまった。もし私がプレシーズンの長くてつらいトレーニングができなくてよかったと思う選手だったら、シーズン初戦に出られなくても文句は言えない。同時に、自分の体が自分を裏切るようになってきたのも不愉快な気分だ。ここ何年か、自分の体力だけでは生み出せない金銭価値を、精神力だけで維持しようとしているんじゃないかと疑っている。その〝負債〟を取りたて業者がいまになって回収しはじめ、肉一ポンドが無理なら、少なくともひとつかみの軟骨や他の重要な組織で返済してもらおうとしているんじゃないか、と。私と同世代の選手のほとんどが現役を引退してしまうなか、この先も一シーズンごとの契約を繰り返していたら、肉体のほうが先に私を裏切りそうだ。こんな考えをもつようになったのも、この二年間、自分が先発メンバーに欠かせないと思っていたのに、クラブ側がフォワード第二列の選択肢を増やすべく、アレックス・コドリングというイギリス人のロックを獲得するという慎重さを見せたせいだ。この先、私が試合で走れない期間は、彼が先発に定着するチャンスがあるということだ。先発のジャージをめぐってチーム内で健全な競争が行なわれるのは大賛成。ただし、そのジャージが自分のものであるうちは。

さらにもう一人、出番を待つ若いロックがいるのだから、我々は六人で三つの枠（フィールドに二、控えに一）を争うことになる。私の好みからいっても、これではあまりに多すぎる。とりわけ、自分以外の選手がみな有能に見えるから悩ましい。さらに悪いことに、その若いロックは、チャンスがくるのをのんびり待つタイプじゃなさそうなのだ。彼はグルジア人で、「若い」とはいっても、童顔じゃない。二十二歳で、でっかい熊みたいな男、たいていはウェイト・トレーニング室ですごしているらしい。名前はマムカ・ゴルゴーゼといい、〝ゴルゴジラ〟というあだ名は必然の産物――もっとも、自分の命を大事にしたいなら、くれぐれも本人に面と向かってそのあだ名は口にしないこと。プレシーズン中の死闘ともいえる練習中、この男は相手へ猛烈に突進しながら走りまわった。ボールをつかんだままでも、胸部陥没しそうなほどの容赦ないタックルをしながらでも。

彼の犠牲者の一人が、南アフリカ出身のセンター、リカス・ルッベ——体重一〇二キロで軽量級ではないはずなのに——ゴルゴジラに痛めつけられると、すばやく身を起こしながら小声で毒づいたものだから、あの野獣がリカスのほうにさっと顔を向けてこう言った。「なんだ？　おれのおふくろがクソったれだって?」（彼の英語力は見事とは言えないが、基本はマスターしているらしい）。残ったわれら四人が仲裁に入り、ただの慣用句だ、ゴルゴーゼ一族の名誉を揺るがせたわけじゃないんだと言ってやつを安心させる。だれも血を流さずに済ませるために。

幸いなことに、クラブにもう一人いるグルジア人、マムカ・マグラクヴェリッジが、なだめ役を買って出てくれた。マムカは、ユーモアのセンスがあるいいやつだけれど、これまた一二七キロもある人食い鬼《オーガー》みたいなやつで、朝食に赤ん坊を食べてるんじゃないかと思わせるほどの風貌だ。グルジア代表チームがどんなふうに運営されているのか神のみぞ知るだ。想像するだに、トビリシの容赦ない冬を舞台に、大勢のモンスターたちが互いの肉を食いちぎりあっているんじゃないだろうか。

こうした血気盛んで筋肉もりもりの若者連中が、私のジャージを飢えた目でにらみながら、自分の体がいかに強くて勇ましいかを見せつけにくるたび、いつも私が彼らをどう扱うかというと、いわばオビ＝ワン・ケノビ役（ユアン・マクレガーではなくアレック・ギネスのほうだ）のような、歳を重ねた経験豊富な賢人っぽさで、早口で口上をのべてみせる——「すばらしい成績が光輝き力強く見えるのはもっともだ、多くのことを学んでからこそ、そこに到達する資格ができる」てな感じである。ゴルゴジラの場合、まさにこれがあてはまる。彼は体を強化することばかりにふけっていて、試合のルールを軽視する傾向がある。だから、敵の腕をもぎとろうとしたり、恐ろしげな手足でとことんまで倒そうとしたり、そのほか彼が繰りだすどんな瞬間芸に対しても、レフェリーからペナルティを課されると、ひどく腹をたてるのだ。

残念ながら、我々の間にはコミュニケーションの問題があるようだ――私、話す人、彼、耳を貸さない人だ。ある日のスクラムトレーニング中、このチームにロックは多すぎるのに、第三列が足りないから、彼に別のポジションでやってみたらいいんじゃないかと持ちかけてみることにした。「マムカ、ナンバーエイトをやってみろ」。彼はおもしろくなさそうな顔をしたが、二、三度はおとなしくスクラムを組んでみせてから、私のところにやってきた。「どうだろ？　おれがロックで、あんたがナンバーエイトってのは？」　老練なジェダイによる心理作戦は、どうやらだれにでも通用するわけではなさそうだ。

門外漢から見れば、一二七キロの巨獣《べヘモット》の話題は印象に残るのかもしれない。私のように身長二メートル、体重一一〇キロのひょろ長い男にとっておそろしいことは、ここにとりあげた大男どもにしたって平均サイズをほんのちょっと上まわる程度だということ。我らがプロップの一人、サモア系ニュージーランド人のピレモン・トレアフォアは、体重計の目盛りが一四〇キロを指している。こう聞かされたら、おそらく、彼がスクラムからラインアウトに移る際、どしんどしんと足音を響かせ、喘息もちのナメクジみたいにグラウンドをのろのろ歩いているのかと想像されたとしても当然だ。ところが驚くべきことに、彼は猛スピードであっという間に移動してしまうし、行く手をはばむ勇敢な者がいれば、自分の肩をビル解体工事用の鉄球のごとく大喜びでぶつけていく。プロップの七人ときたら、私よりも軽量な選手が数人いるにもかかわらず、平均体重は約一二五キロ。ラグビーがプロ化される以前、選手はもう少しゆっくりとジムですごせたし、選手の体格が平均より大きいほうだったとしても、ケタ外れに特大サイズの者はほんのわずかしかいなかった。最近では、テレビでの試合観戦や、生で観戦していたとしても、選手の体格が案外ふつうだという印象をもたれるかもしれないが、これは誤解だ。選手同士が並んで立てば、わりとふつうの大きさに見えるけれど、彼らと平均的な大きさの人——身長一七三センチ、体重七〇キロ程度の人——が並んでみれば、その人はまるで栄養失調の小妖精《レプラコーン》みたいだ。

2　ホーム・アンド・アウェー

二〇〇五／〇六年シーズンのフランス選手権初戦は、カストルを相手のホームゲームだ。カストルは、データだけ見ると常にいいチームなのに、一つ二つの理由から準決勝進出を果たしたことはめったにない。スポンサーには恵まれていて、ピエール・ファーブルという、自身の名を冠した大手製薬会社の経営者が、この小さな町にあるクラブをリーグ戦上位の常連にしておけるだけの金額を小切手に記入してくれている。

　このシーズン、カストルはローラン・セーニュという、ブルゴアンとブリーヴで監督経験のある人物を招いた。セーニュ・メソッドとは、ラグビー関係者のあいだでは少々保守的なメソッドとして知られている。ブリーヴでのある試合の前に、グレガー・タウンゼンドという、スコットランド及びイングランド代表チーム「ライオンズ」のファースト・ファイブエイス（スタンドオフのこと）だった男にこう聞かされた。「セーニュのやつ、おれと同列のセンターをフォワードの連中にロッカールームまで追いかけさせたんだ、必死でな。おれたちにはファイトへの熱意が足りないんだとさ」。セーニュはプレマッチトークの最中に、某選手に頭突きをして鼻を骨折させたこともある。というわけで、今季のカストルが、かつてよりもっとフィジカルで勝負するとしても驚きはしない。心の底から怖がる選手もいるかもしれないが、そんなのは楽勝だなどと言うやつはだれもいない。

こちらはロック二人が負傷欠場したために、本来はまだプレーできるような状態ではない私が、両ひざにしっかりテーピングをして控えに入り、万が一自分が出ることになったら、どうかひざよ持ちこたえてくれと祈りつづけている。ウォームアップでのランニング中に、イギリス人ロックのアレックス・コドリングが嘔吐する。彼からはこうなりそうなことを警告されていた。ある種の肺病を患っているせいだ。だが、ほかのメンバーはこのことを知らないわけで、大半がげんなりした表情を浮かべている。とりわけ、彼が吐いた場所がグリッドのど真ん中、そこで我々はフォワード練習を始めるつもりだったからたまらない。彼はこのパフォーマンスの仕上げとして、吐き際に体を少し右に傾けたものだから、ほかのメンバーは彼のランチの残骸の中へ前進していくはめになる。我々のほとんどがその不愉快な小さい堆積物から数十センチ離れようとたくみに体をずらしながらエクササイズに集中しようとし、何が起きたか知らない選手が彼の残した空間に移動した。

カストルのフォワードは、キース・ミューズという元オールブラックスの右プロップを軸とする強力陣営だ。こちらは前線でしっかり持ちこたえていたものの、レフェリーに笛を吹かれることが多くなってきて、戦況はどう見ても、制圧されているというより経験不足が大きな足かせになっているのがわかる。両チームともエラーが多い。シーズンは始まったばかり、夏まっさかりの容赦ない暑さの下、ボールは汗ですべりやすく、両チームともなかなかボールがつながらない。

こちらがこつこつ仕事をしていても、ろくな報酬を得られない気分におそわれる一方で、敵はスクラムでペナルティを楽々とり、ロボットみたいなフルバックのロマン・トゥーレがこっちの気力をそぐような安定したキックを蹴る。こちらがどうにかペナルティキックを二つ決めたところで前半終了の笛が吹かれ、その時点で6対12とリードされているが、私はまだ勝ち目があると思っている。ただしフォワード陣に勢いさえあれば、だ。

　後半が十五分経過して、そんな希望的観測がおのれの誤った楽天主義だと思い知らされる。相手フォワード陣のほうこそ、勢いがおとろえていないのだ。クイックトライを二本とられ、残り二十五分のところでスコアは6対24。私は二本目のトライをとられた直後に、アレックス・コドリングとの交替でピッチに送りだされる。こちらがペナルティキックを一つ蹴ったところで、私は勝手な空想をしている。間一髪のところで「騎兵隊が到着する」（「救援がくる」を意味する成句）はずだ、と（リザーブの連中は、こういうくだらないことを信じるのが好きなんだ）。だが現実には、私は何一つできぬまま、相手の勢いをとめられないでいる。敵のセンターにタックルを避けられたうえ、このぐらぐらと不安定な両ひざの抵抗にあって、タックルすべきポイントに引きかえそうとするころには敵はとっくに私の前を通りすぎて五メートル近く先にいる。数分後、私も含めた三人がかりでミューズをとめようとしたが、トライをとられる。実際、私が唯一、満足感をおぼえたのは、交替した敵のフッカーにモールの中で噛みつかれたから、そのチビ野郎に見事なパンチを返してやったことくらいだ。残り約十分ということで、こちらはお慰みのようなトライを一つあげる。このトライのおかげで、スコア上では少々悪い程度でとどめたかに見えるが、16対34ははっきりいって惨敗、シーズンのスタートとしてはかなりひどい。

アフターマッチ・ファンクションで、テレビのリプレイ画像をチェックしたら、ミューズがボールをしっかりグラウンディングしていないことがわかったが、時すでに遅しだ。テレビ画像による判定は生中継の試合でしか採用されず、しかもテレビ局カナル・プリュスは我々の試合をめったに中継しない。だから、藁《わら》にもすがる思いで事後検討会を始めるわけだ。新たなスタンドオフで、元フランス代表のココことダヴィッド・オーカーニュはいいプレーをしたし、要求どおりのゴールキックを決めたけれども、最大のチャンスをぶっつぶした。チップキックしたボールを敵のカバーディフェンスがノックオンをして取りそこなったが、あのとき彼がすべきだったのは、そのボールを拾ってゴールポスト下のゴールライン越えに倒れこむことしかないのだ。

我々は自らを励まそうとして、こうなるはずだったかもしれないという内容にしたがって得点を計算しなおすというゲームを始める。敵の総得点からミューズのトライとコンバージョンキックの得点を引き、我々の得点にオーカーニュの〝トライ〟と仮想コンバージョンキックを加算すると、アブラカタブラ……あらあら不思議……23対27の僅差になった。ここから先は、キックが狙えそうなペナルティを敵に与えたレフェリーのジャッジのいくつかにほんのちょっと異議を唱えてみると――ほら、ごらん《ヴォワラ》！――この試合がまさにそのとおりに行なわれたなら、最終スコアは23対21になっていたはず。これじゃ、マダム・ボヴァリー（人間の愚かしさを描いたフローベル作『ボヴァリー夫人』の主人公エンマのこと）によるわがままな自己欺瞞といい勝負じゃないか。

完全に客観的な視点で見れば、おそらく16対34が両チーム間の格差を適正に反映しているだろうから、たいしてドラマチックなことでもない。カストルはいいチームのようだし、他のたくさんのチームを打ち負かしてくれればそれでいい。問題は、我々がプレーしているのがフランス国内だというところにあるわけで、フランスではホームゲームに客観性の入り込む余地はない。この点では、ラグビーは科学よりも芸術に近いものといえる。最近のラグビーは、ビデオ画像やデータ処理によって試合を分析するのがもっぱらだが、昔から変わらない魅力の一つは、残酷な不合理さをいまなお残している点である。すでに私は、フランス語でいう愛郷心《レスプリ・ド・クロシェ》という観念——地元の町とチームとジャージに対して共同体としての義務があるとする信念——についてはふれた。フランス語版〝ジャージにかけるプライド〟の特色は、ホームゲームで強烈にあらわれる。ホームチームとは地元の在郷軍も同じで、外敵を撃退して町の名誉を守る——しかも衆人環視の中で——という神聖な義務を委ねられている。選手がホームとアウェーで戦い方を変えるなんてばかげたことだと頭で理解できても、そんなこと問題じゃないのだ。だれだって、ピッチの大きさが同じで、選手は両チームとも同数で、ボールの形は変わらず、レフェリーも中立《ニュートラル》だということはわかっている（議論の余地はあるが、この件は後にまわそう）。ホームゲームは勝つ！　じゃ、アウェーの試合は？　勝とうと努力はするが、心の奥では「ま、たとえ負けても次の週があるさ。次の週はホームだし」なんてことをいつも考えている。

この地理的な意識をよりいっそう発展させたものが、まさにもう一つのフランス語の観念である、郷土《テロワール》というもので、ある産物はそれを生みだした大地から本質を得て、その大地をとりまく文化からその産物の特徴は生まれるという考えだ。私はこの、根をおろすという理想主義的な感覚の魅力に気づいてしまった。フランスの小さな町がつくる温室みたいな環境で、ラグビーはすくすくと育ってきた。パリやトゥールーズのように成熟しきった都市や、それよりは規模が小さいモンペリエやモンフェランを除いたトップ14のクラブは、人口が十万かそれに満たない町を本拠地とする。チームのパフォーマンスしだいで、その町の力強さとか力量がわかるし、大きな町にいる親類縁者と自分たちの現状を比べるときに、市民としてのプライドをもてる好機になっている。このての感情的な風潮の中で暮らしていれば、選手はどうしたって期待に応えようという気になる。なぜならその町の擁護者としての名誉が、ほかのだれの名誉よりも危険にさらされているからだ。

ラグビーのプロ化時代が到来し、国をまたいで加入してきた私のような傭兵たちにもホームとアウェーでは違うプレーをするよう期待されているのだ。とはいえ、いまはフランス人選手でさえ出身地とは異なる町でプレーしている——大半のクラブで生粋の地元育ちの選手はごくわずかしかいない——のだから、ほら、ビアリッツに所属するカタロニア人やブルゴアンに所属するバスク人は〝ホーム〟でのプレーとなると、オーストラリア人選手が感じるよりもはるかに強い感情的なパワーの波が押し寄せるのを感じるしかないわけで、それはたしかに奇妙に思えるかもしれないが、それでもやっぱり本当のことなのだ。

ホームチームには、わずかとはいえアドバンテージがあるのは確かだ。ホーム側のロッカールームはたいていの場合、アウェー用のよりもわずかながら広くて設備も整っている。グラウンドのことはアウェーの選手よりも把握しているし、風がどんなふうに渦を巻くかも読める。試合用のボールを提供するのは、いつだってホームのクラブ、クラブによってはつくりが違うボールを提供するから、キッカーは思いどおりにボールが飛ばないことに気づく。ここ、モンペリエでは（さらにいえば、他のクラブも同じだと思うが）、ボールボーイは、こっちがタッチに蹴りこんだボールはすばやく集めろと指示されている。そうすれば、敵はクイックスローインができないからだ。

最も重要なのは観衆の存在で、彼らは自らを十六番目の選手だと思いたがり、観衆の声が試合を左右すると信じている。ペルピニャンにいたころ、アウェーのチームを先に全力疾走でピッチに出させたままにしておいて、一分かそこらは観衆の口笛や野次のシャワーを浴びせてやったものだった。やがてスタジアム内のとどろきが、待機する我々にまで届くと背筋がぞっと粟立《あわだ》った。このごろは、両チームが同時にトンネルからピッチに出ていく決まりになり、競技場内のアナウンサーが、フェアプレイ精神で相手チームにも声援を送るようにとホームのファンに強く喚起する短いスピーチを読むことになっている――だからどうなるってわけでもないのに。敵がボールをキックするたび、敵のフルバックがボールを真上に蹴り上げるたび、レフェリーまたはタッチジャッジが不可解なジャッジを下すたび（概して、ホーム側を不利にするジャッジはすべて不可解と受け取られることになっている）――みんな、嘲笑を浴びせられることになるのだ。

そしてフィールド上の役者たち、つまり選手と審判団《オフィシャル》の両方が、意識しようがしまいが、こんな仕打ちに影響を受けていることは十分にありうる。前方へ放っていないパスにレフェリーが笛を吹くのを私は一度ならず見たことがある。観衆に笛を吹けと要求されたせいだ。ただし、こんなことはチームのパフォーマンスがホームとアウェーとでは異なる――20点くらいは、まさしく環境に左右される――という説明にはほとんどなっていない。

私からすれば、どこでプレーしてきたかとか、そこに大観衆がいたかとか、たとえ大観衆がいたとしても、彼らに敵と見られたか味方と見られたかで、違いがあったことはほとんどなかったように思う。ほかの選手みたいに、私もあまたの観客の目の前で自尊心をあおられたとする。さらには、観衆から侮辱的なことばを声高に叫ばれたとしよう。いずれにしたって、少なくともそれは自分に注意を向けてくれているということだ。だからといって、自分のプレーのやり方が左右されるということはなかった。たいがいのニュージーランド人と同様に、モチベーションは自分の内にあるか、せいぜい、自分がひどいパフォーマンスをすればチームメイトがどう思うか、というあたりにしぼられる。

ところが、自分でも気づいているが、フランスにいるあいだに感じ方が変わりつつある。かつては冷静沈着な男だった私（フランス人には典型的なアングロサクソンに見える）が、いまやただ試合を見ているだけでも興奮してしまうのは、重要なことだと思っているし、しかも、実にどうでもいい理由でかっかすることだってできる。人は世間から隔絶して生きられるわけもなく、自分なりにうまくかかわってきたと思う文化にずいぶん感化されているものだ。ホームでの試合にはかなりの緊張感をもって準備するのに、アウェーでの試合になるとすっかりリラックスしている。こんなことが自分のパフォーマンスに影響を与えているとは思わないが、いいほうにとろうとしているだけかもしれない。いずれにしても、勝たねばならない試合を落とすことからくるストレスは相当なもので、たとえアウェーでの成績がよかったとしても、全試合をホームみたいに気をもんでいたら胃に潰瘍ができてしまう。フランス選手権の過去二シーズンにわたり、我々がホームを離れてアウェーで勝てたのはたった二試合だけだ。

ホーム・アンド・アウェーの気のもちようの差が如実にあらわれた例としてよく知られているのが、一九九九年のワールドカップ準決勝、フランス対ニュージーランドの試合だろう。前哨戦として、フランス代表チームは本大会開催の数か月前にニュージーランドに遠征して、50点差で大敗を喫した。自分たちはそんなにひどいプレーをしてないはずなのに、この大差には意気消沈してしまった。それだけ力の差が大きかったのだ。

ワールドカップ準決勝の舞台はトゥイッケナム（イングランドにあるラグビー専用スタジアム）。観衆の大半はイギリス人で、ニュージーランドとフランスからの観客はわずか。イギリス人の観衆はたぶん中立の立場をとるつもりだっただろう。たとえフランス人が、英語圏の人々は常に団結しあっていると思っているとしても。「あなたがたは英語圏の人たちだしね」。ところが、フランスが勝ち目なしのチーム役で出現し、オールブラックスの勝利は必然すぎたために、イギリス人たちはヨーロッパのご近所さんを応援することにしたのである。このことだけで、その後に起こったあの大番狂わせにつながったと言うのはあまりに単純すぎるだろう。どうやらオールブラックスが調整に失敗して戦力のピークを早くもってきすぎたとか、戦術が単純すぎたとか言われた一方で、フランス代表は、出だしでぶざまに負けたあと、もともと鍵となる選手が負傷のために代表からもれたことで、思わぬ掘りだしものの選手が力を発揮して、革新的に力強くなっていった。けれども、フランス代表の心に衝撃を与えたのは、〝要塞〟トゥイッケナムの周囲で響きわたる「いけ《アレ》、レ・ブルー！」の歌声であり、あの歌声こそが、歴史に残る大勝利に貢献したのだった。

　だから、今回カストルに負けてがっくりきているのには、それだけの理由がある。ホームでこんなひどい負け方をすれば、強豪チームにははっきり言って歯が立ちません、と宣言したようなものであって、そんなことは、これからの三試合の対戦相手がハイネケンカップの出場資格をもつチームばかりなのだから考えたくもないのだ。ましてや、次のホームゲームでの相手はトゥールーズ、我々にとって不幸なことに、敵はフランスのプロラグビーにつきものの長距離移動にもこたえていないようだ。敵のサポーターたちはアウェーへの移動中に「来た、見た、勝った《ウェーニー・ウィーディー・ウィーキー》」（ラテン語でカエサルの名言）のゴール人（フランス人の別称）版とでも言いたくなる「オン・ヴィヤン・オン・ガーニェ・エ・オン・サン・ヴァ！」というチャントをずっとわめいてきた。こっちは四連戦のあとで、ユーロヴィジョン・ソングコンテストの出演者中いちばんがっかりな歌い手そっくりになりそうだ。

「モンペリエさん、零点《ニュル・ポワン》！」

　このことでまた、他のチームからはアウェーでも勝てそうな相手と見なされるかもしれず、そうなると彼らは、これまでとってきた戦術をかえて、勝ちにいく試合をしようとするはずだ。ハゲタカどもめ。今季、トップ14での最初の十試合は毎週続けざまに行なわれるため、初戦から連敗スタートとなると、どこかで息をつきたくても走りつづけるしかない。個人的なことを言えば、多少のアドレナリンが出たおかげで両ひざもこの機に応えて、一直線に走るには難ありでも、きっと活躍してくれるはずという望みをかけていたのに、あいかわらず両ひざはきっぱりと非協力的だ。せめて二週間でも試合に出ないでいられたら、理学療法で両ひざともよくなってくれると思うのだが。

いい知らせとしては、わがチームより下位にある最下位周辺をうろつきそうなチームの大半も、我々と同じ運命を味わっているということ。トゥーロンは二部リーグから昇格したばかりでビアリッツに敗れ、かたやポーとバイヨンヌはそれぞれモンフェランとトゥールーズに負けた。ボーナスポイント（トライ四本か、負けても7点差以内におさえれば勝ち点1を加算）を稼いだチームも一つもない。ナルボンヌも我々同様ひどいスタートを切ると思っていたら、なんとスタッド・フランセから勝利をもぎとり、ブリーヴはブルゴアンを破ってしまった。この二試合に限っては、ホーム・アンド・アウェーの形態が保たれたわけだ。ナルボンヌもブリーヴも、パリやブルゴアンでなら勝とうなどとは思わない。四チームがホームで負けたということは、フランス選手権の今後のゆくえが不気味なものになるということ。まるで〝持っている〟か〝持っていない〟かにぱぱっと仕分けされそうな気配だ。

〝傭兵〟の立場で言えば、勝ち負けという結果だけで判断するより、もっと複雑な方程式になる。先発メンバーなら、勝ちたいと思うのは当たり前。常勝チームにいるのは、アマチュアにしろプロにしろいつだって愉快なものだ。それに、勝てば報奨金《ボーナス》だって出るかもしれない。もっとも、フランスラグビー界ではそんなことはめったにないし、それはそれでいいと思っている。ボーナスを受け取ったりすると、純粋な競技者として試合に出たいという理由からはかけはなれてしまう。そうなると、月ぎめの小切手の額に応じて大きなクラブを選ぼうとする選手ばかりになってしまう。それでも、いざフィールドに出てしまえば選手の頭の中はプレーすることしか考えられない。だから、勝てばもっと稼げる、という保証なんていらないのだ。

ことがもっとややこしくなるのは、一チームには三十人以上の選手がいて、そこから一度の試合に出られるのはたった十五人のみということを思い出すときだ。負傷しているなら仕方ないし、将来のある若手が技術を磨くために二軍落ちと判断されれば、重要度が落ちる試合にたまには出ないのもアリだ。だが、ある程度の年齢に達していて、しかもけがもしてないし休養をとっているわけでもないのなら、試合に出るより観る側にいたほうがいいという選手がいたら信じがたいことだ。

選手によっては、監督にベンチスタートか、あるいは控えのメンバーからも完全にはずすと言われてもきっぱり受け入れるのかもしれないが、私はそうじゃないし、自分のものだったはずのジャージをまとった他人がプレーするのをスタンドで観戦しながら、チームが負けて監督が自分のやり方がまちがっていたと認め、次の週には私を元のポジションに復帰させてくれたらいいと願うような選手にだけはなりたくない。絶対にごめんだ。

残念ながら、こんなのはかなり贅沢な悩みだ。生死をかけた降格争いの渦中にいたらこんなもんじゃない。モンペリエはしじゅう該当しそうだとみなされているが、勝たねばならぬ試合を落とせば、厄介ごとが待っている。二部に降格すれば、最悪の場合は失業につながるし、よくてもせいぜい選手としての市場価値を落として、その後の移籍先探しに難儀するのは必至。というわけで、理想的な解決策としては、チームが勝って、私のポジションにいた輩《やから》が試合で悪夢のような体験をしてくれて、私がもといた場所におさまること。それなら、チームも私の利己主義にふりまわされずに済む。多くの選手と同様、私もちょっとは迷信ぶかいところがあるから、他人の負傷を望むまで身をおとせば、悪い業《カルマ》につながるような気がする。それに、負傷しただれかの穴埋めで試合に出るのは、ベンチを温めつづけているのと気分的にはたいして変わらないのだ。

カストルとの対戦後の土曜、チームはクレモン・フェランへ出発する。私は両ひざにプレー禁止を命じられたから、クレモン・フェランとの試合内容は、試合後のビデオ分析やもろもろのレポートから得たものだ。モンフェランというクラブは、常に大金があるという点で異様だ。予算は一千六十万ユーロ、トゥールーズに次ぐ高額で、資金のほとんどを提供するのはミシュラン一族という世界的に有名なタイヤ会社の経営者。会社があるのは中央山塊《マシフサントラル》の中心地にある工業都市からは離れた場所だ。資金力があるということは、このチームには、フランス及び世界のスター選手からなる輝かしい一団《プレイヤード》がいるということであり、毎年のようにフランスチャンピオンの有力候補と目されているのに、それなのに一九二五年以来、上位には常に残るし、決勝進出を七回も果たしているのに、優勝したことがないのだった。

前シーズン、このクラブはひどいスタートを切ったために、シーズン中盤でリーグ最下位を低迷し、監督を解任してオリヴィエ・サイセを迎えた。私がペルピニャン在籍時の監督だ。モンフェランは快進撃で連勝を重ねて、ハイネケンカップの出場権を得た。あのチームは恐怖に駆りたてられることもなく、潜在能力に満ちているから、勝機のにおいをひと嗅ぎさせれば、時を選ばずに暴れまわれるのだ。前の週末、アウェーでポーを見事なまでに撃破して、すっかり得意の絶頂にあるとなると、我々が一勝できるかすかな見込みは消滅したな。とはいえ、カストル戦での負けを穴埋めするために、すべてを試合に投入しなければならない。

試合は、両チームそれぞれに好機が何度かおとずれ、とってとられての攻防戦。こちらのラインアウトをきっかけに、相手をこまらせはじめる。こちらを壊滅させるつもりだった武器を奪いとり、資金力につり合うよう敵をたっぷり走らせてやり、後半のいっときには17対15とリードするが、残り三十分で守備が崩れはじめる。終了直前にココ・オーカーニュがペナルティキックを決めて、なんとか23対29にまで追いあげる。守備のふんばりでボーナスポイントを獲得して試合終了。だからだれもがかなり幸せな気分。これでフランス選手権の最下位から脱出するためのスタートが切れたかのように。

3　恐怖と憎悪

トゥールーズはまたもヨーロッパチャンピオンに君臨し、自他ともに認めるよいチームだ。モンペリエ入りした彼らの中に、フランス代表のロックでありキャプテンのファビアン・プルースと、前オールブラックスのロック、イシトロ・マカはいないが、それでも先発メンバーの顔ぶれは熱狂的なファンならよだれを流さんばかり、かたや対戦相手にとっては冷や汗ものだ。ことにウェールズ代表のキャプテン、ガレス・トーマスにヤニック・ジョジオン、そしてフレッド・ミシャラクからはオーラが出てきそうだし、控えの選手の大半がトゥールーズ以外のチームならまちがいなくレギュラーになるはずだ。

高給取りのスター選手ばかりがいる点では、モンフェランも似ているが、だからこそこの二つのクラブは絶交状態。どちらの選手も、勝利の文化を熟知したチームにいるという点では同じだ。トゥールーズは、十年監督を務めるギイ・ノヴェの下で実にめざましい成果をあげてきたから、彼ら独自の高い基準から判断すれば、ヨーロッパもしくはフランスのチャンピオンになれなければ、その年は「ひどい一年」になるわけだ。そう言わしめるのも、一部リーグ中、最高の予算――千七百十五万ユーロ――が組めることと、トゥールーズの町がフランスラグビー界の中心地として認知されているからで、だから有能な選手をどっさり引き抜き、贅沢にもためこんでおけるのだ。たとえば、快活な天才、ミシャラクが見出されたのは、彼が弱冠十八でチームに加入する直前にトゥールーズのハーフバック団が立てつづけに負傷してしまったという、いくらかは偶然の産物によるものだった。

そんなチームを迎えうつってことくらい、我々にだってわかっている。

私はまたしても両ひざのせいでサイドラインでの観戦を強いられているが、試合開始十分足らずで、目をそらして楽しいことを考えようと努める。この試合、完敗しそうだとわかるからだ。すでにトゥールーズが0対10のリード。それでもこちらは防御態勢を強化して、相手フォワードに激しくぶつかっていく。トゥールーズ軍団はちょろい相手ではないが、どうやらフォワードは、あっという間に駆け抜けて取り残された我々をまごつかせるバックス陣とは違うようだ。だから彼ら相手なら、前衛で戦ったほうがいいわけで、まちがってもボールを横に出したり、深くキックしたり、己が身をさしだしてカウンターアタックをしようなんてのはやめたほうがいい。

こちらがじりじりとセンチメートル単位で陣地を獲得しながら、彼らにプレッシャーをかけはじめ、ついに6対13とする。もっとも、こちらのサモア人センター、アリ・ココがハーフタイム直前にハイタックルでイエローカードを出されたせいで、この先もつらく骨の折れる戦いが待っている。ハーフタイム直後、我々は二本目のペナルティキックを決めたものの、そのまま試合時間が残り十分になっても9対13のまま。ところが、レフェリーのムッシュウ・ムネに、ラインアウトで何度も厳しくペナルティをとられたせいで、ドライビングモールが最も必要なときにかぎって、モールの基盤がしっかりつくれない（我々がラインアウトでフェイクジャンプをしたとして笛を吹いていたムネは、二週間後にさる〝ビッグな〟チームがそっくり同じ状況をつくっても、まるで笛を吹かなかった）。残り十分でこちらがくじけ、トゥールーズはペナルティキックを二本、トーマスがトライを一つあげ、瀕死の我々がやっとのことでペナルティキックを一本。結果は12対24。ボーナスポイント？　そんなものはない《ナーダ》。

次週の対戦相手はブルゴアンだ。ブルゴアンは堅実なチームで、その基盤となる見事なフォワード陣には、フランス代表パスカル・パペやオリヴィエ・ミルー、ジュリアン・ボネールがいて、さらにスタンドオフのバンジャマン・ボワイエやフルバックのアレクサンドル・ペクリエはキックを効果的につかってくる。ここ三年ほど、フランス選手権のホームゲームでは負け知らずのチームだという現実を直視しよう。そんな流れをモンペリエが断ち切れる見込みはなさそうだ。

クラブ・スポルティフ・ブルゴアン＝ジャリユーがチームのフルネームで、アルプス山脈のすぐ近く、リヨン郊外にある二つの小さな町からなる人口密集地域にあって、ラグビークラブが常に成功している以外に、たいして注目すべきものはない土地だ。トリヴィアなファンなら、チームカラーのスカイブルーとクラレット（赤紫）の二色づかいが、バーミンガムのフットボールクラブ「アストン・ヴィラ」をまねていると知れば、好奇心をくすぐられるかもしれない。クラブの創設者がイギリスからの移住者なのは一目瞭然だ。クラブの主な出資者は会長《プレジデント》で、ケータリング業界のドン、ピエール・マルティネだ。

もっとも、ブルゴアンは何度かハイネケンカップへの出場資格を獲得してきたのに、プロ選手がたった二十八人しかいない小さなチームだから、本当の意味で勝負ができたことはないのだ。二〇〇五年のダブリン大会で、アイルランドのレンスターに90点差で圧倒されてしまったこのチームに、国内のビッグ3《スリー》をおびやかす力があるとはとても思えない。地元経済が衰退して、おんぼろスタジアムを見ていると、クラブの将来があやぶまれる。地元育ちの選手が長年戦力となっていたのに、もっと大きいクラブがもっと高い契約金をエサに、じわじわと引きぬいてしまっている。

それでも、いまのところはこのクラブのほうが、わがクラブよりもはるかに大きい。だからこそこちらも、試合開始三十分で3対0とリードしていることに驚きながらも満足し、やがて相手がトライとコンバージョンキックを決める。前半終了時で3対7、不運にも、若きセンターのセブ・メルシエがけがの影響か、いつもなら苦もなくゴールライン内に滑りこめるのに、二メートルばかりはみ出してしまう。ここでトライが一つ決まれば、後半はもっとおもしろい試合になったはず。それどころか、3対17で相手を楽に勝たせてしまう。

一か月後、ブルゴアンがアジャンをホームで迎えうつ試合で、老朽化したスタッド・ピエール・ラジョンが、フランスラグビーでは有名な乱闘《バガール・ジェネラル》の舞台になる。前半終了のホイッスルが吹かれると、アジャンのキャプテン、リュク・ラフォルグがブルゴアンのスクラムハーフ、ミシェル・フォレに駆けよって何か言うなりぶん殴る。予想どおり、全員のタガが外れる。ロッカールームにひきあげかけていた選手の大半が、駆けもどって対戦相手に殴りかかり——それに失敗すれば、敵味方もなく手当たりしだいに殴りかかる。観客はスタンドの手すりをつかんで前かがみになり、些細なけんかに加担しようとしている、レフェリーが笛を吹いてもむだだ。キックとパンチの雨あられが一分間ほど両チームに降りそそぎ、その時点で、現実にあったかないかは別にして、恨みが晴らされるのだ。

ようやく事態もおさまれば、よくあることだが、必死に殴りかかっているように見えても、狙いをはずしたパンチの嵐だから、重傷を負った者は皆無。レフェリーが両チームのキャプテン、ラフォルグとボネールにレッドカードを出し、選手全員、ロッカールームで十分間の謹慎を命じられて、興奮状態《サン・フロワ》をしずめる。ブルゴアンはホームスタジアムでの一試合を禁じられてホームから離れた地で試合をしなければならなくなり、両キャプテンは二か月間の出場停止、ただし謹慎中の態度がよければ短縮されるという処分をうける。試合はテレビ中継されていて、この乱闘騒ぎはたちまち各局で取り上げられ、映像が繰り返し再生され、ときには「なんてスキャンダラスでショッキングな暴力ざたなんでしょう！」などと、絶望的なまでに殊勝なコメントまでついている。ところが、ああいうシーンを大半の視聴者は大喜びで見入っているし、ことにラグビーファンにとってアップアンドアンダー（キックしたボールの落下地点に同時に到着すること）ではアッパーカットの二、三発がつきものだから、いちいち気にしたりはしないのだ。

ラグビー選手はしばしば現代の剣闘士《グラディエイター》と呼ばれる。アイスホッケー、アメリカンフットボール、オージーボール、ラグビーと同様に肉体的な激しさをともなうチームスポーツだという点では似ていると言えるし、そうした競技のすべてで、乱闘が試合の眼目と見なされることもよくある。正直に言えば、それもまた試合の魅力の一つ、なぜなら人は取っ組みあいを見るのが大好きだからだ。校庭から酒場にいたるまで、多くの観客を魅了するのは「やれ！《ファイト》　やれ！《ファイト》」の絶叫だってことはまちがいない。

どんなにルールから外れないように努力しても、人体に加わる衝撃が大きいスポーツだけに、肉体と肉体とのぶつかりあいは、いまだにスリル満点な危険にみちている。ジョナ・ロムーがボールをもって走る姿をどうして人は大喜びで見るかといえば、あの走りがひときわ優雅で敏捷《びんしょう》だというだけでなく、彼の行く手には、かならずと言っていいほど敵が待ちうけているからだ。これはひょっとしたら、たまに試合を観る程度の人には印象に残らないかもしれないが、ロムーにタックルしなければならないポジションにいたことがなくてよかった私のような選手には、目の前に来たロムーに少なくともタックルしようとした選手のことを（その大半は私よりもずっと小柄だ）ただただ賞賛するしかない。彼らは命がけでプレーしたつもりだったにちがいないが、事情はどうあれ、彼にかかればどんなタックルも的外れになってしまうのだ。そんなタックルでさえバレエのように美しく見えたなら、スタンドから拍手喝采されるか、それぞれの家のソファでくつろぎながらスローモーション画像を見ている人たちを喜ばせるかもしれない。その一方で、フィールドでは嚙みつきやひっかきによる流血は当たり前。ラグビーとは、血を見るスポーツを見苦しくない程度に変形させたものの一つなのだ。

常に危険な要素があるだけに、恐怖心があるのは当然だ。選手はこれを克服するために、しばしば怒りの感情を利用して、アドレナリンを効率よくエネルギーに変えていく。これこそ〝奮い立つ〟ということの正体だが、大半の選手はそうだとは認めない。なぜなら、体がぶつかり合うことをこわがるのは臆病者だと見なされるわけだし、だれだってそんなことで苦しんでいるとは思われたくないからだ。それに選手の多くは、そんな恐怖心があることを意識もしていない。私もその感覚がわかるようになったのは、かなり年を重ねてからだし、深刻なけがに苦しむ選手を見てきたからなのだ。

とはいえ、怒り、ときには敵意さえも道具のように扱っていると、そのうち感情がうまく働かなくなってしまう。とりわけ血気にはやるラテン人タイプにとっては危険が増す（アングロサクソン人はどちらかといえば、自らのモチベーションを理性の範囲にとどめておくほうだ）。試合では、ある程度の的確さと絶え間ない意思決定が求められるうえ、感情を爆発させることは短期的には有効だとしても、八十分以上も怒りを持続させるのは、逆効果なのだ。ピッチに出る前の選手が感極まって泣きだすのを見たことがあるが、あれは極度の緊張のせいであって、試合に役に立つわけじゃない。たとえばフッカーなら、ラインアウトでは適正な高さとスピードでボールをスローインできなければ、味方に勝利をもたらさない――敵の喉元をひっ裂きたくなっても、そんな気持ちはまるで役に立たないのだ。それなのに、フランスでは怒りを利用するのはふつうのこと、この国ではしばしば、怒りが勇気と混同されがちで、とりわけ小さなチームほどそれがあてはまる。チームが戦いつづけるために頼れるのはタレントだけ、ほかに足りないものを何で埋め合わせればいいか、わかっているのだ。

フランスのラグビーは他国に比べて、しじゅう騒動を起こしている。私が聞かされてきたこのスポーツの〝昔話〟――といってもほんの二、三十年前の話――は、身の毛のよだつようなものばかりで、話半分に割り引いて聞いてもぞっとする。いろいろな人が私を楽しませようとして語る中身は、まっとうな人たちのふるまいとは思えない。10メートルラインに到達しようとして敵の頭を蹴っとばす、関節をありえない角度にねじりあげて相手の力をそぐ、などなど。伝え聞くところ、あるクラブでは、両チームが整列してフィールドに出ていこうとする瞬間、通路の照明を消してしまう。それなら闇に乗じてだったり、レフェリーの見ていないところで、ホームの選手が対戦相手に不意打ちをくわらす機会を提供できる。隙あらばいつでも、ということなんだろう。

　トゥーロンは、他のチームよりもほんの少しばかり油断ならないところがあって、ホームゲームでのキックオフは、あえてタッチに出すのが常で、そうすればハーフウェイライン上でのスクラムから始めることができる。そのあとには決まって拳骨による小競りあいが避けられないわけで、そこで、その先の筋書きの重要性を相手に念押しすることができる――つまり、おれたちのホームでやってんだから、勝つのはこっちなんだよ、万が一それを妨害でもしてみろ、とんでもない目にあうぜ。これはほんの序の口なんだ、と。そんな話を語る相手は目に涙を浮かべ、歯をにっと見せて笑みを浮かべているのだからぞっとする。ありがたいことに、このごろはイエローカードシステム、もしくは「シン・ビン」（一時的退出のこと）の活用によって、決定的な違いがあらわれてきた。レフェリーは、たった一発のパンチごときで選手を退場させてしまうことに躊躇するものだし、とりわけそのパンチが自分の死角でなされた不正行為に対する報復だと判断されればなおさらのことだ。けれども十分間だけ退場させるのならレフェリーも良心の呵責をほとんどもたずに済む。退場が十分間だけなら、また接戦になる可能性があるかもしれないとだれもが承知しているから、選手もかつてほどレフェリーに食ってかかるようなことがなくなった。

　部外者から見れば暴力はショックなことだ。私は前のシーズンにヨーロピアン・シールド（ハイネケンカップの下部大会である欧州チャレンジカップを敗退したクラブによる選手権で二〇〇二～二〇〇五年まで実施された）というさほど重要視されない試合のあとで、アイルランドのコノート地方からきた二人の審判員《オフィシャル》の後ろを歩いていたときのことを思い出す。その前の週にアイルランドで50点とられて負け、そのあとホームで辛くも勝ったものの、フェアとは言えない手をかなり駆使したために、不愉快な出来事がけっこうあった試合だった。そのアイルランド人の片方が、あいつらにはうんざりしたよと言うと、もう一人がこう答えた。「ありゃ、ラグビーじゃないね」。かすかに恥ずかしさをおぼえながら、私がこのやりとりをチームメイトでロックのミシェル・マカルディに伝えると、彼は気後れせずにこう答えた。「やつらが50点もとらなきゃよかったのさ」

　フランスでは、あれがラグビーなのか。もっとも、フランス人には、あれを異常だなんて思いもしない文化がどっぷりしみこんでいる。二〇〇五年、オーストラリアとの試合では、フランス代表キャプテン、ファビアン・プルースが、ブレンダン・キャノンの顔面にひじ鉄をくらわせ、そのせいでこのオーストラリア人フッカーは一時的交替で出ざるをえない傷を負い、数針縫ったあとで試合に戻った。プルースはこの行為をプレー中に堂々とやったのだ。それも、フィールドのど真ん中で。もっとも、ボールからはかなり離れていたから、レフェリーやタッチジャッジは気づいていなかった。

　試合終了後、当然ながらオーストラリアチームが腹をたてているのに、プルースがビデオの再生画像で確認するまで待てばいいと言ったのは、こんなこと、まさかテレビカメラが撮っていないと踏んでの発言だったのはまちがいない。ところがあいにくと、しっかり撮られていたばかりか、かなりひどい映像だったのだ。あの行為を正当化する気かと問われたプルースは、いまさら、あれは仕返しでキャノンのほうこそ見えないところでいんちきをしたんだなどと言えるわけもなく、彼に行く手をさえぎられたものだから、わざとひじでブロックしたんだと答えるのがせいぜいだった。

　私はプレーヤーとしてのプルースを大いに尊敬しているし、私だってプレー中に勢いあまってきたない行為をしたことがあるから、彼を非難するつもりはない。それでも、かなりショックだったのは、フランス代表監督のベルナール・ラポルトがフランスのメディアに向かって、あんな映像を出すから騒ぎになったんだ、と一喝したことだった。さらにこうも続けた。ニュージーランドだったら、こんな騒ぎにはならんね、と。この発言がまったく正しくないことの証拠として、オールブラックスのキャプテン、タナ・ウマガが、二〇〇五年のライオンズ遠征ツアー中に、ブライアン・オドリスコルにかけたスピアタックル（相手を持ち上げ地面にたたきつけるように投げ落とすタックル）の例を挙げておこう。懲戒委員会は「勢いあまったうえのプレー」と判定したものの、この一件はほぼ一週間にわたって報道されつづけたのだ。

　それからこういう話もある。ラグビーのフィールド上での暴力行為に関しては、偽善めいた話があふれている、と。オドリスコルは著書*A Year in the Centre*の中で、アルゼンチンとの試合中、目に指を突っこまれたことを嘆いてこう続けている。「なぜそんなことをするのか、私に聞かないでほしい。ラグビーではありえないことなのだから。彼におまえはいかさま師だと思い知らせる最善策は、常に彼に勝ちつづけることしかないのだ」。この記述がかなりフェアに思えたのも、ウェールズのセンター、ギャヴィン・ヘンソンが著書*My Grand Slam Year*で、オドリスコルに目玉えぐりをされた記述を読むまでだった。ヘンソンの目玉に指を突っこみ、オドリスコルはこう言ったとある。「どうだ、気に入ったか？　ざまあみろ！」

フランスに来た一九九七年、私は暴力行為に憤慨した。私は二十五歳で、老いてはいないが未熟《うぶ》でもなかった。それなのに、最初に出た試合で――ライセンスの許可が下りるのを待つあいだ、ディジョンでBマッチに出ていたのだ――両目をしっかり開けていたものだから、まずまっ先にやるべきだったのは、できるだけ早く目を閉じること。そうしておけば、だれかの指が両目に突っこんでくるのをさけられたはず。尋常ならざることが起きていたことにはやく気づくべきだったのだ。加入したてのクラブで、クリケット用のプロテクターみたいなものをつけているメンバーを見たときに、なぜ、あんなもので両目を守ってラグビーをやっているんだろうと思ったのだった。

幸いなことに、疑うことを知らない私の急所を襲撃しようとする者はいなかったが、最初のラインアウトでパンチを一発くらって鼻が折れた。あんな試合は街中のけんかも同然だった。あるときなど、一方のサイドでラインアウトがけんか騒ぎになっているのに、ボールは反対側へ転がっていき、そこでは、バックス連中がどうでもいいような小競り合いをしていた。フィールドの両サイドで選手と観客が殴るわ蹴るわ、さらには傘やゴム長靴まで武器になりはじめたのを見て、私はディジョンでプレーするニュージーランド人とともにピッチのど真ん中で立ち尽くし、笑おうか泣こうか、それとも二人で殴りあいでも始めようかと頭を抱えてしまったのだった。

　些細なこだわりがラグビー選手にとって、とりわけフォワードにとって職業上の危険につながるのは世界共通だ。コンタクトエリア、とりわけラックやモールの中では体と体が玉突きのように折りかさなり、その中のだれもが一心不乱になって味方に最大限の利益をひきだそうとする——マイボールになるようにするか、敵から強引にボールをもぎとろうとするか、あるいは、ただ単に敵の行く手に必死で立ちはだかろうとするかの違いがあるとしても。ルールにはつけこまれやすい曖昧《グレー》な領域がかなりあるうえ、どんなに優秀なレフェリーでも、三十人全員がいつなんどき何をしているかを追跡しつづけるのは無理だ。

　だれもが、こうしたことをそれぞれのやり方で対処しているとはいえ、ルールを悪用しようとする輩なら、敵の士気をくじくような些細なこと、たとえばラックの中で手を伸ばされたり、背後からジャージをひっぱられても驚くわけがない。ラグビー選手が毅然とした《ハードマン》男であることを誇りとするのはいいが、〝ハード〟であること——断固として妥協のないその姿勢には、恐怖心はないとしても、敬意を抱かせるだけのものがあること——と〝ダーティ〟であることの違いは——大げさに言えば——剣ヶ峰なのである。暴力行為は罰則の対象でしかないが、見方を変えれば、肉体をぶつけて威嚇しあうことは、有効な武器だとうけとられているのだ。

かつて所属した、ウェリントンにあるマリスト・セント・パッツの監督、ケヴィン・ホランは、私に多くのことを教えてくれた〝ハードマン〟で、「舌打ちは口の中、両手はポケットの中で、それなら3ポイントをとれるぞ」が口癖だった。私が考える暴力行為へのまっとうなつきあい方が、監督のこのことばに凝縮されている。むっとすることが起きても、心は常にチームにとって最大の利益を考えること。それは自己犠牲に近いものであり、わが身を危険にさらしつつも、血の復讐にはけっしてかかわらない、かかわればこの仕事から縁を切られてしまうのだ。高潔であり、生きる指針でもあった。問題は、そこには巨大な盲点が一つあるということ。暴行をふっかけている輩をレフェリーが見つけてくれて、適切な行動をとってくれるのかどうか、なのである。

フランスラグビーのお家芸とも言えるものにフォーク《ラ・フウルシェット》、つまり「目玉えぐり」がある。これがとりわけ効果的なのは、密やかな行為だからだ。ラックやモールという、自動車激突事故みたいな状態のまっただなかに、四方八方から体が突進していっては、だれかの目玉にこっそり指がすべりこむのを監視者が見つけるのは至難の業だ。けれども、目玉の持ち主には事態がすっかりのみこめているから、いまそこで何をしていようが、そんなことはもうどうでもいい。大事なことはただ一つ、血まみれの指を目から遠ざけること。その指をけっして離さなければ、だれの指かがわかる、そしたらすぐさま、自分をとりまく危機的状況の解決にとりかかること。

汚い指の爪で自分の眼窩《がんか》の奥にある壁をえぐられるなんて、これほど気持ち悪いことといったらない。まして私のようにコンタクトレンズを装着していたらもっと悲惨だ。ずれたレンズを元に戻そうとして目をいじくるか、地べたにはいくつばって、あの小さくて透明な物体を探さなくてはならない。レンズがないことには、試合を続行できなくなるからだ。ニュージーランドでラグビーを続けた十五年間では目玉えぐりに二度、遭った。あれ以来、だれかにそばで不用意に身を屈められると、むかむかした気持ち悪さがよみがえる。フランスにきた最初の一か月で、何度そんな目に遭ったのか、もう忘れてしまった。

ここで、自らも二度、目玉えぐりという悪行をおかしたことを白状せねばなるまい。法廷にたてば、弁護側は情状酌量を訴えるはずだ。二件とも、モンペリエでの〝勝たねばならない〟試合中でのことで、掛け値なしに〝勝たねばならぬ〟ホームゲームだったのだ。敗北はすなわち二部降格に一歩――いや、もう数歩、足を突っこむことになっただろう。こういう試合を〝生死をかけた〟と呼ぶのは、あとから振りかえれば、そんな大げさなと言われるかもしれないが、当時はまさに生死をかけた試合だと信じて疑わなかった。おまけに二件とも、犠牲者は違反の常習だった。我々が三連敗したのち、対ビアリッツ戦でリードしていたが、いつもなら成功する5メートルラインでのラインアウトからの突進がトライに結びつかなかった。その理由は、こちらにそれだけの力がなかったことも含め、おそらくたくさんあったのだろうけど、ただそのときは、最も目ざわりだと思ったのが、ビアリッツのフッカー、ジャン＝ミシェル・ゴンザレスが、ヤブイノシシみたいにこっちのモールにしつこく突っ込んできては、ペナルティすれすれでボールを巧みに奪っていくことだったのだ。

こんなことを彼に三度もやられたら、だれかが彼をとめなければと私は腹をくくって、フランス伝統芸の一つであるこの悪事に手を染めることを決意し、彼の目に指を突っ込んだのだった。初めてのことだったから少し神経質になって、重大な被害を与えたくないと思ったし、他人の頭骨の洞《うろ》を指で突いたときのいやーな感じにややへこんでしまって、そんなに強くは突けなかった。それでも、もう一回やったら、彼がいやな顔をしたので、もうそれで十分だった。モールの中で差し向かいだったのだから、だれがやったかを彼はしっかりわかっていた。アフターマッチでビールを酌み交わし、私は詫びた。彼は笑みを浮かべてこう答えた。「試合ってのは、ああやるんだ」。彼は昔ながらの頑固な選手で、一部リーグで二十年近くプレーしつづけてこれたうえ、フランス代表キャップは34、たいていのことはとっくに経験済みなのだ。

その試合に我々は負けたが、次のシーズン、ビアリッツとの試合で似たような状況となり、試合終了が近づいたころに、ペナルティからのラインアウトをゴールラインから十五メートル余りの地点で行ない、突進できるチャンスがおとずれた——そして、またしてもゴンザー（ゴンザレス）が、オフサイドの位置からモールに突っ込もうとしていたが、そのときの彼は頭を上げていた。本当にそうしたいというよりも、レフェリーから顔が見えるよう、ポーズをとっているみたいだった。そうしながらも笑顔を見せていた。我々は順当にペナルティをとって五メートルほどの距離からスクラムを押し返して勝利。私はひそかに、前季のことがあったから彼はあんな姿勢をとったんだと思っているが、さて、どうなんだか。

二度めは、隣接するベジエとのダービーマッチでのこと。三連敗をくらったチーム内では、このままずるずると七連敗しないかというひどく悶々とした思いが噴きだしていた。そこでやり玉にあがったのがベジエのフッカー、セバスティアン・ブリュノ。アウェーでの対戦で惜敗したのは、やつがいるとラックの中でこっちはなかなかボールをとらせてもらえないことがしょっちゅうだから、あれがいやなんだよな。やつにあんなことは二度とやらせないようにしよう、とかなんとか……。

これまでの経験では、対戦チームの一人だけを名指しで攻撃する者はだれもいないから、現実にはこんなふうに話す。「だれそれさんが競技場にいるのはじゃまだな」。こんな言い方も、倫理的にみたら危なっかしい。とはいえ、強制力があるわけではなく、どうとでも解釈できる指示だったとしても、だれそれさんのプレーに少しでも躊躇が生じるとするならば、それは我々にとって歓迎すべきことであるのは確かだろう。もちろん、こうした指示をどう解釈するかは、いろいろあっていいはずだ。

とにもかくにも、ブリュノがまたしてもお得意のごまかしをしようとした直前、私の指は彼の目の中にあって、彼がいつまでもラックのそばをうろつく気なら、もっと愉快な夕べがすごせるぞとほのめかしたのだ。それがどれだけ効果があったのかはわからないが、我々はどうにかホームで勝利して、踏みとどまったのだった。

目玉えぐりと同じような効果があって、でも、居心地の悪い罪悪感を抱かずに済む（少なくとも私の場合は）もう一つのトリックは、ただ相手の目のそばに手を置くというやつで、相手が両手でボールを抱えているか、味方側からラックに参加しようとしているときにやる。このしぐさがまずは前兆《プレリュード》、これからこの汚い指が何をしようとしているか、みんな承知しているから、餌食となった相手はパニックを起こしてすぐさま身をかわそうとする。

あきらかに目玉えぐりは不法行為だ。けっして容赦されることじゃない。目玉えぐりをされて視力が落ちた選手は少なくないし、それがもとで失明する場合だってある。ただここでは、好き好んで良心の呵責を味わいたいやつがいるのかどうかが問題ではない。私が伝えたいのは、そういうことが「ある」ということと、それが起こるのはあまねく容認されている行為らしいから、ということなのだ。フランスラグビー協会《フェデラスイオン》は、目玉えぐりをした者への処分として、六か月の出場停止を勧告しているが、犯人を捕まえることは不可能に近い。

フランスに来た一年目、私はラシンに所属し、モントバンとのアウェーゲームで試合終了間際に、相手側からラックに入ってボールをくすねようとして、対戦相手の一人に目玉をえぐられた。レフェリーのすぐ目の前で、だ。当然レフェリーは笛を吹き、その悪行をはたらいた指の持ち主にペナルティを出した。ペナルティといっても――オフサイドをした選手、あるいはラインアウトが完了したと見なされないうちに十メートル以内に踏み込んだバックスに与えられるのと同じ罰。六か月間出場停止となるレッドカードじゃなかったのだ。私がフランスでプレーするようになって以来、目玉えぐりで出場停止をくらったのはただ一人、コロミエ所属のリチャード・ノンズだけで、しかも彼の出場停止は、フランス・ラグビー協会ではなく、ハイネケンカップの懲戒委員会が一九九八年に下したもの。彼は、自分は潔白でタッチジャッジの見まちがいだと抗議した。フランス人の多くがこの裁定に腹をたてたが、その主な理由が、あんなどうでもいい悪事で選手を二年も停職させるなんてばかげてる、というものだったのだ。

フランスのレフェリーは、イギリスやかつて英連邦だった国々のレフェリーよりも、審判する姿勢に自由放任主義《レッセフェール》の傾向が強い。だからといって、フランスの裁定機関に欠陥があると言いたいわけではない。協会は、暴力行為を防ぐために理にかなった厳格なガイドラインをつくっている。むしろ、ルールを厳守させるべき立場の中核にいる人物に、守らせようという意欲が欠けていることが多いのだ。フランス人の姿勢は、その言語の中に最も要約されていると言えるだろう。不正行為を続ける敵に、ときにお仕置きをしながら動きまわる選手のことはル・ジュスティシエと呼ぶが、裁判や陪審、死刑執行などの役割にわが身を投じた「正義の味方」と同じだ。そこにはいっさいの皮肉もこめられていないようなのだ(ルールに左右されない、見事なスポーツマン精神があるとする〝アングロサクソン〟スタイルは、ル・フェアプレイと呼ぶ――これは外来語に違いない、同義のことばはフランス語にないから)。

報復行為は厳しく取り締まるべきだと宣言されてから一年になる。乱闘の張本人にはイエローカードが出て、正義の制裁を加えたジュスティシエにはレッドカードが出されることになったのだ。このルールが施行された直後のホームゲームで、わがチームの選手が対戦相手に蹴りつけられていた。興奮して蹴りまくるそいつの隣にいた私は、忠義にかけて平手打ちを一発見舞ってやった。レフェリーが一部始終を見ていて、騒ぎがおわると我ら二人を呼びつけた。両チームがあの新ルールのことを思いだし、私はレフェリーの手がポケットに入るのを目で追いながら、まずはシャワー室行きを覚悟した。相手にイエローカードが出された。レフェリーは私のほうを向いてこう言ったのだ。「パンチはまずいぞ」。そしてため息をついて肩をすくめた。「ま、反射じゃしょうがない。だが二度目はないぞ！」私はこのての状況におかれるレフェリーに同情せざるをえない。ルールに込められた見解は、理屈ではすばらしいものだが、意図的な暴力行為を助長しないかぎり、実践の場でこのルールを適用するのは無理だ。強引に守らせようとすれば、フィールドわきを行ったりきたりする監督は、チームをこうせき立てつづけるようになるだろう。「よし、いいか、手を出すより仕返しが先だ！」

4　歴史と文化と現ナマ

シーズン五戦目にして、わがチームは喉元にナイフを突きたてられている。これまでの四試合で勝ち点の総計は1、トゥーロンと並んでどん尻から二番目、ポーよりも1ポイントのリードだ。対戦相手のバイヨンヌは勝ち点7、我々より上位にいて、ポーを相手のホームゲームに勝ち、ブリーヴにアウェーで引き分けても安泰でいられる。我々が今日負ければ、もろもろ面倒なことになる。というのもバイヨンヌは、カストルやトゥールーズと違って小さなチームだから、もし我々がホームでこうした小チームに勝てなければ、上位を狙うのは絶対に無理だからだ。

バイヨンヌは多くの面でわがチームと似ていて、フォワード重視の試合運びをするせいでホームグラウンドがあちこち問題だらけな点もおなじらしい。昨シーズンに一部昇格、そのままうまくとどまって、いまやチーム強化に目を配り、リーグ最下位の危険ゾーンからは脱出しつつある。クラブの歴史ははるかに古く、ボートの漕ぎ手集団が、冬季に精力的にできるスポーツはないかと探して創設したクラブで（バイヨンヌとは正式にはアヴィロン・バイヨネ、つまりバイヨンヌ・ローウィングとして知られる総合スポーツクラブの一部門だ）、一九一三年に初めてフランス選手権チャンピオンに輝いた。それに比べたらモンペリエ・ラグビー・クラブはひよっこで、二〇〇六年でようやく十二回目の誕生日を迎えるばかりだ。バイヨンヌは、わがクラブと直《じか》に降格争いをするライバル同士なのだ。

またもや私はベンチスタートだが、ミシェル・マカルディが手を負傷したため、試合開始後たった十五分で交替する。両ひざには相変わらずグルグルまいたテーピング——これが復帰後初の試合——だが情け深いことに、私の両ひざが言うことをきいてくれて、多少は動こうとしてくれている。すでに7対0とリードし、すぐ追加して10対0。ハーフタイムまで残り十分のところで相手フォワードの最後列にいる、ヤニック・ラムールがイエローカードを出されるが、こちらは一人多いチャンスをうまく生かせず、そこからぞっとするような危機的状況におちいることになる。この試合でやるべきことは、クイックトライを決めてバイヨンヌを引きずりおろすことしかないはずなのに、我々は味方同士で責任をなすりつけあう、これぞフランスならではのいがみ合いをはじめてしまい、チームはすっかりばらばらになってしまう。

私がフランス人のいないチームでラグビーをしていたころを思い出せば、フィールド上では互いを励ましあう以外に何もしなかったはずだ。もっとも、本当はもっと暗かった時期にあえて光をあてて、いい思い出にしているだけかもしれないが。こんなプレッシャーがかかるときにも、あえてわかりきったことを口に出すのが、フランス人選手の気質といおうか。フィールド上でチームメイトに向かって大ポカをしましたと言わされることほど、いらだたしいものはない。そんなこと、当の本人がいちばんよくわかっているのだ。ペルピニャン在籍中、私がタックルしそびれてトライをとられたとき、キャプテンにこう言われた。「タックルしろよ。なぜしないいんだ?

おまえのミスでトライをとられたんだ」

こう言われてどう反応するかは、それこそ十人十色だ。かんしゃくを起こして徹底的に言いかえす者がいれば、むっとしてその場をすっと離れる者もいる。じっと耐え忍ぶのは難しい。心の声がこう返すかも。「わかってる。トライをとられたのはおれがタックルに失敗したからだ。わざとなわけないだろ。そこまでまぬけだと思うか？　あんたに、おれをクズ呼ばわりする権利があるのか？　じゃ、あんたは生涯いちどもタックルに失敗したことはないんだな？」ポジティブなせりふは、およそ思いつかない。

モンペリエのように、友だちみたいに強い結束力があると称賛されるチームですら、そのての陰口をたたかれる可能性はしっかりある。さして重視されないヨーロピアン・シールドの試合中、タックルの失敗からトライをとられて、キャプテンのジェローム・ヴァレがゴールポストの下に立ったままバックス陣を叱りとばしていた。フォワードがしゃかりきでがんばってるのに、バックスがやすやすトライをとられてどうすんだ、と。これが結局は、自分が攻撃目標にされていると感じ取ったココとのどなりあいのけんかに発展してしまったのだ。このときのエピソードは、わがチームのチームスピリットに何一ついい影響をもたらさなかった。

運がいいことに、我々が前衛で敵を苦しめているときには、波風は立たない。バイヨンヌの前衛は、彼らのホームから来たサポーターたちの前で優勢になれないせいか、妙にさめていて、アウェーゲーム症候群に苦しんでいるのがよくわかる。ココが何度かペナルティをしでかし、次のイエローカードが、バイヨンヌのキャプテンでロックのセドリック・ベルジェに出されるが、こちらは依然としてトライにつなげられないまま、試合が終わってしまいそうだ。残り十分のところで、ついにラムールに二枚目のイエローカードが出て退場処分。そこからはいっきに試合が動いた。いったい私は何度、スクラムハーフという不慣れな役をこなすために、味方バックスに幅広くボールを放り投げたかわからないが、彼らは相手ディフェンスがあけた大きな穴に切り込んでいく。二本のトライにコンバージョンキックも決まり、ペナルティキックも一本決まって33対0という、見た目は楽勝のスコアになるが、唯一悔やまれるのは、四本目のトライを決められなかったので、ボーナスポイントをもらいそこねたことだった。

次に向かうポーは、イギリス人街《ラ・ヴィル・アングレーズ》として知られている。十九世紀には、裕福なイギリス人が休暇ですごす保養地の中心だったが、その後、近くのビアリッツという保養地のほうが人気となった。今日ここはピレネーに近いことからウィンタースポーツを楽しむ人が多く集まる。ここもまた、フランス南西部にある、ラグビーの歴史が長い中規模の都市だ。現在のわがクラブのライバルである、セクション・パロワズ（ポーの正式クラブ名）が初めて試合に出たのは百年前。最近でも二〇〇一年にハイネケンカップの出場権を獲得したのに、あれ以来チームはだんだん調子を落として、スタッフや選手の入れ替わりも激しく、前シーズンはプレーオフに出て降格を免れた（今季、プレーオフはない）。チーム予算は六百五十四万ユーロで、わがクラブよりわずかに少なく、試合にもなかなか勝てずでただいま十三位。スタッド・デュ・アモーでのこのチームとの試合は、我々に今季初のアウェー勝利をもたらすチャンスなのだ。

ノックオン一つでいつも試合に負けていたら、選手個人の自信なんていくつあっても足りない。トライをあげるチャンスにつながるようなリスクをとるどころか、ミスしないことばかり考えていては、かえって大失敗を招く。リスクをとらなければミスはしない。たしかに。でも、こんなことをしていたら、退屈な試合になるばかりか、逆効果にもなる。我々は、ポーがそれをやっていたので呆れている――ホーム・アンド・アウェーうんぬんの問題じゃない。引き分けだけが慈悲深い結果になるとすれば、両チームとも、のるかそるかの勝負を前に身をすくませてしまうもの。こちらは前週、やっとのことで一勝を勝ちとったから、つかの間ひと息つけるとはいえ、もしここで敗れれば、またもやポーに悩まされることになる。

わがクラブのごついフランカー、セドリック・マチューが傑出したパフォーマンスで戦ってみせると、ポーにもあっぱれな例外を示す若者が一人いて、それが若きスタンドオフのリオネル・ボクシス、フランスU21のメンバーだ。彼の重砲みたいなキックで、こっちは敵のゴールラインに近づけず、連続攻撃もせいぜい二、三回しかできぬままの局面で残り時間を費やす。前半だけでも、ポーのドライビングモールがじわじわと自陣に押しよせ、ボクシスはドロップゴールを二本、いずれも四十メートル以上の距離から決めてしまう。一方、ココ・オーカーニュはといえば、ちょっとした悪夢を見ているところ。彼は一九九〇年代の後半、国代表でもあった時期を含めて、ラグビー人生の大半をポーですごしてきたから、かつてのホームにいる観衆を前にプレッシャーを感じていたのだ。あいかわらず、こちらの無能ぶりが、神経質になっている敵と妙に釣りあってしまって、前半終了時で6対9とリードされ、ハーフタイム直後にココがペナルティキックを成功させて9対9とするものの、敵もじわじわと引き離していく。

　私はスタンドからこの総崩《デバクル》れを見守りつつ、控え選手が活用されていないことに、どうしたって気づいてしまう。後半十分に、ロックのサム・ヌーシが〝ココット〟（文字通りなら蒸焼き鍋《キャセロール》のことだが、フランスのラグビー用語ではモール）をプルダウン（敵の体をつかんで引き倒すこと）してペナルティをとられたのに、だ。なぜだ？　もっと驚いたことに、わがクラブの若きスタンドオフで、やはりフランスU21でプレーするレジス・レスピナも出番がないのだ。もろもろ無視しても、こちらにまだ勝機があるはずの残り二十分のところで、試合のリズムを変えるべくレジスを投入していれば、辛くも勝てたかもしれないのだ。

　試合後、監督のヌーローに問いただしたら答えはこうだ。ココの自信を損ないたくなくてね。彼がかつてのホームの観衆の前から引きずりおろされたりしたら、立ち直れなくなるかもしれないし、あれでけっこうもろいところがあるんだよ、と。私の意見はこうだ。ココの自信はまさに危機的な状態だ、なぜならヌーローがたっぷり時間をかけて彼に試合運びを指示していたから、あれこそ、彼自身の判断を信頼していないことのあかしだ。彼がひどいプレーをしていてもピッチから下げようとしなかったのが監督だったことは、みんながわかっていた。とりわけココ自身は、この状況を理解するだけの経験がある。ぱっと見では、それは恩情のように見えるかもしれないし、目先の結果にこだわらなければ、あっぱれな発言にも聞こえるが、本当のところ、それはただ優柔不断なだけだ。ヌーロー本人がいい人に見られたいがために、厳しい決断を下すことを避けたのだから。我々は12対21で敗退、両チームともキックの蹴りあいだけで得点を稼いだから、ボーナスポイントすらとれやしない。

おそらく私はヌーローに対して公正中立でいられないのだろう。とどのつまり、彼にベンチに追いやられてしまい、このことで彼を色眼鏡で見ているのかもしれない。アレックス・コドリングというイギリス人が、ロックをやるためにシーズン初めに来たのに、背中を痛めてしまって当分は出番がないようだし、ミシェル・マカルディは腕を骨折してしまったから、ロックがたった三人しか残っていない。これでもヌーローが私を起用しないのなら、まったく信頼されていないということ、バイヨンヌ戦ではなかなかよくやったと自分では思っているのに。彼はラインアウトにこだわりがあって、それが私は気に入らない。身長なら十分あるが、ラインアウトの真ん中で、相手が必死にジャンプしないといけないだけの爆発的なパワーが私には足りないから、もっぱらリフティングをすることになる。サム・ヌーシは私と同じくらいのサイズで、ラインアウトのじょうずなフォワードだから起用されるのだろう。彼はテクニックもすぐれた選手だ——私がペルピニャンにいたころ、フランスのセレクターが作成した一部リーグのロックのランク表を、サイセ監督に見せてもらったことがある。当時の一部は二十チームあって、約八十人のロックがいた。サムは五位で、国代表のロックに次ぐ順位だ（私は十三位で、おそらくそれが自分の最高位）。だが彼は現状に満足しているそぶりをよく見せるから、私は内心では自分のほうがましな選手だと思っている。自分はもっとうまくなりたいからだ。

ヌーローの下で私がラグビーをやるのはこの年で五年になる。その前の二年間はパリ《ラシン》で彼の指導をうけ、彼とジャック・フールーの下でキャプテンも務めた。我々二人にとっては厳しい時期でも――結果は散々で、クラブは降格したが――互いに敬意をはらっていた。そして二人のあいだに絆のようなものができたのは、フールーをチームから追いだす際に重要な役割を果たしたときだった。フールーはすばらしい考えの持ち主で、フランス代表チームでは成功をおさめた監督（かつ元キャプテン）だったが、クラブラグビーでは自論をうまく実践に移せなかった。私がペルピニャンに移籍すると、モンペリエにいたヌーローが私を呼んでくれて、私は年長の選手として、彼と定期的に意見交換の場をつくり、何をすべきかという私の意見に耳を傾けてもらった。もっとも、その意見が実現することはめったになかった。だからこそ、私とヌーローとの〝特別な関係〟を思えば、受け入れがたいことだけれども、裏切られたという痛みがある。

ベンチに腰かけている時間をつかって、私はこの試合に関する大雑把な計算をしてみた。モンペリエとポーはいずれも予算がおよそ六百五十万ユーロだから、両クラブ合計で千三百万ユーロ。両クラブとも公式戦は年間二十六試合、それにプラス、ヨーロピアン・シールドの試合が六戦ある（後者は我々のようなクラブ、つまりは優勝は望み薄でも、フランス選手権の過酷な公式戦からひと息つく必要があるクラブにとって逃げ場として利用されることがよくある。とはいえ、ここでは議論をすすめるために、両者を対等に扱うことにしよう）。親善試合などもあるが、あれは調整用にすぎない。プロチームの存在理由《レゾンデートル》は、公式戦で活躍することにある。だから、ホテルや装備、移動のためのいっさいの費用が、選手の給料とともにクラブの予算に含まれている以上、公式戦のフィールド上で起きたことが最終結果だ。チームにつぎこんだ時間、努力、金の一切合財が正当かを判定されるのは、この最終結果でしかないのだ。

というわけで、公式戦の試合数――三十二――で千三百万ユーロを割ると、個々の試合に対して両クラブが投資した額が出る。四十万六千二百五十ユーロ、もしくはそれぞれのクラブにつきおよそ二十万ユーロ。これが、特別な土曜の午後に我々が生みだす申し訳ない見世物にかかった総計なのだ（ベンチに座っているあいだに出した数字だから正確じゃないのは承知している――あとで電卓で検算しなければならないが、ただ、天才でない人でも、千三百万ユーロ割る三十二がとんでもない金額だということはわかってもらえるはず）。

もちろん、プロレベルでの試合を裏で動かしているのは金だ。セミプロ、つまり偽のアマチュアリズム《ラマトゥルリスム・マロン》の選手が、何年ものあいだフランスをはじめ世界の国々の大半でも活動を続けてきて、やがて一九九五年のラグビー・ワールドカップ南アフリカ大会終了後に、国際ラグビー評議会（IRB）がようやくプロ・アマにおけるタテマエと現実を一致させた。ラグビーリーグやケリー・パッカー（オーストラリア一の資産家でありメディア王、二〇〇七年没）のワールド・ラグビー・コーポレーションによる巨額のドルに誘われて、伝統ある「ユニオン」からトッププレーヤーが引き抜かれていきそうなことがはっきりしてきたのだ。IRBがプレーに対する報酬を認めると、突然すべてが動きだして、北半球の全クラブと南半球のナショナル・ユニオン所属のクラブはあわてて、タレントを法的に支配するのは自分たちだという念押しにやっきになった。つまり契約だ。

私が初めて契約書を交わした相手はニュージーランド・ラグビー・フットボール・ユニオン（NZRFU）、一九九六年一月のことだった。NZRFUはプロ化については、まだ疑問を消せないでいたものだから、法的な文書は一九九五年の後半に急ごしらえしたもので、契約先はオールブラック・プロモーション・リミテッド。プレーに対してではなく、プロモーション活動に参加したことへの報酬が支払われた。こんな契約はもちろん、ただ体裁をとりつくろっただけだ。私のプロモーション活動の総額は、ウェリントンの中心にあるマクドナルドで、ウェリントン（クラブ）のポロシャツを着て、一時間かけて（さほどの数でもない）サインをしたことに対するもの。プロという光り輝く新しい世界で、いったい何をやっているのか、わかっていた者はだれもいなかったようだったし、当時はすべてのことが混乱状態にあったように思う。マーティ・レスリーという、のちにスコットランドへ移ったウェリントンの選手が、ナショナル・プロヴィンシャル・チャンピオンシップ（ニュージーランド選手権）の試合出場報酬《マッチフィー》に、ふざけて末尾にゼロを三つ書き足してしまった。契約書は正式に交わされたものだったから、理屈を通せば、彼は一試合出るごとに百万ドルが支払われることになっていた。

　初めて交わした契約のことで振りかえれば、自分が自由に使える金を得たんだなあという思いとは別に、とくにこれはいいと思ったのが、選手間の格差がないことだった。スーパー12の選手の契約金はみな同等で、スーパー12から五万〜六万五千ニュージーランドドル（ＮＺ＄）が、ニュージーランド選手権から一万五千ＮＺ＄が出た。オールブラックスになれば、いっきに二十五万ＮＺ＄にアップするのは、納得がいくことだった。

　ラシンでプレーした一年目、オーリヤックとの試合で、ラックの下敷きになりもう少しで耳を引きちぎられそうになったことがあった。絶対にあれはわざとだ。ボールはとっくにバックスへ出されたのにラック内で蹴られたのだ。怒りがさめぬまま、耳を縫い合わせてもらうあいだの痛みといったらなかった。何度も麻酔をかけようとしたがうまくいかず、薄っぺらい耳たぶに針がすいすい通されていく。ラシンの会長《プレジデント》、ジェラルド・マルティネスが様子を見にやってきた。私は、こんなクソ扱いされるような金はもらっていないと会長に訴えた。あといくら欲しいんだと聞かれ、月にもう二千フランと伝えた。会長は即座に了承。すぐさま、給料二割アップと言えばよかったと思ったがもう遅い、そもそも最初からもっと高い給料を要求しなかった自分を責めた。

この話で肝心なのは、一選手が自分にどれだけ価値があるかを知るのは難しいということ。金とはやっかいなものだ。フィリップ・ギラールの『舞台裏の小さな噂話《プティ・プリュイ・ド・クルワール》』というフランスラグビー界の裏話を集めたすばらしい本にはこう記されている。「何も求めなければ、何も得られない。求めるものが多すぎても、何も得られない」

中等学校の五年生で学んだ経済学では、報酬の適正な基準を決定するのは〝マーケット〟だとされている。だが、私が思い出すかぎり（かなり昔のことだが）、正しい結論を出すには、選手に関するデータがきっちりとそろっていなければならないはずなのに、ラグビー界では必ずしもそうとは言いきれない。フランス国内のクラブの現場にかぎっていえば、チーム間でしじゅう闘っているから、クラブが個々の選手の能力を評価したうえで提示する報酬額はかなりまともだ。経験則からいって、クラブ側は現在契約中の選手が報酬の増額を望んでいることなどは把握しているが、複数のクラブが同一選手に興味をもっている場合は、ちょっと込み入ったことになってくる。

将来を有望視されている若い選手なら、いっきに昇給することもある。おまけに、フランス代表になれば、さらなる金銭的保証が用意されているのは言うまでもない。ナショナルチームで一定試合数に出た選手は、月に最低一万五千ユーロ（正味）が受け取れることになっているそうだ。これに加えて、マッチフィーと勝利報奨金《ボーナス》がスポンサー契約とあわせて出る。ポジションによっては、かなり高い評価が得られる——右プロップにスタンドオフ、走りまわるナンバーエイトはいずれもこのカテゴリーに入るし、ゴールキッカーも同じだ。

実際にややこしいことになるのは、海外から移籍してきた選手に多少なりとも未知数な部分がある場合だ。国際的にも有名なクラブから来たスター選手は知名度も高くて、もてはやされるが、選手としてのピークは過ぎていることが多く、慣れないフランスのプレースタイルになじむまでに時間がかかるため、事情に通じていない人は期待外れの目で見るおそれがある。クラブ側にすれば、このてのスター選手が試合に出ればチームに付加価値がつくだけでなく、魅力的な企業がスポンサーについてくれたり、観客増員による収入アップが見込めるのだ。

私のように、実力では一応の基準は満たしているが、国際的には無名の職人プレーヤーを評価するのが最も難しい。スーパー12に出られそうな選手なら、クラブ側もビデオ画像でチェックするだろうけれど、その場合でさえ、たとえばプロップなら、フランスのスクラムの組み方に適応できるか否かを判断するのが困難なのはよくあることだ。南半球でもルールは同じだが、レフェリーの解釈はかなり異なるらしいから。選手にとっては、フランス到着時に交渉した給料がとても重要だ。目を見張るパフォーマンス（あるいは、大失敗したパフォーマンス）がないかぎり、すべての交渉はその数字がベースになっていく。

だいたいのところ一月あたりで三千から一万五千ユーロ。最新（著者執筆時の二〇〇六年当時）の平均ではおよそ七千ユーロで、私がもらっているのとぴったり同じだ。フランスでプレーした九年間、私の給料袋の中身は、ほぼ賃金の平均額を反映していて、一九九七年の約二千ユーロに始まり、一九九八年及び一九九九年が三千ユーロ、二〇〇〇年が四千ユーロ、二〇〇一年と二〇〇二年が五千ユーロ、二〇〇三年及び二〇〇四年が六千ユーロで、今シーズンが七千ユーロというわけだ。不当に安いなと思ったことは何度かあったが、その一方で、もらいすぎて申し訳ないと思ったこともあったから、給料のレベルとしては、おそらく適当なところにいるのだと思う。

私が最もよいプレーができたころは約四千ユーロだったのに、私のパフォーマンスに衰えが見えるにつれて給料が上昇してきたのは皮肉な話だ。その理由は、そもそもスタート時が低賃金だったことや、あるいはここ十年でクラブの予算が右肩上がりに増額しているせいもある。もっとも、私が交渉上手になったことも多少は影響しているだろう。

いまここにあげた数字は、プロサッカー選手の銀行口座に毎月のみこまれていく、ゼロがずらっと並んだ報酬からはほど遠いものとはいえ、フランスのラグビー界は給料がいいほうで、フランス国内平均賃金のほぼ四倍だ。選手自身が特権階級にあることを思い知らされて、いやな気分におそわれることもときどきはある。ラシン所属のころ、会長のエリック・ブランは我々にこう言った。「私の母は看護師として人間業《わざ》とは思えない働き方で長時間労働をしてきたのに、きみたちが稼ぐ額の半分にも満たないんだ」。二〇〇七年に開始されたトレーニング・キャンプでは、アソシエーション――ユースや女子ラグビー、ラグビー学校《レコール・ド・リュグビイ》を含めた実質的なアマチュアクラブ――の会長、アラン・エジェアがこう言った。「きみたちは〝現実世界〟にいる労働者に比べたら運がいい。だから時間厳守は絶対だ」。モンフェランの監督、アラン・イアルデなどは、選手をわざわざミシュランの工場まで連れていき、〝現実世界〟ではどんな生活を送っているかを見せたほどだ。

なるほど。我々は運がいい。大好きなスポーツでたんまり給料をもらっているのだから、このことをときどきは思い知らされることがあっても、気分を害したりはしない。かといって、私たちが育ちすぎた駄々っこだなどとやみくもに非難されたら、みんな守りの姿勢をとり、さらには反論もいくつかぶつけたくなるというもの。まず手始めに、そんなに楽に稼げるなら、なぜみんなやらないんだ？　それに、我々はラグビー場にいるあいだ、〝現実世界〟でのとても大事な第一歩を踏めないのだ。ラグビーをやめる三十代に、新たに別のキャリアを積もうとしても簡単にはいかない。だからこそ金が頼りなのだ。ところが我々が引退しても、ジョニー・ウィルキンソンのように隠居生活ができる選手は、名実ともにトップクラスの数人に限られる。残った者は遅ればせながら競争社会のスタートラインにつくことになる。そして運がよければ、ちょっとしたローンを完済できるだろうし、もっと運がよければ、さらに投資までできるかもしれない。

それにだ。選手には残りの人生を苦しませる深刻な傷害を負うリスクがあるというのも事実。平均的なオフィスワーカーは、プロ選手よりも労働時間が長く、なのに給料は少ないかもしれないが、まず目玉をえぐられることはないだろうし、突進してくる荒れ狂った巨漢に地面に押し倒され、倒れた体のうえで跳ねまわられるのがわかっていながら、わが身を投げ出さなければならない義務もないはずだ。

たいてい、選手にとって昇給を果たす最善の方策は、年契約を結んで、その一年いいプレーをしてみせて、翌シーズンに向けてアピールしまくることだ。シーズンごとの「いまもらっている額にあと少しプラス」という契約は、複数年契約とは対立するけれど、コインをうず高く積むための第一歩だ。クラブへの忠節を尽くした見返りによい契約が結べるとはかぎらないし、なんらかの理由で、とりわけ地域との結びつきがある場合はかえって不利益になることもある。たとえば、ペルピニャンでの話、我々選手の中の一人と、同じポジションにいるもう一人との給料差がざっと見積もっても四倍あった。フィールド上での二人の実力に差はないというのに。一人はペルピニャンに農場を所有し、生活とラグビーとが結びついてしまっていたけれど、もう一人のほうは、ぶ厚い小切手帳を抱えてクラブ間を自由に渡り歩いてきた。どっちが騙されたか、だれにだってわかる。

ランクの低いクラブからクラブへと売り込みまわるのはストレスになる。プレーを続ける必要があるのだから、所属クラブ以外にも、自分が何を提供できるのかを示さないといけない。負傷しているとか、満足に走れないとか、はたまたそれ以外の理由でプレーしていない場合は、需要はほとんどないから、落ち着かない数か月を送るあいだに、電話が鳴るのを待ちつづけ、契約期限が刻々と迫ってくるのを見守りつづけ、数週間後に自分はいったいどこにいるのだろうと思いつづける。シーズン開幕時に移籍先が決まっていない選手は毎年いる。拾われなかった選手がいる一方、リーグを一つか二つ落として移籍し、契約金のあまりの低さに甘んじるしかない選手もいる。やっとのことで移籍先を見つけたとしても、夏の休みのあいだに大慌てで新たな住まいを探して、自分も家族も住みなれた地を離れて、新天地となる町のことを知り、そこに住む人々とつきあうことを、あらためて一からやりなおさなければならないのだ。

私はしばしば、新規加入の可能性がある選手とクラブとの間の通訳を務めたことがあるし、興味深い意思決定の場に立ちあったこともある。ラシンにいた最後の年、エリック・ブランがシーズン開始早々に会長を引き継ぐことになり、彼はイングランドのラグビーリーグにいた二選手との話し合いの場に、私を通訳として呼んだ。ジョン・スケールズとジェイミー・ブルームの二人で、彼らの推薦人はたどっていくとデイヴ・エリスだった。エリスはいまやフランス代表チームのディフェンス担当の指導者だが、その当時はラシンで同じ仕事をしていた。

世間話ばかりしていて、二選手の実力やチームとの適合性がわかるどころか、パスポートに不備がないかすらもわからない。ようやくブラン会長がブロークンな英語で切りだした。「きみたちは強いか?　足は速いか?」スケールズの答えは「ベンチプレスを百三十キロ」、ブルームの答えは「百メートルを約十一秒」。

このやりとりをもとに彼らの契約は成立、月にほぼ二万フラン（三千ユーロ）にプラス、アパートの提供、すでに在籍していた私より千フランも多い。ブランは、ブルームが英語を話すというだけの理由でイギリス人だと思いこんでいたが、彼のパスポートは南アフリカ発行のものと判明した。おかげで、事務手続きが完了してブルームがプレーできるまでに三か月の遅れが生じてしまったのだった。

ラシンの経営陣はまるまる一年、こんな茶番劇すれすれのことをやっていたが（リーグ降格が意外でもなんでもないわけだ）、このてのことはどこのクラブでもある。二〇〇五年、イタリアのヴィアダーナとの親善試合終了後、ヴィアダーナに所属するニュージーランド人選手のハーリー・クレーンとビールを飲んでいたら、彼が来季はモンペリエでプレーしたいと熱心に訴えるものだから、私は会長のティエリー・ペレスをつかまえて、この話に興味があるかどうかを尋ねた。ハーリーはその夜の試合ではセンターを務めたが、本来はスクラムハーフが専門なので、彼らしい試合を見せることはできなかった。私はこのことを説明したが、ティエリーは顔色一つ変えなかった。そしてハーリーと握手を交わしてこう言った。「たいへんけっこう《トレ・ビアン》」。これぞ典型的な〝いまもらっている額にプラスあとちょっと〟の契約で、数分で取引成立とあいなった。のちに私は、不動産デヴェロッパーとして成功したペレスに、どうしてあんな即決ができたのかを尋ねた。すると彼はこう言ったのだ。「あれか、直感だよ」

選手の移籍マーケットを円滑に進めているとされている人たちがエージェントだ。プロのラグビー選手が登場したことで、この特殊な職業が生まれたのは必然と言えるし、最初の数年間、ラグビー界は開拓時代のアメリカ西部に似ていて、たいした働きをしてくれたとは思えないのに、選手の報酬の十パーセントを抜いていたカウボーイは、一人では済まなかった。

今日、事態が落ち着いてきたとはいえ、選手はエージェントへの手数料が高すぎると思いがちだ。けれども、いいエージェントであれば、選手のキャリアにかなりの影響をもたらすし、クライアント（選手）に有効なアドバイスをしたり、有利な取引を提案してくれるのなら、エージェントに払う報酬以上のものが得られるだろう。エージェントは選手よりも実勢相場をよくわかっていて、選手によりふさわしい場所を提供しようとしてくれるし、理屈のうえでは、選手が最大限の利益を得られることを使命としている。選手の給料が増えれば増えるほど、自分たちのわけまえも増えるのだから。

もっとも、エージェントに関して重要なことは、いいエージェントを見つけることに尽きる。私はこれまで五人のエージェントと取引したが、一人として、自分が契約を結ぶ瞬間、横にいて私の興奮した小さな手をぎゅっと握っていてくれたやつなんかいない。金を巻き上げただけの、不届きなやつもいた。というのも、彼が骨を折ったことといえば、ペルピニャンに私の電話番号を教えただけ、しかも、ラシンのコーチの一人、イヴ・アヤックが私に代わってペルピニャンの監督、オリヴィエ・サイセに移籍の承認を伝えてくれたあとからだ。正直言って、私がエージェントとの取引がうまくいかない理由に、自ら招いた負傷のことがある。さまざまな可能性を手放すまいとし、器用に立ちまわろうとした結果、かえって面倒なことになったことが、少なくとも一度はあった。

二〇〇一年、正真正銘のエージェントが集まってユニオンを結成した。それまでの、せいぜい中古車販売のセールスマン程度というような類の評判からの脱却を目指したのだ。リーグ・ナショナル・ド・リュグビィ（フランス・プロ・クラブ協会）とフェデラシオン・フランセーズ・ド・リュグビィ（フランス・ラグビー協会）との合意ができて、各クラブはライセンスをもったエージエントしか使えないことになった。ライセンスの有効期間は三年で、二〇〇三年からは、試験にパスしないとエージェントのライセンスは取得できなくなった。

現在、フランスでは選手が複数のエージェントをもつことを禁じているが、特定のクラブに強いコネクションをもつエージェントの存在は周知のことだから、そんなルールはときに愚弄されてしまう。たとえば二〇〇三年、私はスタッド・フランセへの移籍を望んだ。当時は、そしておそらくいまもなお、スタッド・フランセの選手補強は、ある一人のエージェント、パスカル・フォルニを介して行なうことがほとんどだ。私はすでにブリュノ・ザンマという別のエージェントから、モンフェランへの移籍話を持ちかけられていた。希望の移籍先はスタッド・フランセだったけれど、この望みが果たされない場合、モンフェラン行きを断るつもりはなかったから、その際はザンマを通すつもりだと合意しあっていたのに、私はフォルニに依頼してしまった。

フォルニもこの経緯を承知していたが、スタッド・フランセが私を必要としていないこともわかっていた（おそらく、だいぶ前にわかっていたにちがいない）。この情報を私に教えることなく、彼はイアルデに電話をいれて、私がモンフェランに興味はなく、スタッド・フランセへの加入に尽力するつもりだと伝えた。この策謀家のせいで、イアルデのいるモンフェランとは気まずい関係になってしまったのだった。

私はあらためてフォルニを立てるべきだったかもしれない、彼ならいまも私が頼めば、どこか売り込み先を見つけてくれるだろう、結局彼は自分が担当する他の選手をモンフェランに移籍させたのだから。一方で、フォルニの汚い策略が許せなかった私は——イアルデが私に事の顛末を教えるとは、彼は思いもしなかったにちがいない——どうにかモンペリエに話をつけた。とかくするうち、ビアリッツからローラン・カリアというエージェントを通じてオファーがきたけれど、折りしもモンペリエとの話がまとまりつつあったので、私の雇用をめぐるオークションは成立しなかった。

いまの話がややこしすぎるって？　だとしたら、私は頭をかかえるしかないな。フォルニのことも公平に扱うなら、彼がかかえる選手はおよそ二百人いるから、私がひっきりなしに電話をかけることが気に障ったのかもしれない。ラグビー選手が自分のエージェントからの情報を欲しがるのは、若い恋人たちが電話をじっと見つめて、どうして愛しいあの人は連絡をくれないのかといらいらしながら電話が鳴るのを待っているのに似ている。じっとしていられない若駒のように、正気を失っているのだ。「あの人、電話番号を忘れたのかも？」と自問する。「こちらからすぐ電話をして、事態がどうなっているかを確かめても差し支えないわよね？」というわけで、私の場合は、三か月以上にわたって週に三、四回は電話をかけつづけたのだった。

このことがあった前のシーズン、私はポーから不愉快な扱いを受けていた。このクラブがペルピニャンにいた私を欲しがり、ペルピニャンは私を売りとばしたがっていた。契約があと一年残っていたけれど、ペルピニャンは新たなロックを二人も加入させていたから、もし彼らがクラブに利益をもたらすのなら、私をお払い箱にしても十分に満足。ポーはペルピニャンに二万五千ユーロを提示し、私の給料もアップする。というわけで、私は現地の視察と、会長や監督がどんな構想をもっているのか話を聞くために会いにいくことにした。

ペルピニャンの交渉を担当するダヴィド・エスクルピエというパートタイムのエージェントは、私に同行しなかった。経費も出ないという。私はペルピニャンから四時間かけて車を走らせ、ホテルに宿をとり、翌朝九時に先方と会う約束が、実際にポーの会長であるアンドレ・レストルトに会えたのは、午後五時になってから。その時間がくるまで、はっきりいって私はいらいらしていた。丸一日とおよそ四百ユーロの自腹が無駄になりそうだったからだ。

レストルトは、万事すっかりカタがつき、私が移籍してプレーをするのを心待ちにしていると思ったようだった。そうでないなら、レストルトと私のエージェントとペルピニャン会長のマルセル・ダグレナの三者間で、とっくに話ができあがっていたのかもしれない。だから、彼は私に選択の余地はないと確信していたのだ。ただの筋肉バカみたいな扱いをされて不愉快な気分におそわれ、私は正反対のことを考えはじめていた。監督の話にも説得力がないうえに、次の日、前日に話しあった契約条件を書面にしたコピーがレストルトからファックスで送られてきて、肚《はら》は決まった。口頭で同意したのは月に六千ユーロだったのが、文書にはむしろ五千ユーロに近い額が記されている。あきらかに彼は、私にはほかに逃げ場がないと思い、私へ払う金をケチることに決めたのだ。

この時点でもはや、ポーへ移籍することによる財政上の興味はなくなり、このクラブがどう事を運ぶつもりかを疑いの目で見るようになっていた。もっとも、しばらくの間は、エージェントから移籍を進められていたけれど。私が移籍しなければ、彼には一銭も入らないのだから当然だ。ダグレナやエージェントからの脅しや甘言を受け流して、私はペルピニャンに居残る道を選んだ。

ビアリッツからオファーがあったものの、移籍金の用意ができなくて、ダグレナは私の移籍にはうんと言わなかった。

これまでを考えたら、問題アリはエージェントだ。彼らは選手のために動いてくれると思われているらしいが、たいていはクラブから金をもらっている。選手は自分の報酬から十パーセントを出すという発想が気に入らないから――自分のものと思っていた大金を他人にくれてやらないといけないなんて、つらすぎるじゃないか――たいていは、クラブが直接エージェントに金を払うことになっている。もちろんこれは、クラブ側が選手に渡さずに済んだ金だ。このことから、エージェントが事実上はクラブのリクルーター《ヘッドハンター》として雇われているも同然で、選手とクラブとの間に対立が生じた場合にエージェントが選手に対して行なうアドバイスは、クラブが望む内容にそったものであることが多く、選手にとって最善な内容であることはほとんどないのだ。クラブからも甘い蜜を吸いたい一心で、エージェントは選手を裏切っている。何百人も選手がいるうえ、人材のストックは常に更新されているというのにクラブの数はごく限られたまま、しかもエージェントが、クラブの会長から、こっち、つまりクラブ側の要求どおりの内容で選手を動かせないのなら、おまえとは二度と仕事はしないと脅されていることは、あまり知られていないのだ。

5　筋力と知力

ブリーヴは人口約五千の小さな町、リムーザン地域圏内のコレーズ県にある。町も田園地帯も絵のように美しく（ブリーヴはドルドーニュ県東部とたった数キロしか離れていない）、食べ物はとてもおいしいが、名所などはほとんどない――ただしラグビーは別だ。一万五千席のスタジアムがしじゅう満員なのである。この、フルネームではクラブ・アトレティク・ブリーヴ・コレーズ・リムーザンは、一九一二年からあるクラブだが、これまでフランス選手権では決勝進出を四度も果たしているのに優勝したことがなく、直近では一九九六年に対トゥールーズ戦で13対20で負けた。一九九七年のハイネケンカップでレスター・タイガースに28対9と完勝し、優勝したのが大きな自慢だ。

次の年も決勝に進出したが、バースに18対19の僅差で負けた。クラブ内部での政治的なごたごたやパフォーマンスの衰えのせいで二〇〇一年に二部に降格するも、二〇〇三年に再び昇格を果たしたのは、新たに会長についたジャン＝クロード・プノイユが、チームに気前よく金をつぎこんでくれたからで、いまや約七百万ユーロというかなりの予算をもつクラブとなり、結果がそれに追いついたのだ。ジャージは黒と白のストライプ、現在、勝ち点12で十位、かたや我々はたった勝ち点5で十二位のままだ。前週、我々がポーでぶざまなプレーをしていたときに、彼らはパリでスタッド・フランセを相手に試合をリードして、あやうく番狂わせを起こしそうだったのに、ラスト十分でぼろぼろに崩れてしまったのだった。

私はついに先発出場。もしポーに惨敗《デバクル》したあとも出場できなかったら、この役立たずは、かんしゃくを起こして手に負えないことになっていたところだ。ブリーヴとの試合は完全に私向きだ。アウェーゲームだから、パフォーマンスの出来に不安がる必要はないし、彼らの試合運びはどちらかといえばオープンスタイルだが、試合前に霧雨が少し降り、グラウンドがやわらかくなっているので、素早い試合運びについていくために己の年期の入った体をフィールドの隅々にどたどた運んでいく必要もなさそうだ。

相手フォワード陣はなかなか悪くないが、人食い族でもないのだから、こちらは前衛から圧力をかけられそうだ。ただし試合開始直後がひどくて、すぐさま自陣に釘づけされ、若きスタンドオフのマクシム・プティジャンにペナルティキックを決められてしまうが、数分後に味方のダヴィド・ボルトルッシもペナルティキックを決め、するとまたプティジャンがペナルティキックの返礼、試合開始十分経過で3対6。ただいまこちらが相手にプレッシャーをかけているところだ。私はラックの下から出てきたボールを拾いあげ、相手ディフェンスに不意打ちを食らわして、レジスにボールを出す。レジスがチップキックしたボールをアレックス・ストイカががっちり拾いあげ、ゴールラインを踏み越えて体を倒れこませる。試合開始たった十五分ほどで、我々が8対6のリード。プティジャンにまたもペナルティキックを決められたが、相手キャプテンのジェローム・ボンヴォワザンがイエローカードをためて一時退場。十分間、十五人で十四人相手にプレーするあいだ、ボルトルッシがペナルティキックを決めてくれ、ハーフタイム前になんとか11対9でリードする。だが、もっと点を稼いでおかないといけない。アウェーのゲームで勝つには、一つでもチャンスを逃す余裕などないのだ。

（読者の）ご期待どおり、後半に入るとブリーヴは前にもまして思いきった攻撃に出てきて、その一方で、妙なことにこちらが無気力に見える。じわじわと締めつけられたように、試合が完全支配されていく。我々はプレッシャーの下、ペナルティを不用意に連発し、ミカ・バートはイエローカードをもらい、ポイントが加算されはじめる。いまや11対18で相手のリード。我々は絶好のチャンスを吹っとばしてしまったようだ。残り十分のところで、こちらがもう一本ペナルティキックを決めるが、まだ試合は終わっていないのに、二度と振り子がこちらへ有利に振れてくれることはなさそうだ。

とか言っているうちに、実は私がやっかいなことになってくる。ペルピニャンにいた数年前、私は足を疲労骨折していた。いま、組んだスクラムがまわされそうになるのをなんとか持ちこたえようとしているうちに、その古傷がふたたび痛みだし、五分ほど足を引きずり、交替を申し出る。私の退場で、ゴルゴジラ登場。ゴールラインめがけて突進していってもうまくいかないときこそ、きっと彼なら役目を果たしてくれるはず。白黒のジャージを着た数人をじゃまだといわんばかりになぎ倒し、ゴールポスト下に突進していくさまを見るのは気分がいい。だがブリーヴも先週はひどい負け方をしたから、同じことを繰り返すつもりはない。彼らは死に物狂いで守りきり、我々はボーナスポイントがついたことを喜ばないと――つまるところ、何もないよりはましだ――けれど、私は勝てなかったことにうんざりしていた。モンペリエに戻るバスでの長旅のあいだ、だれもが試合後半のあの寝入ってしまったみたいな奇妙な二十分はなんだったのかをいつまでも考えていた。

負けは不愉快だとしても、個人的な見解としては、自分らしい試合ができて満足している。勝負の神々が笑みを浮かべて、五番のジャージを私にお返しくださったのだから、来週もきっと先発で出られるはず。ところが、元フランス代表のフランカーで、ペルピニャン所属時代にもチームメイトだったことがあるリオネル・マリエとちょっと口論になった。私がモールをプルダウンするなんて解せない、あれはなんの意味もない、と彼は言う。あんなまとまりのない試合では、両チームともにボールの保持ができていないのだから、たしかな勢いがつくまではじっくり時間をかけないとだめなのに、私が本領を発揮していなかった、と言うのだ。こう切りかえせたら、どんなにいいか。私らしい試合のやり方とは、片手でボールを持って敵陣をすばやく駆け抜け、タックルしようとする相手を次々にかわして、見事なランで相手ディフェンスを煙にまくのさ、と。だが、事実はそうじゃない。先の読めない接戦の中で、せいぜい私にできることは、ラックに突っこみ、味方が何度でもボールを回収できるようスピードを上げたり、あるいは敵のスピードを遅らせること、そしてじっと辛抱強くスクラムを組む中で、おそらくボールを一、二度かすめとり、ラインアウトやキックオフを何度かとったり、モールを形成したり、相手の退路を断つためにタックルしたり、カバーディフェンスにまわれば、大きく振りまわされることもある。

試合中に三、四回でもボールを持って走れればうれしいし、しかもその距離が数メートル以上なら、尋常でなくうれしい。

クラブ側の見解としては、エスポーワル（二軍）からきた新入りが、チームにしっかり仲間入りできたのを確信できたことが大きい。フルジャンス・ウェドラオゴという、この二十歳のフランカーは、プールのいちばん深いところに放り込まれて泳ぎまわる魚のようだった。彼は生まれながらのスポーツ選手であり、全身の筋肉がひきしまって小刻みにぴくぴく動き、まるで永久運動の秘密を発見してしまったかのよう。ラインアウトで彼をリフティングしていてうれしいのは、彼が川をさかのぼる鮭のようにとびあがるからだ。しかも、彼は非常に賢い。十分な訓練を受け、飲みこみが速く、サポートのために最善のラインをとって走り、トップレベルのラグビーにたちまち順応してしまう。一軍にいる彼の姿から、多くのことがわかる。あと二、三年もすれば、フランス代表入りするのはまちがいない。ただし、こんなに才能に恵まれていても、彼が努力をしなければ宝の持ちぐされになってしまうが、実際のところ彼はよく頑張っている。

ラグビーをやるうえで、身体的な特性さえあれば十分だとは言わないまでも、あれば人より有利なスタートが切れるのはたしか。ラグビー選手になるには三つの要素がいる。まずは体格。爆発的なスピードやスタミナ、それに体力のこと、柔軟性とバランス感覚も重要ではあるけれど。次に、専門的なスキル。キャッチ、パス、タックルという総合的なスキルに加え、たとえばフランカーにはラインアウトでのスローイングというように、各ポジション特有のスキル。三つめが心理的なスキルだ。統制、意思決定、メンタル面がタフでなければ。

「素質か環境因子か」のどちらが大事かというレベルの話ではない。素質は、能力をはかるパラメーターになる。まるでトレーラーハウスでも引っ張っているみたいな走り方しかできないのにウイングを志望したり、爪先立ちしないとキッチンの戸棚に手が届かないのにロックを志望するのは、むだだ。しかし実をいうと、ラグビーのとっかかりをはばむ障壁は――少なくともクラブレベルのラグビー、国際的なチームでなくてよいなら――つらい訓練に耐える心構えができていれば、そんなに高くはない。早くから始めて、何がなんでも成功すると肚を決め、近くによい施設があって、思慮分別があるなら、やってみたらいい。何がなんでもという覚悟は大切だ。なぜなら、メンタルの強靭さは、少なくとも、強靭な身体並みに重要なものだから。

ラグビーのプロ化がもたらしたのは、競争を有利にするために、チームや選手それぞれが身体的なパフォーマンスを目に見える形でケタ外れに増大させたことだった。監督はフィットネス練習やウェイトテストを好んでやろうとする。後者は数値化しやすいために、選手全員の氏名の隣にそれぞれの計測結果を一覧にして掲示し、だれがだれより力があるか、進歩したか、などが一目瞭然となる。

私はウェイト・トレーニング室の熱心な利用者ではない――人よりウェイト・トレーニングが得意だったらたぶん違っただろうが。古きよきアマチュア時代、このてのトレーニングは自由選択だったから、いつも私は楽な選択をしてきた。これがまちがいだったわけだ。もし私がただ一つだけ、自分のキャリアについて悔やんでいることがあるとすれば、それは十代の終わりから二十代の初めにかけて、基本的な爆発力をもっとたっぷりつけておかなかったことだ。私がようやくウェイト・トレーニングにまじめに取り組まざるを得なくなったころには、この訓練もまた自分の仕事の大事な一部となっていたから、劇的な成果は得られなかったが（私はフランス人選手のあいだでは「蛇の肩《エポル・ド・セルパン》」、つまりなで肩の持ち主として知られている）、コンタクトエリアの中、つまり「戦場」では信頼をかちえることができた。一九九四年、ウェリントンのクラブに加入したてのころは、攻撃的《オフェンシヴ》なタックルなどまず見られなかったのに、今日では、攻撃的でないタックルはやるだけ無駄とまで見なされている。

もっとも、いくら力強くても、それをよい方向へ導く術を知らなければ、無用の長物だ。たとえば、チームメイトでプロップのアントニー・ヴィニャは、私がバーベルを挙げることにさして期待はしていないが、スクラムを組めば彼を支援するのは私なわけで、組み合う相手が二十キロの錘《おもり》を両側にずらっとぶら下げ、錘を通した横棒がたわむまでスクワットやベンチプレスをやってのけようが関係ない。選手は——とりわけプロップは——ウェイト・トレーニング室ではケタ外れに力強くて、相手を痛めつけるには筋肉一番、テクニックは無視。だから本人もトラブルに巻き込まれる。こうした類の実戦的スキルは、ほかのスキルで代用できるものではなく、みっちり指導を受け、それに加えて同じ動きを無限に繰り返し、トレーニング中でも試合中でも、微妙な変化も見逃さないようにしておけば、プレッシャーを受けたり対戦相手に優位に立たれそうになったりと刻々と動いていく状況に応じたプレーができるようになる。だからこそ、経験が高く評価されるわけで、フォワードにはとくにそれがあてはまる。すべてをきちんと練習したいなら、やるのは可能だ——パス、キャッチ、キック、それにプッシングは、どれも熟達するまでにごまかしがきかない——だがひとたびフィールドに出たら、限られた短い時間枠の中でだれかに制止されるまでは、実践的なスキルを身につけているのが自分であることを見せつづけないといけないのだ。

ここまでくれば、脳内でもプレーができるようになる。ニュージーランドで「上から五センチ」と表現されるものが、ラグビー選手の武装の中で最も重要なものであることはまちがいない。絹のように繊細なスキルや筋肉が波打つ胴体も、正しい選択をしなければむだになる。ラグビーはどちらかといえば複雑な競技であり、その複雑さゆえ、中身が濃いのだ。

ラックの底にあるボールを目の前にしているスクラムハーフがいるとしよう。こうした場面は一試合で百回以上起こるかもしれない。彼はあらゆる可能性の中からどうすべきかを決めなくてはならない。スタンドオフへパスしてもいい。あるいはブラインドサイドが広ければ、ボールをウイングかフルバックにパスして、展開のラインを変えるという決断もありだ。攻撃に参加しようとするフォワードにひょいとパスしてもいいし、自らボールを持って走ってもいい。フォワード陣にモールをつくらせドライブするか、フォワードの一人にピック・アンド・ゴーを指示してもいいだろう。もしくは、ウイングがボールを追えるよう、ボックス（相手FWの背後、バック・スリーの前のスペース）目がけてハイパントを選択するか、もう少し低く蹴って陣地をとりにいってもいい。こうしたあらゆる選択肢の中から、どれが最良かを瞬時に決めなければならないのだ。メンバーの位置どりや、ボールが展開されていくスピード、相手ディフェンスの位置どりなどを考慮に入れながら。

もし自分に向かってくるディフェンスがたった一人で、かつ外側に穴があれば、あとずさってスピードを上げてそのディフェンスを動かす。相手がフォワードの前五人ならなおさらだ。それなら、背後から追いつかれる前に少しだけ小休止できる。サポートが追いつくまで待って、追いついた選手にボールをパスして重荷を下ろしたら、受けとった選手は自分がつくりだした突破口に向かって走ってくれるだろうか？　これができれば、陣地がいくらか稼げて、フォワードに勢いが生まれ、波状攻撃がよりいっそう続けやすくなる。だが、ボールをパスする前に、二番目のタックラーにおそわれてボールを奪いとられることのないよう、おそらくは身を屈めてラックをつくるという防護策を講じることになるだろう。

状況を把握するのだ。わずか数秒で、さまざまな可能性をすべて考慮し、チームにとって最善の策を選び、アクションを起こさなければならない。いままでは指導陣が、独自のセットプレーの後に何段階かにわけてプレーを組み立てているから、選手は自分たちのために綿密に計画されたそれぞれの役割ごとに決められたポジションにつく。たとえそうではあっても、状況に応じて選択できる能力はいまなお選手に求められているし、対戦相手の要素も複雑化してくるから、計画どおりにことが運ばないのが常なのだ。

選択の幅は、ボールを保持する選手のほうがより大きいとはいえ、どの選手も常に自らの行動を評価して、チームにとっての自分の価値を最大化させるようにしなければならない。たとえばディフェンスの場合、タックルした選手の力添えをする位置に自分がいるだろうか。ラックが形成されたら？　中に入ってボールを獲得しようとすればチームにとって利益になるかを判断する。

問題は、自分がそうしている間に、失敗すればディフェンダーが一人足りないままだということ。となるとボールがすぐに出て、味方がラックを再形成する時間がなければ、悲惨な状況になる可能性だってある。

モールのように、押したり汗をかいたりするだけでたいして複雑そうに見えないときでさえ、考えなければならないことはある。モールに入るのに、上体を立てていくか、それとも直角に曲げていくか。もし、ディフェンスの側なら、下から上へ突きあげるようにモールに入り、敵の選手の上体を起こさせて、ぐいぐい前進してくる相手モールを弱めることができる――上体を起こした姿勢で効率よく押すのは難しい――ところが、自分もモールを押す力は弱まることになる。もし、無理やり相手を倒そうとすればペナルティをとられるリスクがあるが、あたかも相手が勝手に倒れこんだように見せられれば、その場で相手の動きをとめて、ボールを取りかえすことさえできるかもしれない。タッチラインに向かってモールを押すことができれば、相手の選択肢はせばめられ、タッチに出る前にボールを保持してモールから出ざるを得ないかもしれないし、モールがオープンサイドにまわれば、ボール保持者は、こちらがタックルできる位置に向き直るかもしれない。もしくは、ふつうがいちばんと思うなら、ひたすらまっすぐ押していけばいい。

ここに列挙したもろもろを、じっくり時間をかけて考えている選手なんてもちろんいない。すべてがあっという間に起こるから、どう動くかは本能にもとづくわけで、それは長年かけて磨きあげたものか、チームメイトからの役に立つ忠告によることもあり、それだと自分では気づかないことを気づかせてもらえるかもしれない（いいチームほどコミュニケーションは活発だ。そうしたチームでは、選手は力をあわせて正しい選択ができるよう、自分たちの周囲でいま何が起きているか知らせあっている)。

本当に有能な選手でいるには、いつでも正しい決断ができないといけないし、それを実行できるだけの身体的能力や技術的なノウハウをもっていなければならない。ハーフウェイラインからドロップゴールを狙おうと決めて、ボールがゴールポストを越えれば、それはよい選択。だが、私のように不器用で、蹴ったボールがころころ転がり、相手ウイングの腕の中に入って、こちらのゴールポストにトライされてしまえば、それは悪い選択となる。

プレーの中断中はひと息つけるから、チームメイトとことばを交わして、自分の強み弱みについて選択肢を再検討すればいいが、そこに対戦相手の強み弱みもあわせると、さらにもう少しだけ明晰に考えられる。こうした分析作業はとりわけリーダーには大事な務めであり、ビデオによる分析作業を終えて監督と話しあってゲームプランを作成する段階で、かなりの部分がこの作業に割かれることだろう。

人間の脳については、もう一つすばらしい話題があって、体の衰えが始まっていても、脳はもっと前へ前へと駆り立ててくれるというのだ。両脚は乳酸でいっぱい、脳内は酸素不足の状態かもしれないのに、パフォーマンスを続けようとする。これをしばしば、勇気や〝ガッツ〟と表現するけれど、それよりもっと大きなものだ。選手にとって、勇気は必要条件でしかない。年間通じてラグビーをやるなら、ひるんでなどいられない。敵がこちらの弱みにすぐつけこむからだ。頭をつかって試合をするようになれば、あとは勇気があれば十分、相手チームが臆病になっていればラッキーかもしれないが、ま、それはありそうにない。

というわけで、勇気を補強するのは、メンタルな強さと知性《タフ　インテリジェンス》でなければいけない。メンタルが強ければ、自分自身とチームメイトから、より多くのものを得るよう常に目を光らせたり、想定される数多くの局面《フェーズ》にふさわしいボールの保持ができるような目標を設定したり、ペナルティの数を低く抑えられるよう特訓したり、あるいは監督が今日はここまでと言ったトレーニングを三十分余計に居残ってやったりする。それは準備を完璧にしておきたいからであって、けっしてディナーの時間に家にいたくないからじゃない。試合に負けたりマンツーマンの勝負に負けてショックを受けたとしても、レフェリーがどうだとかボールがすべりやすかったとかの泣きごとを言ったり、自分がふがいないとかいう思いにひたるよりも、なぜそうなったのか、同じことを繰り返さないために自分に何ができるかを検討できる力が必要なのだ。

インテリジェンスも欠かせない。戦いの場では、敵に真正面から衝突することを「勇敢だ」などと表現できるかもしれないが、「愚かだ」と記される場合もある。側面から機動作戦をかけたらあっさり成功したかもしれないのに、敵の銃前で大量殺戮されて終わるとしたら、あまりにも愚かと言うしかないだろう。

世界には偉大なラグビー選手があまたいるが、モンペリエにもまた、すばらしい選手はいる。ただ、胸に手をおけば「偉大な」と言うのはかなりの葛藤がある。とはいえ、とりわけ尊敬する選手を挙げるなら、その不屈さから、オリヴィエ・ディオマンデ（ディオ）だ。モンペリエに移籍した際、私はオリヴィエと顔をあわすのがいやだった。パリでの試合で卑劣なプレーをやりあったことがあって、当時は私がラシン、彼がニーム所属だった。あのころのオリヴィエは平均的なプロップとして、平均以下のチームにいた。その戦法は頭突きと目玉えぐりの繰り返しのように見えたものだ。彼はボルドーで数シーズンをすごしたのちに、当時は二部にいたモンペリエに移籍してきたのだった。

モンペリエに来て、彼はフッカーへの転向をはかった。それまでほとんどずっとプロップでやってきたけれど、プロップでトップチームのレギュラー入りは厳しいものがあったのだ。フッカーでもレギュラーへの道は遠く、それはキャプテンのディディエ・ベスがフッカーだったからだ。ただしベスは当時、三十六歳で引退の時期が近づきつつあったから、ディオは自分ならベスの後釜第一候補として定着できそうに思えたのだ。当時ディオは二十代後半で、選手としては初老も同然、ポジション変更を提案されたとしても気楽に断っていい身分なのに、それどころか自ら身を投じて、体重を落として足が前よりも使えるようになり、ラインアウトのスローイング練習をこれでもかと繰り返し、とりつかれたかのようにウェイト・トレーニングに励んだ。心が広くて、謙虚な姿勢で人から学び、チームに不可欠な選手に成長し、この二年間、ほぼ毎試合に出場している。

今季、オリヴィエは新たな課題と向き合ってきた。ニコ・グレロンという名選手がペルピニャンから移籍し、フッカーのポジション争いをしているのだ。二人には違った強みがある。両者ともスクラムやラインアウトが上手なのは当たり前、その一方で、ディオがスクラムの中でたくさん仕事をするタイプ、ニコはむしろボールプレーヤー。お互いそれぞれの長所を補いあえれば完壁なのだが、二人とも先発のジャージが着たいのだ。

フッカーは、力強いキャラクターの持ち主が多いせいか、リーダー的な役目を任されることもしばしばだ。この二人も例外ではなく、だれが一番かをめぐるボス争いをしじゅう繰り返してきた。これがよくわかる例を、ごく最近もスクラム練習の真っ最中に目にしたばかりだ——お互いふた手にわかれてスクラムを組む。フランスでは、ラグビーのスクラムが心理的な影響をいかに受けるかを強調してもし過ぎることがないうえに、フッカーはその要石《かなめいし》として、スクラムに対する責任がある。両チームのスクラムに力の差がないほど、少しでも有利なことを見つけようとする。

ファースト・スクラムを組もうとして、ニコチームの八人（私はこっちだ）がバインドして、まずポジションをとる。最初のインパクトへの構えができているほうが有利だとされていて、スクラムの六十パーセントはそれで決まる。これを見ていたディオは自らバインドをゆるめて、「なんか、よくないな。後ろのスクラムがはずれたな」と言って、マーク（地点）から約三十センチずらしてスクラムを組みなおしはじめた。これは古いトリックで、レフェリーはほとんど気づかない。相手側のスクラムが、新たなマークまですり足で移動するか、スクラムをいったん解いてまた組みなおさなければいけないことになるのだ。どちらを選ぶにしても、初回ではあとから組んだチームが、もうとっくに準備ができているわけだから、ほんの少しだけ有利になる。

ご想像できると思うが、トレーニングの段階からこんな皮肉っぽい行動をとるなんて、かなり嘆かわしいし、私としてもうれしくないのは、ここで不利な状態におかれていたのが自分たちの側だからだ。それなのにディオは立ったままにやついているし、ニコは我々のスクラムを解いて移動させた。認めるのはしゃくにさわるが、ディオはどんなに些細な場面でも、競争相手にとって少しでも有利な条件を与えようとはしない。どんなにとるに足らないようなトレーニングの場面でもだ。それが彼のやり方なのだ。必ずしもお見事とは言えないし、あれじゃ友だちはできないかもしれないが、それでも結果は出している。

かつてのチームメイトの中で最も才能ある選手といえば、ニュージーランド人のマニー・エドモンズ、ペルピニャンのスタンドオフだ。マニーは六歳のときに家族とともにオーストラリアに移住し、スーパー12の一つ、ニューサウスウェールズに所属していたことがあり、オーストラリアで二つのクラブのテストを受けた後にフランスに来たときは、まだ二十五歳と若かった。彼はオーストラリアで、多少はチャンスをふいにしてしまったが、それは監督であるボブ・ドワイヤーの家のドアを朝五時に乱暴に叩いたせいだった。彼は晩に外出し、南アフリカでの数試合に出してもらえなかった理由を監督に聞こうとしたというが、ドワイヤーがマニーの言い分に納得しなかったのはあきらかだ。

マニーも、喧嘩っ早いところがあるが、一緒にいてもそれはほとんどわからない。試合中の彼からは、試合に出られる喜びしかあふれでていないからだ。彼以外の我々がフィールドトラックの外側をどたどた歩きまわってからフィールド内に集合し、汗水たらして仕事をしている最中に、かたやマニーはロングパスを投げ、ひとりで小さくチップキックをし、ダミーをやり、そうやってひとり気炎をあげている。至福のひとときをすごしているように見える。

プロラグビーの厳しい現実ですら、ましてやペルピニャンという、ラグビーを勝利至上主義として受けとるクラブですら、とりつかれたようにプレーするマニーを抑えることはできないようだ。彼がペルピニャンに移籍したてのころ、練習中にときたま逆パス（手を後方に振り、他のパスとは体が逆向き）を出そうとした。監督のオリヴィエ・サイセは感心することもなく、マニーにこう言った。「うちのチームには、そんなちゃらちゃらしたスーパー12のがらくたなんていらんよ」。だからマニーは練習では逆パスをやらないことにした。ただ、試合中に逆パスを出すことがあったが、それはつい本能からであって、けっして監督への反抗心からではない。フィールドを斜めに走っていたらディフェンス側にぽっかり穴が開いているのを見つけた場合だ。もっとも、この程度のきっかけはいつもころがっている。問題は、逆パスされた選手が不意をくって、ボールを落としてしまうことがよくあること。その選手がやるべきことは、ボールをキャッチし、敵陣にぽっかり生まれたスペースめがけて二十メートルをころがるように走っていくだけなのだ（なぜ、こんなことばかり鮮明に覚えているかといえば、自分がその当事者の一人だったからだ）。でも、よかったこともある。マニーが自分の才能を抑えこまず、チームメイトを自分の水準にまで引き上げようとしてくれたことだ。だから我々も彼を支持した。

　逆パスを出すことは、いまやすっかり凡庸になってしまったが、マニーはやっぱり天才だと私が思ったのは、二〇〇三年のダブリンでのハイネケンカップで、トゥールーズとの決勝戦のとき、ペルピニャンでの私の選手生活も終わりに近づきつつあるころだ。我々は同じ部屋に宿泊し、試合当日、スカイスポーツ（テレビチャンネル）でスーパー12の決勝戦、オークランド・ブルース対カンタベリー・クルセイダーズの試合の予告番組を見ていた。スチュアート・バーンズが、カルロス・スペンサーの革新的な戦術〝バナナ・キック〟について解説していた。スペンサーが右からボールを受け取り、ディフェンスの左後ろへキックする姿勢をとると、ブラインドサイドにいたウイングとフルバックがボールがきそうなほうへカバーにまわろうとして体勢を急に傾ける。ところがスペンサーはボールをつま先ではなく足の側面で蹴る――まるで、蹴りそこなったかのように――すると、ボールはたったいま穴があいた右ウイングのスペースに向かってカーブを描き、右ウイングは足をもたつかせながら落下地点へ移動してボールを拾いあげる、というものだった。

そのとき、我々の試合開始まではたった一時間かそこらしかなかったから、実際にバナナキックを練習する余裕はなかったけれど、チームミーティングに出たマニーは、チームメイトの右ウイング、パスカル・ボマティに、戦術がのみこめそうかを尋ねた。パスカルは熱心に耳を傾け、チャンスがきたら試してみようということになった。試合前半は向かい風のせいで悪夢のよう。というのも、マニーがジョジオンへのタックルを失敗して、ボールはクレールにまわされトゥールーズのトライにつながったことで、ちょっと責められていたのだ。前半終了時、スコアは0対19だった。

我々は再び自分たちのやり方に立ちもどって、残り十五分で12対22。ありきたりな戦術を繰り返して敵の防壁をつき崩せずにいた。マニーが右からボールを受け取り、左へキックする姿勢をとりながら、あたかも蹴りそこなったかのように見せた。だれもが、いったいどうするつもりだと首をひねるなか、パスカルだけはボールに突進して拾いあげるとトライを決めた。これほど見事に、知性をもってリスクに立ち向かい、完璧に達成できた例があるだろうか（残念ながら、このプレーだけでは不十分で、試合は17対22で負けてしまった）。

6　筋肉と魔法の薬

ナルボンヌもフランス南部にある小さな町で、ラグビーの歴史は長い。ラシン・クラブ・ナルボンヌ・メディテラネは一九〇七年以来、五万人の象徴であり、一九三六年と一九七九年の二度、国内チャンピオンに輝いた。町そのものは地中海沿岸に位置し、紀元前一一八年にイタリア以外で初めてローマ帝国の植民地となり、千年以上ものあいだ繁栄が続いた。ドミティア街道とアキテーヌ街道が交差したのと、港へアクセスしやすいことから、ナルボンヌは交通の要所となった。大聖堂と大主教公邸が、かつて交易の場として、あるいは文化の中心として栄えた過去を物語っているが、十四世紀以降はオード川の沈泥によって船の往来する港としては縮小されてしまい、それが町の繁栄に影をさし、近年、地元経済が頼みとするのは、観光事業と町の周囲をめぐらすワイン産地である。

ナルボンヌはトップ14の中で予算が最も低いが——たった五百八十万ユーロ——自分より重量でまさる相手にひたすらパンチを繰り出し、ふんばりつづけているのに、いずれ降格必至な運命を引き延ばしているだけじゃないかと思われている。前シーズンは十位で、我々はホームでもアウェーでも負かされつづけたあげく、一つ下の順位に終わったのだった。

最初の対戦は、スタッド・サバテ、わがモンペリエのホームグラウンドで行なわれることになっている。数々の理由で、この試合は重要だ。まず、我々にとっては一勝あげて勝ち点4を獲得することが何よりも必須だから。警報ベルはすでに鳴りはじめていて、リーグの順位表はモンペリエの関係者がいま最も見たくないものになりつつある。現在、七試合終えて勝ち点はたったの6。しかも、我々がブリーヴに負けているあいだに、トゥーロンがバイヨンヌを破ったために三チームが同点で並び、かたやポーがたった1ポイント差で後ろにきている。

さらに、もっと感情的な理由もいくつかある。ナルボンヌとモンペリエはほんの八十キロ程度しか離れていないから、両者の対戦はダービーマッチとされている。前シーズン、ここスタッド・サバテで彼らに負かされたことを我々は忘れてはいない。そのうえ、わがチームにはバックスコーチのパット・アルレタズのほかに五人の選手がモンペリエ加入前はナルボンヌのチームカラー、オレンジと黒を身につけてプレーしていたから、古巣チームとの試合となると、いつも以上に身が引き締まるのが常なのだ。

最初から、我々のほうが身体的には優位に立っている。ナルボンヌはオープンゲームをとくに好むから、こちらは前衛での戦いにかける。ボールの保持で形勢を逆転しようとして、相手はオフサイドを繰り返す。彼らのことは責められない。支配されている側になれば、我々もずいぶん同じことをやっているのだ。ドウェイン・ハアレという、シドニーから移籍したばかりのマオリ人の大型ロックが、試合のあらゆるところでからもうとするから、私は何度か彼とことばを交わす。プッシングやシャビング（スクラムワークで小刻みに揺さぶること）は少々あるが、ナルボンヌの他のメンバーは、もっぱら被害を最小限にとどめるほうに関心が傾いている。その結果、連続攻撃はほとんど不発。彼らはこの方針で逃げ切ってこちらの勢いを止めるのか、それができなければペナルティを課されてこちらがキックで稼がせてもらうまでだ。

ココの調子がよくて、二十分経過時点で12対0のリード。ナルボンヌはキックを一つ決めて12対3としたが、前フランス代表のプロップ、フランク・トゥルネールがスクラムをつぶしてイエローカードを出されてしまい、ただでさえこちらが有利に進めていたところ、相手のセットプレーは大失敗。我々はペナルティキックでボールをタッチに出し、相手はラインアウトからモールをプルダウンするので、我々はスクラムを選ぶ。相手のスクラムが崩れると、レフェリーはゴールポスト下に直行してペナルティトライを認定。

ラグビーをやるものだけに与えられた密かな喜びの一つに、スクラムのメンバーとして、敵をとことんやっつけることが挙げられるが、これが本当だと言えるのは、ほかでもない、フランスにいればこそだ。ほら、レフェリーがスクラムを組むよう笛を吹くたび、相手が組み合うのをおそれてくれれば、こちらの自信は高揚してくる。それでも完璧さを求めて必死でやらねばならないが、自分たちより相手のほうがはるかに苦痛を感じているのだ。かたやスクラムの形を崩さぬまま前進を続けるチームがいれば、後ずさっているチームのほうはスクラムがまわされたり崩されたりしながら、極度の圧力を受けてバインドがひょいと外れたり、体勢がゆがんでしまう。我々は十分間、マイボール、相手ボールのいずれでも、スクラムに勝利する。観ている側にはたいして面白くないかもしれないが、我らフォワード陣は心から楽しんでいる。もっとも、前半終了時点で19対3としても、敵を徹底的に叩きのめした、とまでは思えない。

後半は開始数分で、両チームともペナルティを課されて22対6。すばらしい試合は日暮れがきたからといって価値を落としたりはしないが（リーグ戦は全試合とも夜間に行なうが、カナル・プリュスが中継する試合は別だ）、夜露のせいでボールの扱いが難しいコンディションになる。両チームとも、陣地稼ぎのためにキックを選び、ボールを持って全速力で相手フォワードを突破しようとする。ナルボンヌが新たな後退を余儀なくされる事態がまた一つ、キャプテンのジャン＝マリー・ビザーロがイエローカードを出されて（一時退場）、こちらのフォワード陣が数的優位に立っている隙に、セドリック・マチューがドライビングモールのど真ん中に突進。数分後、またもラインアウトをとって突進したのち、ミカ・バートがトライをあげて、これで34対6。

こうなると、こちらは四本目のトライをとってボーナスポイントの獲得に専念できるはず。ところが、断続的なプレーを続けるものだから、せっかくスクラムで得た優位もこれではだいなし。自分たちのプレースタイルを自在に展開しようとして、かえってずさんになってしまったのだ。ナルボンヌがこの機を逃さず、見事なカウンターアタックでトライをあげる。私はキックオフからびびってしまい、まだ空中にいる選手が着地する前にタックルしてしまい、相手ボールのまま十メートル前進させてしまう。ぼんくらすぎるミス。

試合終了のサイレンが鳴った時点では、攻撃の真っ最中、敵のゴールライン上でラックが続いていた。これでトライが決まると思ったときが何度もあったが、結局は敵のやぶれかぶれなディフェンスに撃退されてばかり。ハーリーが攻撃の軸になるはずなのに、気がつけば、ボールを抱えたまま、ラックに巻き込まれている。バックス陣は向きを変え、かなり数的優位に立っているが、ハーリーがボールをワイドに振ろうとすると、敵のディフェンスがいっせいに前に出てくるのが見えたため、パスを出すふりをしただけで、自らボールを持ったままゴールポスト下の、狙ったポイントめがけて突進。ところが、彼の突進と同時にディフェンダーの一人がカバーしようと横から飛び出して、ハーリーの伸ばした両手の中にあるボールを蹴る。ボールはハーリーの手からするりと抜けて、我々のボーナスポイントはあのボールと共に去りぬ。

それでも、勝てたことで大いに安堵し、楽々と勝利をあげたことが景気づけになる。サムはミカとの交替で、試合開始七十分後に登場、私としては八十分フルに出場したので、ひざの問題を克服できたという勝利の喜びにひとりでひたっている。これまでのキャリアを通じて、私はなんとけがの多いことか。気絶したことも何度かあるし、鎖骨の脱臼、鼓膜破裂、両手と両脚とも粉砕骨折のあとがあり、鼻骨骨折は少なくとも十二回、背中は椎間板ヘルニア、腕の腱の断裂、肩の亜脱臼、両ひざ及び両足首の捻挫、縫合が必要な創傷は——主に頭部だが——多数あり、コブや打撲傷は数え切れず、そしてつぶれた耳や、その他美顔を台無しにしてくれた傷痕。

こうした負傷のすべてのうちでも、右ひざの故障にいちばん悩まされてきた。一九九五年、以前に痛めた靭帯を再建するためにメスをいれたら、まる一年、活動できなかった。昨シーズンのトレーニングキャンプでは、ひざにできた小さな傷から感染してしまい、体調悪化のために除菌ができず緊急手術を受けて二週間の入院、プレーに復帰できたのはそれから三か月後のこと。そのときでさえひざはまともな状態じゃなかった。膝蓋骨の腱は、再建手術のせいでとっくに弱くなっていたうえ、腱炎によって部分的にむしばまれ、しじゅう爆発してきた。手術から十八か月、ようやく最近になってひざはだいぶ落ち着いてきて、階段を一段とばしで昇れるまでになっている。おそらく私の残りの人生も、このひざに悩まされることになるのだろう。

こんなふうに戦傷リストをずらっと挙げると、ずいぶんあると思われるかもしれないが、実のところ私はかなりラッキーなほうだ。ラグビー歴二十五年以上にして正真正銘の手術（つまり、全身麻酔による手術）は三回だけで済んでいるのだから。いまはペルピニャンに所属する元オールブラックスのフォワード第三列、スコット・ロバートソンに二年前に聞いた話では、これまでに受けた手術は十七回とかで、あれ以来、回数が増えているかもしれない。しかも、私はまだ現役でいられる。多くの選手が負傷を理由に引退し、毎年のように脊髄損傷で車椅子生活になっている。残念ながら、体をぶつけたり壊したりは、ラグビーをするかぎり切ってもきれないリスクでもある。もっとも、そんなふうにだれも思いたくないのだけれど。

けがは、プロスポーツの世界で生きる選手にとっての頭痛の種――それもある程度までのこと。キャリアをおびやかすほどのけがはあきらかに災難であり、自分を競技場から数週間以上は遠ざけるものだけれど、チーム内での自分の居場所が保証されていて、本当に大事な試合をとりこぼさないかぎり、ときどきは――ま、せいぜい一シーズンに一度か二度くらいなら――足首の捻挫とかひざの腫れによるちょっとした息抜きは、トレーニングという名の単調な骨折り仕事を小休止できるからありがたい。しかも、休んでいるあいだに、その負傷よりも前に発症してしまったものの、軽すぎてプレーを休むほどではなかった古傷に、理学療法をかけて効果をみたり、あるいは単に休ませるだけで快復に向かうことだってある。

こうして強制的に休むことの最大のメリットは、たぶん、心の緊張がほぐせることにある。一、二週間も休めば、数か月のあいだに鈍らせてしまっていた、試合にかける熱い覚悟や競争心をよみがえらせ、あらためて熱い気持ちで戻れるようになる。

本当に運がいい選手は、次の試合までのあいだに一日か二日の休みをチームメイト内でまっ先にとったほうがいいと見なされる程度のけがをする。そのおかげで月曜と火曜のいつもよりハードなトレーニング・スケジュールをこなすことを免除され、水曜の夕方にはチーム練習に合流し、そのころには気分がリフレッシュできているから、土曜が来るのが待ち遠しくなるのだ。我らがセンター、リック・ルッベは、そんなふうなけがをうまくしながらシーズンの大半を過ごす。彼は生まれながらの名プレーヤーである一方、こうした回復のための特別な時間こそが、シーズンを通してすばらしい活躍ができる大きな要因になっているのではないかと私は考える。

体は最も重要な商売道具なのだから、トレーニング体制《レジーム》は、常に最適なレベルで機能するよう設計される。土曜の試合にピークがくるようしっかり練習することと、へとへとに疲れきってしまわないぎりぎりのところでとめておくことのあいだには、微妙なバランスがとられている。モンペリエのトレーニング体制は、そのときの状況に多少は左右されるものの、典型的な一週間としては、試合の翌日、まずは地元のプールで疲労回復をはかり、理学療法士によるマッサージで試合によるうずきと痛みをとる（チームには三人の理学療法士がいて、交替勤務で常時二人がチームの練習と試合に帯同する)。

月曜の午前中も同様で、理学療法士とチームドクターが診察や相談に応じてくれる。たいていは、選手と一緒に食事をし、試合のビデオを見ながら、何が起きたかを議論する。午後は上半身のウェイト・トレーニングを念入りにやり、そしておそらくランニングを少々。火曜の午前は下肢の筋力強化とスピード練習、一方、午後からはフォワード組とバックス組にわかれて、それぞれポジション特有のスキル、たとえばラインアウトやモール――それにときには、実際にスクラムを組む――といったスキル練習を行なう(バックス組のほうに目をやると、いつもタッチラグビーをしているように私には見えるが、彼らはこっち――フォワード組――に向かって、自分たちのほうがずっとハードな練習をしていると言いはっている)。

水曜の午前はもっぱら試合形式の練習をし、その日の午後、次の対戦チームをビデオで分析してゲームプランをひととおりさらい、さらにラインアウトやキックオフを見直し、最後はスクラムマシーンを三十分。木曜は練習が休みだが、ウェイト・トレーニングをもっとやりたい選手はこの日か、あるいは金曜の午前中にやっているらしい。

アウェーゲームの場合は、金曜午前にバスで出発、到着後にある程度のトレーニングをする。ホームゲームの場合は金曜午前はフリーで、そのあとは軽く実戦練習を流したらラインアウトやキックオフのトレーニングを少々。試合当日は、キックオフの七時間前に合流してストレッチ・トレーニングをやり(さらにラインアウトの練習を無理やり詰めこむのがふつうだ)、そしてホテルに戻って食事と休憩をとり、試合開始の一時間半前に競技場へ向かう。

クラブが違えば、こうしたルーティンも違ってくるが、フランスあたりではこれがまずまず標準的。ルーティンの中には、投薬をどう扱うかの問題がある。一回の服用につき、どれだけの時間、どの程度の強さで効いてほしいか。トレーニング、試合それぞれの観点からみて、チームや選手各自がどれほど費用負担できるのか？　この問題については、監督が短期、中期、長期それぞれで変わっていくチームのニーズを見極め、フィジカルトレーナーと相談したり、さほど重視しないでいい薬の場合は、メディカルスタッフと相談したうえで、チームにとって最善の解答を出すべきだ。

神経をとがらせているフロント陣もいるはずだ。ある選手が負傷したとして、治療が必要だと見なされても、たとえばそれは、心配性なメディカルスタッフの見立てちがいかもしれないし、おまけに監督がこの選手を欠くのは困ると考えていれば、フロント陣をとびこえて、負傷した選手に直接、調子はどうかと訊《き》くかもしれない。選手というのは試合に出ていたいのがふつうだが、それも対戦相手しだいというところはある——惨敗が目に見えている試合で、あえて最前線でのラッシュに参加しようとは思わない。パリやトゥールーズ、あるいはビアリッツとのアウェーゲームなら、負傷後にフィールドへ復帰しても楽にいくはずがない。それでもプレーを継続したい選手の場合、皮下注射を所望するかもしれない。抗炎症薬の注射や鎮痛剤はまれだとしても、前例がないわけじゃない。もしくは、その選手は負傷した箇所を温めてほしいだけかもしれない。温めればフィールドに出たあとも傷のことを忘れられるだろうから。

トレーニングに関しては、フィジカルトレーナーが、選手は疲れすぎているからトレーニングの量を減らすべきだと思っていても、監督がチームには特別なトレーニングが必要だと考えて、トレーナーの提案を却下するかもしれない。それがよくあることとは言わないが、フィジカルトレーナーとメディカルスタッフとの関係が緊張するおそれがあるわけで、このシーズン、まさにこの問題が発生したのだ。

今季の初戦、対カストル戦を見たフィジカルトレーナーのニコラ・フルキエ（通称ニコ）は、耐久戦だったという印象をもった。本当のところは、こちらのフォワードがより大型の相手フォワードにいためつけられ、徐々に崩されていったのだ。敵のフォワードが筋肉で数キロまさっているように見えたし、自分たちがコンタクトするたびにそれを実感していた。ラグビーがコンタクトスポーツである以上、これは問題だ。その解決策は二つある――もっと大型の選手を雇うか、いまいる選手を大きくするか、だ。

シーズン最初の試合だったから、現実的な解決策は一つしかない。選手を大きくする。とはいえ選手の筋肉増量なんて一シーズンの期間だけで簡単にできるわけがない。きついウェイト・トレーニングにかける時間があまりとれないからだ。重点的にやれるとしたら、筋力の向上よりもパワーの維持だろう。というわけで、ニコは栄養士と相談して、最も効果のありそうな栄養補助食品を探して、我々の体にあと数キロの筋肉をつければ、もっと相手と張りあえるだろうと期待したのだ。

障害となったのは、彼が選んだ商品マクシマッスルがイギリス製で、クレアチンを含んでいたことだ。クレアチンはフランスでは入手不能、フランス当局がクレアチンには有害な副作用はないとする見解をまだ受け入れていないからで、服用自体を禁止しているわけではない。プロのラグビー選手の大半が、いまではクレアチンを摂取しているし、イングランドには広告に出ている選手もいる。ところが、二人いるチームドクターのうち、ベルナール・デュフールは、フランス当局が歓迎していない物質を選手が摂取することに不快感を示した。彼はこう主張した。短期間だけの追跡調査では将来の予測判断を誤まるおそれがある、自分の役割は選手がラグビーを現役で続けている期間のみならず、引退後も同じく健康でいられるよう努めることにある、と。報告を受けたコーチングスタッフから心配しすぎだと決めつけられて、デュフールはチームドクターの職を辞してしまった(これに関しては他にもいろいろな問題があったのかもしれないが、漏れ聞こえてきたのはこういうことだったのだ)。

いまでは選手がマクシマッスルを入手できるようになったが、費用の半分は自腹で、残り半分をクラブが負担。私はウェリントン在籍中にクレアチンを数週間摂取したことがあったが、その結果については疑問をもっていたうえ、懐が寒いのもあって、わざわざ再開はしなかった。

デュフールはチームドクターを辞めたあと、必ずと言っていいほどその理由を人に訊かれた。彼が答えた、選手が摂取していたサプリメントの中に賛成できないものがあったからだという理由が、いつのまにやら、伝言ゲームのように形を変えて、我々がステロイドを使用しているせいだとされてしまった。ラグビー選手のステロイド使用の噂が数年、流布していたところへ、元フランス代表のキャプテンと監督を務めたピエール・ベルビジエが、二〇〇〇年にナルボンヌの監督を辞職した後、火に油を注いでくれた。彼はこう断言したのだ。あのフランス選手権の極悪非道な日程が続くかぎり、選手はクレアチンよりも強いものに手を出さざるを得ないだろう。つまりはドーピングだ。

この発言をきっかけに、フランスラグビーに関わる一同は大いに嘆き悲しみ、怒りで歯を鳴らした。もしベルビジエがこの件で証拠をもっているのなら、どうしてもっと早くに声をあげなかったのか？　罪をおかしたのはどのチームなのか？　ベルビジエはすぐさま発言を撤回し、〝潜在的な〟問題に対してみなに警告したかっただけだと釈明した。組織的にドーピングがあった事実はないにしても、〝悪のスパイラル〟に引き寄せられる選手が出るおそれはある。みなが冷静になって、彼によってこうした深刻な問題がラグビー界の関心事として喚起されてよかったんだととらえ、いずれ対策が講じられるはずと納得して、この一件は落着したのだった。

ステロイドを使うラグビー関係者は皆無だと思う人がいたら、それはおめでたすぎる。競争に有利なものを探している選手は、特別な体力や能力が禁止薬物から得られる可能性に気づいているし、そうした薬物の入手が難しいとは思っていない。ずいぶん前のことだが、尊敬するある人から、ステロイドを勧められたことがあった。そのときの私は、相手をまるで悪魔でも見るような目つきだったから、彼は私をなだめようとして、とってつけたようなことを言った。「僕が言うのはいいステロイドのことで、粗悪なのとは違うんだ」。そのとき若くて理想主義者だった私に、改めて考えなおす余地はなかった。

いまやプロラグビーの緊急事態について理解し、しかも魔法の薬物がありきたりのキャリアとよいキャリアを差別化するかもしれないとわかったところで、私にはどうしようもない。この歳ではたいした違いは出ないのだから、どうでもいいことだ。せいぜい浜辺での水着姿がかっこよく見えるかもしれないが（その程度なら不幸ではないけれど）、いまさら薬物摂取によってこの筋肉組織が影響を受けたとしても遅すぎる。三十過ぎれば、もともと人体に備わった筋肉組織を発達させる力は著しく衰えるのだから。

それでも、プロのスポーツ選手として自分が置かれた状況を考えることに価値はある。薬物摂取が長期的な健康に密接に関係しているのは明らかだということをさしおいても、ラグビー選手にとって、薬物による近道を選ぶのは危険なのだ。ラグビーという競技は、何度も何度も同じ動きを繰り返す百メートル走や自転車レースに比べてはるかに複雑。純粋に身体的なパフォーマンスは、そんな複雑さの中の一部でしかない。たとえ以前の自分より肉体的に強化されたとしても、近道を選べば精神的には前よりも弱い自分になるのがオチだ。それに、そんな特別な筋肉がどう役に立つ？　よく練られたウェイト・トレーニング用プログラムが、考えぬかれた栄養摂取と同様にたっぷり用意されているじゃないか。

発覚する機会が多ければ、わざわざあぶない薬物に手を出す者はいないはず。だがこれまでの十年間、私がフランスで調べられたことは一度もない。この国のラグビー当局は、年三回、プロ選手全員から血液を採取するが、その目的は選手の健康チェックであり、ステロイドやその他の禁止薬物の使用を直接にチェックするためではないとしている。モンペリエで血液を採られた際、ドクターには、特にどこにも異常はないが今後も継続して検査するように言われたが、この血液検査でたとえ薬物摂取でクロと判定されても、本人にははっきり伝えないということなのか。

試合終了後、たまに抜き打ちテストはあるが、ラグビーでの抜き打ちテストは、他のスポーツ、たとえば、自転車競技ほどには普及していない。それでも、こうした抜き打ちテストによって、ステロイドの濫用を示す証拠がときどき発覚する。ヨガン・コレアという、二部リーグのアルビ所属のロックは、抜き打ちテストの結果クロと判明されて二年間の出場停止をくらったし、ブリーヴ所属のニコラ・クッテは試合前にエフェドリン型の物質を摂取していたことが判明して、出場停止三か月となった。それでも、さしあたってラグビー界には、他のスポーツ界——競技名をいくつか挙げれば、自転車競技、陸上競技、ウェイトリフティング、野球、アメリカンフットボール、サッカー——で存在するとされている、組織ぐるみの大がかりな禁止薬物摂取みたいなことは隠していないと確信する。

それでも、疑惑というものはなかなか消えないものだ。他チームや自分より大型の選手を見ながら、あいつらはみんなステロイドにどっぷりはまっていると決めつけたがるのは、長年にわたる伝統みたいなものだ。二〇〇二年のハイネケンカップでペルピニャンがレスターで試合をしたとき、私の隣で試合を観ていたチームメイトのロック、ジェローム・ティオンは、大会プログラムを軽く叩きながら、味方が組もうとしている対戦相手の図体を観ていた。彼は頭をふってこう言った。「やつらを見ろ——身長二メートル、体重一二〇キロの選手がこぞってウサギ《ラビット》みたいに駆けまわってら。やつらのシリアルにかかっているのはミルクより強烈なものに違いないって、だれだって思うだろ?」ジェローム・ティオンこそ、身長一・九九メートル、体重一一八キロ、おそらくラビットよりも野ウサギ《ヘア》に近い、生まれもっての非凡な運動能力に恵まれているというのに、実態はこんなものなのだ。

　彼らが体を大きくするために、どんなにつらいトレーニングをしてきたかを知っていても、競争相手が自分よりほんのちょっと大きく見えてしまう自分が許せない選手は少なくない。煎じ詰めれば、これは認知の問題であることが多い——チームメイトのことは見慣れてしまっているので、彼らが第三者の目からは大型だと思うほどには、自分の目には大型に見えないのであり、かたや他チームの選手が肩パッドにスパイク、ヘッドギアを装着した姿を見たとたん、軽いショックを受ける選手が少なくないのである。

　たとえステロイドが存在しなかったとしても、ラグビー選手が、プロスポーツならではの特別なトレーニングのおかげで体格もパワーも増大化していることは疑う余地がない。このことは、負傷者の統計に意外な影響を与えてきた。どの年も、フランスでプロのラグビー選手六〇〇人ほどのうち、一〇〇人ほどが負傷のせいで戦線を離脱している。数字の上だけなら、かつてのアマチュア時代より悪い結果ではないけれど、変化してきているのは負傷の深刻さだ。常勤のメディカルスタッフやフィジカルトレーナーをクラブ側が雇ってくれたおかげで、捻挫などのような比較的軽度で済む負傷の数は大幅に減少してきているというのに、選手はより深刻な問題に苦しんでいるのが現状だ。スピードとパワーが増大するにつれて、選手間の衝突で放たれるエネルギー量も増大し、そうした衝撃に対して筋肉がある程度までは緩衝役を務めてくれるが、残る体の部分——とくにひざや肩の関節——は無防備に等しい。その結果、靭帯断裂をともなう深刻な負傷の件数が上昇している。それはまるで、軍拡競争みたいなものだ。新技術のおかげでパフォーマンスは向上したから、以前より強固で安全になったと思っている――ところが、相手も同じように軍備を拡張させている。だから行きつく先は、互いに深刻なダメージを招いてしまうことになる。簡単な解決策などありそうにない。和平条約に署名しようとする者なんていやしないのだ。

7　スタジアムの神々

トゥーロンの人たちは自分たちのラグビーを愛している。リュグビィ・クラブ・トゥーロネ（RCT）を百年近く昔までさかのぼると、国内チャンピオンに与えられるブレンヌス盾《ブクリエ・ド・ブレニュス》（フランス選手権優勝クラブに授与される盾）を、一九三一年、一九八七年、そして直近では一九九二年の三度、獲得してきた。

町そのものは人口十六万――周辺部に暮らす住民も勘定に入れれば五十万強――で、港を中心にできた町だ。ナポレオン・ボナパルトが初めて名を揚げたのがこの地で、一七九三年、若き海軍将校だった彼が英国海軍による包囲を解くうえで重要な役割を果たした。今日では、この停泊地《ラド》にフランス地中海艦隊の本部が置かれている。スタジアムはまさにこの町のど真ん中にあるが、敷地は一九二〇年時点で使われていなかった自転車競技場を、当時フランスの人気歌手だったフェリックス・マイヨールが買い取って、クラブに寄贈したものだ。RCTは御礼の意味を込めて、スタジアム名をその恩人にちなんで名づけ、恩人が幸運のお守り《ラッキーチャーム》としていたスズラン《ル・ミュゲ》をエンブレムに採用した。トゥーロンよりも多くのトロフィーを飾り、予算がもっとあって（トゥーロンの予算は五百八十六万ユーロで、トップ14中下から二番目）、スター選手がたくさんいるクラブはほかにもあるのに、このスタジアムで観衆が熱狂する試合といえばほかでもない、ペルピニヤンのカタロニア人を迎えうつ戦いに決まっている。

熱狂的な数多くのファンに支えられているということは、フェリックス・マイヨール・スタジアムにのりこんでプレーをするどのチームにとっても、人格を試されているようなもの。今季のトゥーロンはあまりいい出来ではないので降格は免れそうにないが、もしこのスタジアムで勝ちたいと思うなら、覚悟してかかったほうがいい。これは、ただのたとえとは違う。トゥーロンの今季初戦の相手はトップに君臨するビアリッツで、バスクから来た彼らをひどく震えあがらせた（うえに何人かの鼻を血まみれにした）あげく、10対20で敗れた。昔かたぎの部隊であり、頭脳よりも心でプレーするチームゆえ（ホーム・アンド・アウェーの文化がとりわけ色濃く――そのぶん、アウェーゲームでは激しく叩かれることが多い）、選手補強についてはかなり消極的だったわりには、いい選手も数人いるし、フォワード陣はホームの大観衆を前にして、殴り合いにはいつでも応じる気でいる。

我々との試合当日は土砂降りの雨、もっとも、キックオフ直前にはからりと晴れる。とんでもない試合になるのが必至だということは、こっちも承知のうえ。我々はいまだ十二位のまま、トゥーロンよりたった3ポイント勝ち点が多い状況で試合にのぞむとなれば、またしてものるかそるかの大勝負。もしこの試合に負けたうえに、ボーナスポイントすら取れないとなれば、尻に火がつくことになる。

スタジアムに到着したものの、通常の降車位置にクレーン車が陣取っていて、移動させる気はないらしい。駐車場所をまちがえたのか、それとも陰謀かい？　よりにもよって世界の中でなぜここに置くのか理解に苦しむが、地元の人たちが、トゥーロンの雰囲気をちょっくら味わわせてやりたくなって、赤と黒のいでたちをした無数のサポーターたちが大海のような行進を繰り広げ、試合にのぞむ意気込みを我々に見せようとしているとしても、驚くことはない。バスの運転手がほかの道へ迂回しようとするが、その道もまた大群が横断中、チームスタッフにせかされて、運転手は迂回して対面交通の反対車線に突入して安全地帯を乗り越え、やっとのことでロッカールームに続く通路の入口わきにバスを停める。次回はさらに難問を用意して、我々を打ち負かそうとするにちがいない。

そのうえ、我々がウォームアップを始めるために出ていくと、総勢一万四千もの大軍からいっせいに非難を浴びる——野次ばかりだから、我々が本当に姿を現したことをどうやらみんなで失望しているらしい——少なくとも我々はいまこうして、スタジアムの四方を取り囲む高さ三メートルのケージの中、ホームチームとは反対のサイドにいる。こんなことに惑わされるなと話しあったはずなのに、グルジア人のプロップ、マムカ・マグラクヴェリッジがすぐさま扇動するような態度をとり、観衆に向かって投げキッスをしたり、笑い声をあげはじめる。ここでの試合をすでに何度か経験してきた私は、強い確信のもと、いつの間にかリーダーシップを発揮して、彼に向かってやめろと大声で叫んでいたが、被害はとっくに出ている。この試合への覚悟を固めようとした我々のささやかな野望は打ち砕かれている。マムカは自分が何者をもおそれていないことを示そうとしたがる——そして実際、おそれていない——が、こんな挑発的なしぐさは彼のスタンドプレーにすぎず、おかげで試合のあいだじゅう、エゴをまきちらせばどんなに高くつくかが、はっきりわかることになる。

マムカは以前、レスリングをしていて、ラグビーを始めたのが比較的遅い。だからテクニックは、もっとずっと若いときに基礎を学んだ選手ほど上手ではないけれど、スクラムで相対する敵を操る力とスキルは、かなり優れたものをもっている。問題は、彼がそのエネルギーの大半をフィジカルな戦いに費やしてしまい、ラグビーの試合にはチームワークが重要であることや相互扶助の精神が求められていることがわかっていないことにある。ときに彼はラインアウトでのコールを忘れてしまうことがあるが、それが大切なことだとは思っていないようだ——それどころか、我々がラインアウトをとるために用いる複雑なバリエーションについて気をもむよりも、相手に激突することに自らの存在価値を示そうとしたがる。けれども、彼がふさわしいときにふさわしい場所にいなかったせいでラインアウトをとりそこなえば、チーム全員が苦しむことになるのだ。

予想したとおり、試合は荒れる。開始二十分で我々が優勢に立っているなんて、それ自体が驚きだ。いつものトゥーロンならとっくに火を吹いているところなのに。彼らも自制について学んだらしく、本来もっていた攻撃性を抑えこんでいて、いつもの毒気をいくらかなくしている。けれども、我々がこれだけ相手にプレッシャーをかけていても得点につなげられない。二十五分経過し、ココが自ら範を示してペナルティキックを決めるが、そのキックすら二、三分前には外してしまっていたのだ。

これが引き金となって、トゥーロンがいっきに活気づく。センターのグレッグ・テュタールに、いきなり自陣のフィールド中央を抜けられ、四十メートルも疾走されたところで彼を引きずり倒す。大急ぎでタッチに蹴り出すが、依然として相手側の攻撃は続く。ラインアウトから数メートルドライブし、狭いサイドをつこうとして我々を驚かす。南アフリカ人のナンバーエイト、ショーン・ファン・レンズバークにコーナーでトライを決められてしまう。コンバージョンキックは失敗し、前半終了のホイッスルが鳴った時点では3対5のままだった。

後半戦、こちらがより優位に立ち、最初のうちは相手の22メートルライン上に居座りつづけていられたのに、それでも点がとれない。両チームとも張り詰めたまま、ボールがつるつるすべるから、この行きづまりを打破するにはスクラムしかないように思えて、我々はそのスクラムで優勢になりはじめている。ほぼ二十分が過ぎようとしているのにスコアは動かず。私がラックに参加してボールを出そうとして——ひと試合に二、三十回はやっている——右肩で敵の一人をボールから遠ざけようとしたとたん、電気ショックみたいなものが左腕の先端までピッと駆け抜けていく。すぐさま、これはやばいとわかる。不思議なことに、最もありふれた状況で起こるけがほど、最悪な故障になりがちだ。ラグビー選手はフィールドで何度もぶつかりあうし、あんな力で衝突したらとても立ち上がれないんじゃないかと思っても、選手は体についた土ぼこりを払い落とすだけで、次のフェーズへと向かっていく。ところが同時に、深刻な事態が出し抜けに起きたりするのだ。

私はグラウンドに横たわり、釣り上げられたばかりの魚みたいにのたうちまわって、落胆している。駆けよるチームドクターに——そのときはまだベルナール・デュフールが帯同していた——どんな感じかを伝えようとする。激痛が三十秒ばかり走ったが、いまはだんだんおさまっている、と。ドクターが私の腕を診て大丈夫そうだと言うので、私は続行を決める。その決意がまちがっていたことを最初のライウンアウトで思い知る。セドリック・マチューをリフティングしようとしても、私の腕がやりたくないと拒否している。

これ以上ダメージを広げないために自ら退場を申し出て、シャワー室を目指す。ロッカールームには会長のティエリー・ペレスがいる。いらいらばかりが募る試合だから、もう観戦する気になれないのだ。気持ちがしずまってくるにつれて、けっこう重傷になりそうなことが私にもわかってきた。体の脇でむなしくぶら下がる腕は、ヘッドギアを持つのさえ難儀している。ティエリーがやさしい慈父のように励ましてくれて、ちょっと感動。どこの会長もこんなふうにしてくれるわけじゃない。会長に煙草を差しだし、二人で煙草をふかしていると、大観衆のどよめきが聞こえる。トゥーロンがペナルティキックを決めて3対8としたのだ。

会長とともに試合の残りを応援するため出ていくと、すべての望みがまだ絶たれたわけではないことがわかる。こちらがスクラムで相手をまぎれもなく手こずらせていて、相手プロップのうちの一人が反則を繰り返すものだから、あのレフェリーもさすがにイエローカードを出すしかないだろう。

トゥーロン側がこれを感じとったか、残り十分のところで逆襲に出ようとする。我々がスクラムを数メートル押し返すと、フロントローのノエル・キュルニエが立ち上がり、マムカを殴る、それもレフェリーの目の前でだ。敵に残された最後の手、これならてっとりばやい――レフェリーが早くもポケットに手をいれようと――だが、マムカがだまっちゃいない。キュルニエにパンチを見舞って、おあいこにする。というわけで、試合を中断させるはずだったイエローカードは――我々八人対敵七人になれば、スクラムで相手に手も足も出させなかっただろうし、残り十分あればこちらもペナルティキックの二本くらいとれたはずなのに――それぞれが一枚ずつ出されてしまい、すっかり帳消しだ。

おまけに、数分後にはディィオ（オリヴィエ・ディオマンデ）が我を忘れて、ばかげたパンチをくりだす。ここにきて、わがチームの男らしさは地に堕ち、もがいている。圧倒されたままで試合終了、幸いにも守備でのボーナスポイントを獲得。勝ち点11となり、トゥーロンと並んで十二位、ポーを数ポイント上まわる。

ホームまでのバスの旅は暗澹《あんたん》たるもの。そんな気分では、コーチングスタッフたちが何を話しているか聞き耳をたてる気にもなれない。私の負傷に対するドクターの見立てが正しければ――二頭筋が断裂したおそれがあるというのだ――三か月は戦線離脱し、手術が必要かもしれない。今シーズン初めにロックとして加入したアレックス・コドリングもやはり戦線離脱中、おそらくこれきりだろう。彼は慢性的な背中の痛みを抱えていて、それがいっこうによくならないのだ。ミシェルは腕を骨折中だが、一か月かそこらで復帰するはず。つまり三人のロックが戦線離脱のところに、あと一つでも負けがかさめば、チームはいよいよのっぴきならぬ事態になるわけで、経営陣が新たな選手探しにとりかかることだろう。私がチームへの復帰を華々《パナシェ》しく飾ったのに――試合後にヌーローからは、これまでで一番いいラグビーをしたなと声をかけてもらったのに――さらなる競争が待っているのだ。とにもかくにも、私が願うのはドクターの見立てがまちがいであること、そして予想以上に早く復帰できることしかない。

この週末のビッグゲームは、パリにあるスタッド・ド・フランスでのスタッド・フランセ対トゥールーズ戦で、我々はモンペリエに戻る途中、ラジオ中継に耳を傾ける。試合はやや一方的な展開の模様だが――前半で26対0とホームチームがリードし、結果は29対15――信じられないことに、八万の観衆が観にきていたというじゃないか。これは、フランスラグビー界にとって、そしてもちろん、世界のラグビーにとっても一大事だ。何年ものあいだラグビー人気は比較的限られたものだった。ルールがわかりにくいことも一つあるし、意固地なサポーターを除けば、大衆が興奮して観てくれる試合はせいぜい国際大会か国内選手権の決勝くらいだったのだから。しかし、こんなにたくさんの人がシーズン中盤に、それも特別ではないゲームを観にきてくれるのだとしたら、ラグビーが一つのコーナーを曲がったのはまちがいない。同じ週末にフランススポーツ界で最大のライバル対決、サッカーチームのオランピク・ド・マルセイユ対パリ・サンジェルマンの試合があったマルセイユでさえ、例外ではなかった。新聞各紙はこの一週間、ラグビーの記事だらけになり、カナル・プリュスは土曜夜のスポーツニュースのヘッドラインに、サッカーよりラグビーを選んだのだ。

この試合が成功したのは、結局のところある一人の男の働きによるところが大きい。それがマックス・グアジーニ、スタッド・フランセの会長だ。グアジーニはラグビー界では変わり者の一人。まず、自分が同性愛者だと公言している。でも、そんなことはどうでもいいことで、本人はラグビーをやったことがないのに試合を観るのが大好きなあまり、とてつもない野望を抱くようになる。自分ならスタッド・フランセを、三部リーグでもがくチームから、ヨーロッパのトップレベルにつくりあげることができる、と。彼はその夢を果たす途上で、フランスで一般に受け入れられているラグビーの概念をいったん壊し、この競技に対する人々の認識をすっかり変えてしまったのだ。

一九九二年、フランスのメディアグループ、NRJのトップとしてかなりの資産を貯めこんでいたグアジーニは、ラグビーにかかわることを決意。パリのスタッド・フランセを買収し、ただちに試合を入場無料にしてだれにでも解放することにした。最初は観客全員、次に女性と十八歳以下限定にして。そうして、それまで一般的にはあまりなじみがなかったこの競技への興味を盛り上げていった。

グアジーニ主宰の下、スタッド・フランセは試合にショービジネスの魅力をとりこんでいった。チアガールが恒例となり、さらにはデュー・デュ・スタッド、つまり「スタジアムの神々」と題した、オイルを塗った裸の選手たちのモノクロ写真によるカレンダーが、選手たちの歌を録音したCDのおまけつきで、こちらも恒例となる。こうして次々に打たれた手は、マーケティングの鋭い嗅覚の現われであり、最初のうちは保守的なラグビー界で多少の非難はあった。筋骨隆々の若者たちの肉体がぶつかりあう様子をあえて同性愛同士がいちゃついているみたいに見せた画像は、スティーヴ・リーヴズの映画を連想させるし、不愉快に思う人もいる。さらに今シーズン、このクラブが新たに発表したのはピンクのジャージ――これまたラグビー界初のことなのだ。

もしこれで、スタッド・フランセがまともな試合をしていなかったら、まったくばかなことばかりやってると受け取られただろうが、実際、彼らはよくやっている。一九九八年、一部リーグに復帰したその年に、フランス選手権で優勝を果たし、それ以来、三度の優勝に輝いてきたのだ。

　グアジーニによるスペクタクルな見せ方の成功が、中傷の対象とされたのは必然のことだ。彼は、対トゥールーズ戦のチケット料金を五ユーロという安さに設定し、パリ・サンジェルマンの会長にもお勧めしますとまで言ってのけた。ところがスタッド・ド・フランスを満員にしたことで、ラグビーにもまちがいなくマーケット（商機）が存在することを示した。たしかに、派手な花火やどでかいカラオケ装置はお祭り気分が出るし、テレビの視聴者は家で観戦しながら百四十万もの人々と一緒にこのパーティに参加している気分になれたのだ。

　この成功に伴い、筋金入りのラグビーサポーターたちは、試合に「魂を手放すな《ガルデ・ソナム》」と、懸念の声をあげるようになった。もっとも、サッカーと比べるのはたやすい。ラグビーのサポーターの大半の目には、あの丸いボールが退廃的かつ醜く映り、しかも腐敗の蔓延やプリマドンナみたいに好き勝手に動く選手に支払われる途方もない報酬や、洗練されて世慣れた雰囲気は、ラグビーがもつ素朴で地に足のついた価値観とは好対照だと見ているのだ。

　ラグビーがプロ化されたのは、二つの要因が集約された結果だ。まず第一に、選手とチームとがより高いレベルへ向上したいと強く望んだこと。このため、選手はかなりの時間をかけてトレーニングを積むようになり、それに見合った報酬が支払われてもいいじゃないかと思うようになった。第二に、チーム間の対決をテレビ観戦することに興味を抱く大衆が増えてきたことがある。

変化を後押ししたのはテレビだった。テレビの放送権料のおかげで、選手はラグビーを職業選択の一つに加えられるようになったのだ。

あるプロスポーツが成功したかどうかが、その競技に魅了される観客数で判断されるのは必然のことだ。観客増はそのまま利益増につながる。テレビ放送が観客数増加の可能性を広げるわけだから、プロスポーツにとっては決定的に重要なのだ。スポンサーは、スポンサー名を目にするのが競技場にいる数千人だけではなく、フランス国内中の（そしてしばしば、衛星放送によって世界中の）人々だということがわかっている。だからテレビ局は、試合の放送権料を気前よく払うのだ。

ラグビーがスポンサーやテレビ会社にとって魅力的なコンテンツになるのは、単にすばらしい見世物であるというだけでなく、たとえば秩序とか勇気とかチームワーク、あるいはスキルといったポジティブな価値観を伝達する手段でもあるということだ。ラグビーはこれまでテレビに対してやさしくしてきたし、おおむねテレビもラグビーに対してやさしくしてくれた。テレビのニーズに応えるため、かつ、より観客動員力があって、わかりやすい試合にするために、ラグビーのお偉方は頻繁にルール変更を行なってきた。それと同時に、テレビカメラを前にしているから暴力行為の数が（とりあえず、テレビ中継があるあいだは）減少してきたのだが、それはたとえレフェリーやタッチジャッジに見つからずに済んだとしても、自分がやらかした現場は、懲戒委員会によるヒアリングの場でスロー再生されてしまう恐れがあるということに、選手たちも気づいてきたからなのだ。カメラは嘘をつかない。

ラグビーのプロ化以来、フランスでは広範囲に試合が中継されるようになって、観客数の増加とともに、競技人口の増加にもつながっている。というわけで、みんながハッピー。スポンサーもクラブも選手もテレビ局も、それぞれにとって愉快な仕事になりつつあり、シーズンを重ねるごとにより愉快なことになっている。

これって、すばらしいサクセスストーリーみたいだが――しかも、事実、そうなのだが――ラグビーはもっと慎重であるべきだ。より広く大衆にアピールしたいという思いは、試合からラグビーの根本を奪う結果になりかねない。我々が心から望むのは、ラグビーにサッカーのたどってきた道を歩ませることとなのか？　問題は、独自の見識をもって歩んできたこの競技が、他の多くの競技と同様に、いまやテレビなしでは観客動員数の拡大や収益アップにつながらないところにある。テレビは一つのビジネス、それゆえ利益最大化がすべて。だが、用いられるさまざまなマーケティング戦略が、ラグビーにとって、あるいは個々の選手にとって、必ずしもいいとは限らないのだ。

最もわかりやすい例を挙げれば、特定の選手をスター扱いすることがある。ラグビーにも他の競技のように、カリスマ的な、突出した選手はいる。けれども、ラグビーのもつ相互扶助の精神を思えば、どんなに一選手が優秀だとしても、その選手はチームメイトなしでは何もなしとげられない。試合終了後に「今日のヒーロー《マン・オブ・ザ・マッチ》」が「仲間なしでは、できなかった」と話すのは、本人が謙虚なだけではなくて、それが真実だからだ。一選手だけをとりあげて、ほかのメンバーよりももち上げようとすれば、それはラグビーの〝愉快な仲間〟スタイル、〝みんなは一人のために、一人はみんなのために〟のスピリットとは相容れないのだ。ある週はすばらしい試合ができたとしても、次の週は散々な結果になることがある。それでも、何が起ころうとも、仲間についていく。仲間がいつもそばにいて、自分は仲間のそばにいる。これこそ、ラグビーのもつ大いなる喜びの一つであり、大いなる力なのだ。

若きスタンドオフ、フレッド・ミシャラクの例を挙げよう、彼はメディアから早々と天才と呼ばれ、また、〝ラグビー界のジネディーヌ・ジダン〟とも呼ばれた。ミシャラクは美形だから（私のガールフレンドのマリオンははっきり言って、美形の男に関してはうるさく、自他ともに認める大家で、彼女は彼を若き日のマーロン・ブランドに似ていると言う）、あっというまに将来有望な若者としてもてはやされ、最高級の化粧品の広告に出たり、クリスチャンラクロワの服のモデルをやったり、メディアのインタビューを数え切れないほど受けた。注目度抜群のセレブになったのだった。

ミシャラクは不平一つこぼさなかった。彼に大金を投じた人にも、容赦なく興味本位の視線を浴びせてくる相手にも。それなのに残念ながら、こうした特別な関心は、人をうならせるようなパフォーマンスを期待されるがゆえに寄せられるのだ。そして、これまでのあまたの〝スター〟のように、少しでも期待外れのプレーをしてしまえば、てのひらを返したように批判の的となってしまう。二〇〇六年二月、シックスネイションズ（六か国対抗）での対アイルランド戦の最中に（この年は二十分ほどの中断でアイルランドが息をふきかえしたものの、フランスが勝利した）、ミシャラクに観衆からの口笛とブーイングの嵐が浴びせられた。観衆は、この男がその評判に見合うだけのパフォーマンスをしていないとわかるや、彼の〝オフ〟の過ごし方に寛大でいるつもりなどなかった。ベルナール・ラポルトはこの事態に対して、ミシャラクのプレーを擁護するがあまり、そうしたファンたちを「くだらんブルジョワども《ブルジュワ・ド・メルド》」と言ってしまった――だが、ほかのコメンテーターたちの分析はもっと筋道が通っていた。「ラグビーの大成功は新たなファンを獲得した。そんなファンが求めたのは期待どおりのスペクタクルな試合であって、それ以外のものは求めていないのです」

　どんな人たちが口笛を吹いていたのかはわからない。たぶん筋金入りのファンがミシャラクを嘲笑したのだろう。彼らにすれば、ラグビー選手がファッションショーでキャットウォークを気取って歩く姿なんて想像したくもないからだ。それはともかく、〝新たなファン〟を魅了させることこそ、ラグビーの長年の願望だったことはまちがいない。新たなファンが従来のファンと根本的に違うのは、サポーターというよりも見物人に近いことだ。試合を観にくるのは、チームへの支援を示すのが目的ではなく、楽しむのが目的なのだ。彼らにとってラグビーの試合は他の娯楽と同じ、もし満足できなければ二度と試合観戦に金をかける気にはならない。かたや、筋金入りのラグビーファンは、シーズンチケットを手に入れるためなら何度でも家を抵当に入れられるし、チームの降格決定がかかった試合で辛くも3対0で勝利をもぎとったことや、準決勝進出を果たしたことを喜べるのだ。大事な試合の前に食欲を落とすほど神経質になるサポーターがいることを私は知っている。大半の選手と同様、こんなのはちょっと行き過ぎだと私も思う。が、十五歳のとき、ランフリー・シールド（ニュージーランド国内でのランフリー盾争奪戦）でウェリントンがオークランドに負けてしまって、丸一日むくれていた自分のことは、いまでもよく覚えている。

さらに言えば、ラグビーのプロ化によって、古くからのファンが重視していたいくつかのことは、意味をなくしてしまった。外国人選手を加入させたことで、チームとの一体感をもつのはもう無理だと不満をこぼすサポーターだっているが、チームが勝ちつづけているあいだは、そんな声はおおかた聞き流されてしまうものだ。

ジャージの背に、ゼッケンといっしょに個人名を入れようという発想は比較的新しいものだが、マーケティング関係者に向けての見えすいた媚でしかない。かつてのファンは、選手一人ひとりがわかる程度にチームのことをよく知っているか、あるいは、大事なことは選手が何色のジャージを着ているかだけで、あとはどうでもいいという人しかいなかったのだ。

競技スポーツを特別な存在に仕立てあげるうえで大事なもの、その一つはファンがつくりだす雰囲気だ。その雰囲気によって、選手のプレースタイルが変わらないにしても、いまそこで行なうプレーに熱心にかかわろうとする人の存在を意識するのはいいことだ。新たなパッケージと古いパッケージの違いは、ある意味では、フランスの小さな農民市場とスーパーマーケットの違いに似ている。農民市場には〝テロワール〟の価値にかかわるすべて——趣《おもむき》があって小規模でちょっと風変わりなもの——があり、かたやスーパーマーケットは洗練されているが個性には欠けている。とはいえ、その資金力にものを言わせて、よりお得に品物を選ぶことができる。

ラグビー選手がメディアの前で興味深い発言をすることはほとんどない。これは謙遜からきているというのもあるが、大半は、用心深さからきている。油断した拍子に、うっかりしたことをうっかり漏らしてしまえば、それが自分にはねかえって困ることになるおそれがあるからだ。前フランス代表のセンター、リシャール・ドゥルトに、そんな正直な瞬間がきてしまったのは二〇〇〇年、「ミディ・オランピク」の信頼する記者からベジエとの契約理由を尋ねられたときのことだ。ベジエのプロジェクトに興味をそそられたとか、偉大な監督と組んでみたかったとか、あるいは、すばらしい選手とやれるから、とでも答えるべきだとわかっていたのに、サインした本当の理由を「クラブ側からトラック一台分の現ナマを示されて、それを断るバカがいるかい」と答えてしまったのだ。彼の正直さを褒めたたえた人が少しいた、本当に少しだけだったが。

私自身、口を閉じてお行儀よくしつづけるのを善しとするようになったのは、一九九六年からだ。この年、ウェリントン・ライオンズに所属する私は、カンタベリー戦を控えてテレビ局の取材を受けた。迎えうつのはオールブラックスの一人、経験豊かで手ごわいリチャード・ロー選手率いるチームですが不安はありますか、と聞かれた。

「ぜんぜん」と、二十四歳の生意気な自分は声高に返していた。メディアのインタビューなど未経験のくせに、人からおっと思われるようなことを言わなくてはと意気込んでいた。「リチャード・ロー選手だろうがだれだろうが、カンタベリーの選手にひるんだりしませんよ。彼らこそ、警戒したほうがいいと言っときましょう」

ともにインタビューを受けたキャプテンのジェイソン・オハロランが、スタジオを出るなり私に向かってこう言った。「まいったなJD！　おれがおまえでなくて死ぬほどうれしいよ。本人が視てないといいがな」

ううっ、しまった！　先に言ってくれよ。これだから、選手というのはくれぐれも慎重に、試合前の記者とのおしゃべりは決まり文句に徹し、敵側に有利な情報を与えるべからずだ。ああ、念のため記しておくと、私はあの夜ろくに眠れなかったものの、試合は見事に勝ったんだ。どうだい、リッキー！（おっと、リチャード・ローご本人が本書を読まれたなら、どうか、最後のはジョークだということをくれぐれもお忘れなく）

8　商品

ペルピニャンは、地中海から数キロ内陸にあり、ピレネー山脈をはさんだスペインとの国境近くにあるフランス側の町だ。人口はたった十万。地理的な説明はそれでおしまい。歴史的にみれば、この地はフランスとスペインの戦いを終結させた一六五九年のピレネー条約によってフランスに割譲されるまではカタロニアの一部だった。カタロニア人としてのアイデンティティは根強く残っている。だれもがフランス語を話すが、人口の四分の一はカタロニア語も話すし、人口のほぼ半数近くがカタロニア語を理解できる。スタッド・エメ・ジラル内の掲示が二か国語表示なのは、そうしないと迷子になる人が出るという理由より、いずれチームに投資してくれるかもしれない、バルセロナや地元に暮らす資産家たちを呼び寄せるためのマーケティング戦略によるものだろう。

おそらく、ここを訪れる大半の人に文化的なつながりを連想させるのが、カタロニアの旗で、この地域のいたるところではためいているが、それが顕著なのがラグビーの試合中だ。よく知らない人が見れば、この旗は赤と黄の二色に見える。だが実は、あの二色は血と黄金の色なのだ。これは〝毛むくじゃら〟ウィルフレッド、つまりバルセロナ伯爵がバルセロナを攻囲したサラセン人との戦いで傷を負って伏せっていた伝説による。篤信王ルイスが、激戦による勝利をあげて帰還したばかりのウィルフレッドを見舞うと、そのベッドのわきに黄金の盾があった。王は自らの手をこの勇士の血で湿らし、その血で盾に殊勲の印を描いた、兵士の殊勲が後世にまで伝わるように、と。こんな空想的な話はほとんど外典扱いだが、カタロニア人のアイデンティティに強靭なものがあることをいまなお伝えるものである。このラグビークラブのシンボルは菱形で、戦場《フィールド》にみたてた黄金の地《じ》に血の色をした四本の縞《しま》が描かれている。

このクラブはUSAP、つまりユニオン・スポルティヴ・アルルカン・ペルピニャンとして知られている。この町にはもともと二つのクラブがあった。ユニオン・スポルティヴ・アルルカンとユニオン・スポルティヴ・ペルピニャンだ。二つのクラブは一九三三年に合併して、激しい抗争に終止符をうつ。一九二三年、両チームが対戦して0対0のまま行き詰まったことがあった。草地には流血のあと、そして十人の選手が退場させられたのだった。

一九一四年以来、ブレンヌス盾《ブクリエ・ド・ブレニュス》が三度、ペルピニャンに授与されてきたが、その最後が一九五五年、もう半世紀以上前のことだ。二〇〇四年にもUSAPはフランス選手権の決勝まで進出したうえ、二〇〇三年のハイネケンカップ決勝まで進んだ。まぎれもなく有力クラブになったのだ。たとえ、クラブハウスに銀食器をそろえるほどの資金的な余裕まではないにしても、だ。

私にとってペルピニャンとは、フランスでのラグビー経験をここまで実り多くしてくれたかというほど、急激な変化の象徴になっている。ラシンという、ずいぶんととらえどころのないクラブから拾ってもらい、二〇〇〇／〇一年のすばらしいシーズンをすごさせてもらった。この年はカタロニアのラグビールネッサンス元年とされている。一九九八年、ペルピニャンはフランス選手権の決勝に進出したものの、スタッド・フランセに敗北を喫した。その後、困難な時期は数年続くが、その間にも一九九九年には、プレーオフでアジャンとあたり、どたん場で劇的な勝利をとげて準々決勝に進出。そして二〇〇〇／〇一年のシーズンは、お偉方の多くが降格まちがいなしと踏んでいたのに、ハイネケンカップの出場資格を獲得、結果的にはチャンピオンになるトゥールーズを相手に準決勝では目を見張るほどの戦いを繰り広げたあと、数点差で敗退してしまったのだ。

私はペルピニャンと二度目の二年契約は済ませていたが、会長も監督も、あまり評価してくれなかった。三年目の年末ごろに調子を落とすと、会長のマルセル・ダグレナが私を排除したくなって、こう警告した。「このままチームに残る気なら、エスポワールでの練習生扱いで最後のシーズンを送ることになるぞ」。つまりはU23の選手からなるペルピニャンの二軍落ちで、そうなるとおそらくはヨーロッパ圏の大会への出場資格選手リストにも載せてもらえないことになる。

私がどうにかして踏みとどまり、三季目が終わろうとするころのこと。ランズダウンロード（ダブリン）で行なわれたハイネケンカップ準決勝、残り五分、レンスターのゴールラインまであと五メートルほどの地点にいた私の足元にボールがあった。ボールを拾い上げ、アイルランドのディフェンスの壁に向かって突進し、背後から来たマルク・ダルマゾにボールを放ると、彼は私にタックルしようと集まってきたレンスターのディフェンス陣を回避して、ゴールラインの向こうに倒れこみ、勝利のトライをあげた。決勝進出。おそらくあれが、私のキャリアのハイライトだったと思う。一か月後、私は足首のけがでもがいていたが、まだプレーはできそうだからダブリン遠征に出発したのに、結局のところ試合前夜に、もうきみは用済みだと言われるためだけに出かけたようなものだったのだ。

ダグレナの無慈悲な態度に驚いたりはしなかった。私がこのクラブに移籍したのが二〇〇〇年で、その数か月前から彼はこのクラブにいた。当時クラブを運営していたのは、ラグビーに対する情熱はあるが、プロ化された新時代になかなか適応できなかった人物で、財政面が不安定だった。ダグレナの経歴を知るUSAPの歴代会長と幹部の一団が、会長就任を彼に打診したのだ。

ダグレナは、ビジネスの世界で培った自らの経験をここで生かそうと決意した。彼はスーパーマーケットの経営でそこそこの資金をつくっていたし、彼の強みは効率性——最小の支出で最大の利益を引き出すこと——と、適正在庫を確保するための計画性にあった。これがビジネスの世界なら、よいルールなのは言うまでもないし、〝高く積み上げ、安く売〟れば人間一人を金持ちにする以上のことはある。とはいえ、プロのラグビークラブを運営するのにそれで十分なのだろうか?

最初のうち、その答えはイエスと思われていた。それがほどなくして、答えが一変するような事態になっていったのだ。ダグレナは新たなスポンサーを引っ張りこみ、効率最優先の取引をかわしたり、競技場にバーを開いたりすることで利益を増大させていったため、総じてクラブが金儲けのマシーンになっていった。けれども、チームのポテンシャルを最大化するには、人の心の機微への理解が必要だ。一シーズンのあいだには、どの選手にしても、いつもよりプレーがうまくできない時期があるはずだ。それでも、適切なコンディションさえ整えば、その選手はすぐに立ち直る。もっとも、ペルピニャンでは、コンディション管理があまりにずさんすぎて、その結果、選手のポテンシャルがむだになってしまうのだ。

選手は自らにものすごいプレッシャーをかけているから、よくない試合が二、三あったからといって、放出されるかもしれないと気をもむことに時間をつかわせてはいけない。そんなシナリオは、選手を下降のスパイラルに陥らせることになり、落ちゆく先では経営者が、自分をクビにするため整列させようとするのがわかるから、自分に対する自信をさらに失うことになる。私がまだニュージーランドで選手としてのキャリアも浅いころのことだ。頭部のけがから復帰したばかりで散々だった時期があったが、マリスト・サン・パッツで指導を受けた、ケヴィン・ハーランが私の耳元でささやいてくれた一言で脱出できた。「きみが懸命にやろうとしているのはよくわかるよ。きみはいい選手だ。その実力が消えてしまうわけがない――いま、必要なのはリラックスすることだよ」。これぞ完璧なアドバイスじゃないか。自分を信じろと後押ししてもらって、私は以前の自分のフォームをとりもどせていた。

いまはたいてい一チームに三十三人の選手がいる。けが人が数人いても、代わりにピッチに出られない選手がいるわけで、いいチームであればあるほど、出られない選手の質はいい。もっともペルピニャンでは、マルセル・ダグレナ支配の初期のころは選手の回転がはやかった。私がチームを去った年は、チームのほぼ半数近くが入れ替わった。このメンバーでハイネケンカップの決勝進出を果たしたにもかかわらず、そしてそれ以来、二度と決勝に進出したことがないにもかかわらず、だ。

最近ではこのクラブも経験から学んだらしく、年に四、五人の選手が入れ替わる程度になった。それなのに、ダグレナは相変わらず、選手のことを商品の単位《ユニット》としか考えていないようだ。二〇〇五年十月の「ミディ・オランピク」のインタビューで彼はこう言いきっている。「選手は資本金だよ……資本金があるなら、利益を出さないとね」

言外の意味はこうだ。投資結果が平均を下回ったら損切りしろ。これなら、ビジネスとしては堅実といえるが、ことラグビーに関していえば目先のことしか考えていないのに等しい。二〇〇三年、ダグレナは国際的にも華々しい経歴をもつ外国人選手を引っぱってきた。なかでも最も有名な選手がダニエル・ハーバートだ。一九九六年から二〇〇二年まで、ワラビーズ（オーストラリア代表）のセンターを務めたハーバートのキャップ数は68、一九九九年のワールドカップの優勝チームの中でもキーパーソンだった。さらに、彼はクイーンズランドで百二十四試合に出場した。

トップクラスでラグビーをしてきた選手なら、多少の腫れや痛みはつきもので、ハーバートは渡仏した時点でひざに不安を抱えていた。クラブ側はこのことを承知していて、彼が有酸素系のフィットネスをやる場合は、長年酷使した関節に過度の負担のかかる長距離ランニングのような練習はしないで、衝撃の少ないサイクリングやローイングマシーンで練習するという合意がなされていた。ところが、この合意がすぐさま支障をきたしたのだ。ハーバートが試合に出てみたらいいプレーをしたので、ダグレナは彼のひざはまったく問題ないから、他の選手と一緒にトレーニングできるという結論を導き出した。監督のオリヴィエ・サイセはおそらくこう思ったのだろう。ダグレナはハーバートだけを特別扱いするような、そもそもの契約に我慢がならなくなって、そうしなくていい理由を見つけた、と。

ハーバートは、苦しい立場に立たされ不満だったが、さぼっていると思われたくないから練習に参加してしまった。その週に過酷なランニング練習をして、そのあと数試合に出たら、彼のひざは休養が必要なほど悪化してしまったのだ。症状が落ち着き、復帰してさらに数試合に出たところで、膝蓋腱《しつがいけん》を断裂してしまった。

このあたりで、すでに会長室からは不満の声がわき出ていた。ハーバートには月に一万五千ユーロ以上が支払われていたから、その投資に対する収益が期待されていたほどには上がっていないことがわかってきた。ダグレナは、このオーストラリア人がもはや全力でラグビーをやれる体ではないのではないかと検討しはじめ、そう宣言すれば残る二年と少しの契約を無効にできると考えた。やがて、ハーバートが膝蓋腱のけがから復帰するなり、今度は頸部に問題が起きていた。頸部椎間板がずれてきたのだ。症状が悪化して、二〇〇四年の四月には手術が必要という意見にまとまった。

ダグレナはここにきて、レームダックと見なした選手にクラブ側が一銭も支払わずに済む一連の手続きにとりかかっていた。ハーバートが首の手術（二つの脊椎骨を融合させてしまう手術）にそなえて入院の準備をしていた日に、クラブ側から、必要な事務手続きをとっていないという連絡を受けたのだ。これは管理側の過失ではないから、と。ダグレナは彼に、残る二年の契約を保険金の支払も賠償金もなしで放棄することに応じれば、遠慮なく手術していいと言い放った。さらには、こうも言った。「ハーバート、きみはラグビーをやるには適さない。渡仏したときにはもうわかっていたんだろ。契約書に署名する段階で、きみは不誠実なことをやったんだよ」

さて、私はダニエル・ハーバートのことは知っているし——何もかもとは言わないが、少なくとも、かなりよく知っている——私たちのだれとも同じように、彼にも落ち度はあるが（なんてったって、オーストラリア人だから）、不誠実とまで言われる筋合いはない。しかも、クラブ側が新規加入選手と契約を交わす前に、義務づけられたメディカルチェックの一部として、選手の背骨のレントゲン撮影をしたことは言うまでもない。

ハーバートは、ダグレナの不当な扱いを立証しようと決意し、フランスの最高レベルにある医療専門家にアドバイスを求めて、次の言質をとった。手術が成功すれば、五、六か月で試合に復帰できて、契約満了までの残り十八か月はプレーが可能だ、と。

彼は二〇〇四年六月に予定どおり手術を受けた。手術前は上半身の右側がほとんど麻痺したままで、長期にわたって動かすことはもとより、自力で食事することすらできなかった。手術が終わって意識をとりもどすと、右側はよくなっていたけれど、どこか調子が狂ってしまった——こんどは左側に麻痺が出たのだ。彼の闘いは続いた。クラブの施設利用を禁じられていたにもかかわらず、彼は古巣のクイーンズランドのコーチ陣の力を借りてトレーニングスケジュールを案出し、半年間、一日二回のトレーニングを続け、試合に復帰するのに必要とされる体調をとりもどすまでになった。彼がフランスに来たのが金のためだとしても、プライドを捨ててまでとどまったのは、彼が意地を貫きとおしたから、それがあるからこそ彼は偉大な選手になれたのだ。

二〇〇四年十一月、ハーバートは、いつでも試合に復帰できるとクラブ側に報告できるまでに自信をつけた。それを実行するためには、嘱託医《メドサン・ド・トラヴァイユ》に、復帰してよいとのお墨付きをもらわねばならない。つまりフランスの免許をもつ医師から、従業員が業務をこなすうえで健康上の問題があるかどうかを客観的に判断してもらうのだ。ハーバートは医師との面会に、同じオーストラリア人のアントニー・ヒルに同行を頼んだ。ヒルはいわば、迷えるオーストラリア人選手軍団の親分的存在だ。ハーバートはフランスで働けそうだと思っていたのに、こんな問題に阻まれてしまって戦争神経症みたいな状態だが、ヒルは戦闘経験を積んだ兵《つわもの》で、フランスの専門家による診断書もしっかり携えてのぞんだのだ。

この案件を受けて診察を始めた医師がすぐに所見の記入にとりかかった。それを見たヒルは、この医師がハーバートに復帰は無理だと告げると確信して、こう切りだした。「どうするおつもりですか？　あらゆる証拠から見て復帰可能の診断がつくと思うのですが」。すると医師はため息をついて立ち上がると、室内を歩きまわってから、おもむろにこう告げた。「けさ、ダグレナから電話がありましてね、『ハーバートに不適格だとほのめかしてやってくれませんか、それが先生のためにもなりますよ』と言うんですよ」。ダグレナは、ペルピニャンで最も影響力をもつのは自分だと医師に念押しした。そしてこの医師ならきっと、それがわかるはずだと思ったにちがいない。

身長一九八センチ、体重一三〇キロあるヒルは、説得力という点でもかなりの力持ちだったし、おまけに二人は、いままさに医師が診断書を書く現場に立ちあっているという強みがあった。というわけで、ハーバートは、嘱託医から復帰可能というお墨付きをもぎとったのだった。

この診断によって交渉が暗礁に乗り上げるかと思いきや、ほんの数か月後に彼の頸部が再び悪化しはじめたことで状況は一変した。医学といえど絶対がないわけで、C5とC6間の椎間板は脊椎骨を融合させたらよくなったのに、C6とC7間の椎間板に問題が出てきたのだ。部外者かちみれば、最初からダグレナが正しかったように受け取れる。ハーバートも、医療専門家らと改めて話しあい、自分にはもうラグビーができないという意見を受け入れた。うんざりするような騒動だったのはまちがいないし、ハーバートはチームのために無理をして試合に出たからこそ負傷したというのに、チームのサポートが必要なときになって、残酷な仕打ちをされたのだ。

もはやハーバートには二度と試合に出るチャンスはなく、フランス政府は、労災保険金として彼に実質九か月分の給料を支払ってこの件から手をひくと、彼の処遇は所属先のクラブに任せてしまった。クラブには、契約期間中は何がしかの仕事を提供する法的義務があるのだ。ダグレナは、それは受け入れられないとして、ハーバートにこう提案した。自分の個人秘書になり、試合のある日はバケツに氷を入れてくれれば、前もって決めた月給の五パーセントは惜しみなく支払う、と。解決策というには交渉の余地すらない内容だ。

ハーバートは契約不履行と見なされないよう、契約満了日までは他の仕事を探すことはできなかったが、法廷で争うことを決意したので、この件は長引くことになった。二〇〇五年七月、彼はおよそ二十万ユーロの保険金を受け取った。さらに、ペルピニャンから支払いを得るために闘いつづけて、二〇〇六年十一月、裁判所が彼への未払い賃金を十八万一千ユーロと裁定したが、肖像権料は含まれていなかった。そこで彼が肖像権料の支払い請求も行なうと、クラブ側はついに示談に応じ、非公表ながら推定十八万一千ユーロから四十万ユーロが支払われることになった。ハーバートは最終的にはおよそ五十万ユーロ近くを受け取った。そもそもダグレナがこの問題についてああまで頑なになったから、本来ハーバートに支払うはずだった金額の三倍近くも出費するはめになったのだ。

これは、ペルピニャンの会長による卑しいふるまいの唯一の例とはいかない。彼は、パスカル・メイヤという選手に、契約の残り一年を放棄しない場合はこの地域では仕事ができないようにしてやると言ったとされている。その脅しがきかないとなると、地元新聞による組織的な中傷攻撃を行ない、メイヤに脅しをかけたらしい。前ニューサウスウェールズ・ワラタス所属だったエド・カーターを追い出そうとして、彼のガールフレンドを不法入国者として当局に通報しようとしたとも言われている。クラブ側が彼女の入国審査手続きを世話することになっていたのに、これを契約解除の理由に使えると気づいて時間稼ぎをしていたのだ。ダグレナは、自分のツテを利用して選手の銀行口座を調べあげ、どれほど金をつかっているかをつかみ、別の露骨な工作に出たこともある。

このクラブが法廷闘争しようとすれば財政負担がかさむのはもちろんだが、クラブの威信も打撃をこうむる。ラグビーの世界は狭いから、噂が広まれば、移籍可能な選手は、この手の問題を抱えたままのクラブとの契約は、どうしたって慎重になる。成績を見ればそれなりに上位にいるペルピニャンだが、どこかしら停滞感は漂っている。何しろこのクラブがフランス選手権の決勝に進出してから、もう三年が経っているのだ。

できることなら、こんなふうな画策をはかる会長はダグレナだけだと言えたらどんなにいいか。だが実際はそうはいかない。たとえば、二〇〇四／〇五年のシーズンの終わりに、ヤニック・ニャンガという若手の傑出したフランカーが面倒に巻きこまれてしまった。ニャンガはコンゴ共和国出身で、十四歳のときに二年契約でベジエでプレーするようになると、会長のオリヴィエ・ニコランはこう約束した。もしクラブが降格しても、きみは移籍料なしで契約を放棄できる。それならトップレベルのラグビーをやりつづけられるぞ、と。ニャンガの最善の努力もむなしく――彼はよくやったし、フランス代表にも選ばれたのに――ベジエは降格してしまった。

ところが、ニコランは、ニャンガの残り一年の契約を売却すれば金になることに気づいて、彼との約束を反故《ほご》にした。彼はさっそく、移籍金に三十万ユーロというとんでもない高値をつけたものだから、事実上、買い手がつかず、このままではニャンガは前途洋洋たる将来をつぼみのうちに摘み取られてしまう――もしくは、少なくとも二部所属のままで一シーズンを棒にふるかもしれないというおそれを前に、非常に神経質になってしまった。最終的にはトゥールーズが名乗りをあげ、移籍金はおそらく三十万ユーロよりはだいぶ安かっただろうけれど、本来ならそれは契約金としてニャンガに支払われたかもしれない金の一部なのだ。

こういう類の話を我々より少し上の世代の、白髪まじりのラグビー選手にしたら、五歳児が映画「バンビ」を初めて見てびっくりしたときと同じようなリアクションを返されることだろう。

純真さが失われたことに衝撃を受けるのだ。ハーバートが言ったように、「ラグビーの世界でだれかと握手したときは、その握手には意味があると考えろ」ということだ。ところがダグレナのような男どもの目には、いまのラグビー選手ときたら、ただの筋肉バカにしか見えていないのだ。

ラグビー選手はうぶ《ナイーブ》だから資本主義に毒されないよう守られるべき存在だ、とまでは思わない。とどのつまり、我々は自由市場の最先端にいるのだ。よりよい職場を求めて、こんなに自由に国境を越えて移動する労働者がいる業界なんてそう多くない。しかもラグビーは激しい競技だ。ひょっとして、悪行が経営者側に蔓延しているのはふつうのことなのだろうか？　だとしたら、企業ぐるみで目玉えぐりをしているようなものじゃないのか？

ダグレナは、ある雑誌のインタビューで試合に無関心なことについてこう述べている。「もしUSAPが決勝に進んだら、わが家のTVで見られる喜びはあるだろうね……毎朝の私の興味は、クラブの財政なんだ」。これまたなんと、あけすけな物言いで拍子抜けするほどだ。彼は試合やクラブに喜びなどこれっぽっちも感じはしない、ただ望むのは、投資に見合う利益をあげることだけなのだ。

これは、アメリカの大富豪マルコム・グレーザーが二〇〇五年にサッカーチームのマンチェスター・ユナイテッドを約十五億ユーロで買収した一件ほどには気をもむ必要のない話だ。彼の買収目的はもっぱら自らの事業負債を処分するためだった。とはいえ、ダグレナへの疑問はいくつか残る。彼は、これ以上必要ないほど金をたっぷり持っているから、金欲しさにチーム運営をしているわけではない。実際、彼は会長職に関する規定を練り直して、自らに報酬が支払われないようにしてしまった。試合そのものにたいして興味があるわけではなく、脚光を浴びるのも避けているうえに、クラブを成功に導いた功労者にもかかわらず、自分が好感をもたれていないことに薄々気づいているのはたしかだ。先ほどと同じ雑誌のインタビューで彼曰く、「ラグビーの世界では、だれもが互いに友好的で、だれもがキスしあうけれど、私にキスしてくれる人はいないな。私が好かれているかどうか知らないが、どうでもいいことだ」。

二〇〇五年の終わりころ、ダグレナが自分に忠実な株主たちを引き合わせて、情勢を変えるべくクラブの株を五十パーセント以上所有しようとしたことが明らかになると、ペルピニャンの幹部数人が逆襲に出た。彼らはこう言った。「もうこれ以上、自分たちが愛したクラブの価値をたった一人の男にむさぼられるのを見すごすわけにはいかない。あの男がクラブの価値などどうでもいいと思っているのは一目瞭然だから」。この小競り合いは歩み寄って終わった。いまは相対立する勢力がそれぞれ四十九パーセントの株を保有する一方で、サポーターや元選手を代表する一グループが残る二パーセントを浮動票として保有している。

ダグレナにとって最後の砦は、チームが結果を残していることにある。だからいまだに彼を擁護するサポーターがおおぜいいるわけで、彼らはダグレナ就任前よりもチームがはるかに豊かに見えることがうれしいのだ。興味ぶかい疑問がわいてくる。ペルピニャンとは新たなラグビーの先駆者か？　それとも炭鉱のカナリアか？

この一週間、私は次の試合のために、いつものように練習しようとしていた。トゥーロンで負った傷については原因不明なまま。医療スタッフがＭＲＩやＣＴスキャンなどの検査をしても、はっきりしたことが何もわからず、腕はそのときからすれば九十パーセントは問題なく動かせた。ところが、理学療法士たちが腕をさまざまに動かす検査をした結果、プレーの禁止を強く勧告したのである。

ヌーローはその勧告を却下。彼は選手が前に在籍したクラブと戦わせたがる。それこそが選手には特別なモチベーションになることがわかっているからだ。彼の言うとおりだ。私は楽天主義者だし、なんとしてもペルピニャンと戦いたい。水曜日の実戦練習で腕試しをすることにした。出来はあまりよくなくて、タックル失敗。失敗の理由は単純に持ちこたえられないせいだし、そのうえ、スクラムを組もうと体を後ずさりさせて、腕を体から離して伸ばそうとしたとたん、耐えがたい痛みが走る。バインドのためには握りつづけなければいけないのに、それができない。体を起こした私の横でディディエ・ベスが立っていて、思わず叱りとばしたが、ただの欲求不満でしかない。腕がおかしいのは明らかだから——のちに胸筋腱の麻痺と診断されることになるが——またしても私はスタンドで観戦するはめになる。

勝たねばならない試合だとする理由は、ホームゲームだからというだけじゃない。我々はトゥーロンと同じ十二位で、ポーはホームでアジャンと対戦する。ポーが勝って我々が負ければ、ポーは我々を飛びこえ、我々が同率最下位になるからだ。

ダヴィッド・ボルトルッシが、試合開始後たった数分で最初のペナルティキックを決めるものの、その後は一方通行の展開。ボールはすべりやすく、サモア人のウイング、アリ・ココがイエローカードをもらうと、ペルピニャンが我々を手こずらせようとして広範囲での展開を避けている。ニコ・ラーラグにペナルティキックを四本決められ、クリストフ・マナにはトライを一つとられるが、我々は一発も返せない。カタロニアのサポーターたちのことを在籍当時は大好きだった自分なのに、あんなに大喜びしている姿を見ていたら、だんだん不愉快になってくる。得点するたびに、私のすぐ前に座っている男が立ちあがって、スカーフを振りまわしながら、こっちに向かって大きくにやっと笑うのだ。あのスカーフでやつの首を絞めてやりたいと強く思う自分に驚いている。前半終了時のスコアはがっかりな3対17。奇跡が起きない限り逆転はない。

後半開始八分、ついに我々のサポーターたちが元気づく番となる。攻めるはショートサイドだ。ボルトルッシが対角線上をすべるように駆け抜け、カバーディフェンスのタックルを受けて、ボールをリカス・ルッベにひょいと放ると、彼は気炎をあげてコーナーに向かって突進。ボルトルッシがコンバージョンキックで追加得点をあげて10対17。だいぶ見苦しくない展開になってきた。

反撃は免がれないと覚悟していたが、信じられないことに返ってこない。試合は一進一退、めまぐるしく動くものの、ボルトルッシがもう一つペナルティキックを決めると、それまであるはずがないということを考えはじめている。13対17となってから、敵にプレッシャーがかかっている。ペルピニャンのナンバーエイト、ルーマニア人のオヴィディユ・トニタにイエローカードが出ると、再びこっちがつけこむ番。貴重な3点をとり、さらに得点可能な距離にいる。とはいえ敵も、そんなふうに引っくり返されてばかりいる気はないわけで、秒針がカチカチ刻むのにつられて、自陣の22メートルラインへ押し込んでくる。我々は勇敢に守るものの、このままでは得点は稼げない。

残り一分足らず、敵があと二十メートルちょっとという最適な攻撃地点でスクラムを選ぶ。このままでは涙で終わるか……ところが、そのとき敵にペナルティが課される。何でとられたのか、そんなことはどうでもいい。我々はハーフウェーライン目指してタッチキックを出すと、確実にラインアウトをとって、ボールをワイドに展開する。たいした前進ではないが、依然として残り五十メートルあまりのところ。それでもボールがフィールドを横切って戻ってくるなり、レフェリーの笛が吹かれる。ペルピニャンのオフサイドだ。ほとんどその直後に試合終了を告げるサイレンが鳴るが、ペナルティで時計が止められたので、プレーは続く。ボルトルッシがちょうど敵陣内、ピッチの右サイドから、ゴールに向けてボールを置く。彼が〝機械《ラ・マシーヌ》〟と呼ばれる所以《ゆえん》は、ゴールポストの間にメトロノームのように規則正しくボールを蹴り込めるからだ。もっとも、彼は最近けがから復帰したばかりだから、この距離は彼の領域からは遠く外れている。私は我を忘れて、目をつぶってしまったのだけれど、試合後に視たテレビの再生画像には、彼があざやかに蹴りこみ、ゴールポストの両脇にいるタッチジャッジ二人が旗を揚げるより早く、空中にこぶしを突きあげ飛び跳ねているのをみなで祝福している姿が映っている。これぞ、イエスが死からよみがえらせたラザロ以来の最も見事な復活だ。結果は19対17で観衆は怒り狂っている。私が出場できなかったからって、それがなんだっていうんだ！

9　ヨーロッパ、オールブラックス、そして世界

アジャンでラグビーが行なわれるようになったのは一九〇八年からで、スポルティング・ユニオン・アジャンはブレンヌス盾《ブクリィエ・ド・ブレニュス》を一九三〇年から直近の一九八八年までに八回かちとってきた。アジャンの人たちは、人口三万人の自分たちの町のことを誇りをもって、フランスのプルーン生産の中心地《キャピタル》と呼んでいる。一部リーグのクラブの本拠地があるほかの小さな町と同じく、もしそこにラグビーチームがなかったら、わざわざ出かけていくほどのことはない。そうはいうものの、アジャンの田園地帯は美しく、食べ物は評判どおりすごくおいしいし、なんと言ってもそこにはすばらしいラグビーチームがある。このクラブこそ、トゥールーズ、ビアリッツ、スタッド・フランセという近年のフランス選手権におけるビッグ3の優位を脅かす最右翼の存在で、二〇〇二年の決勝ではビアリッツ相手に延長時間《エキストラタイム》まで戦い、惜しくも22対25で負けた。

この結果は皮肉なことに、アジャンがハイネケンカップの下部大会にあたるヨーロピアン・シールドで、ウェールズのエブベールというクラブに10対59で負けてから、まだほんの数か月しか経っていないときだった。エブベールの熱狂的なサポーターでさえ、ウェールズ側がこれほど大勝するとは予想だにしなかったことは認めるだろうが、この日に起きたことは、ハイネケンカッ

プのオフィシャルに強烈なショックを与え、その結果アジャンは翌年のハイネケンカップ出場停止、大会史上、こんな事態が起こったのは、唯一この年だけである。

　びっしり埋まった日程表を突きつけられて、アジャンはフランス選手権に専念しようと決めてしまった。ヨーロピアン・シールドの次のラウンドに進むのは、山積している出場予定の試合が一つ増えるだけのことだから、彼らはその試合を「捨てる」ことにしたのだ。問題は、ただ負ければそれで十分とはいかないことだった。エブベールが試合終了までに、手押し車いっぱいになるほど多くのトライをあげる負担がかかったという事実をフランス側は非常に重く受けとめなければいけないわけで、アジャンは、まるで交通渋滞を解消するために自ら車を誘導させたようなもの、エベブールの勝利を後押ししたに等しいのだ。そのうえ、自分たちの思惑を臆面もなく新聞社に白状したあげく、懲戒的な処置がとられたことに驚いたようだった（このペナルティはのちの抗議を受けて、二シーズン出場資格剝奪を一シーズンに減らされた）。結果的に、彼らは自分たちの行動を悔いることをやってしまった。フランス選手権で最後の一秒まで戦えば、彼らはハイネケンカップの出場資格を獲得できたはずなのに、それを逃してしまったのは、この出場停止処分のせいなのだから。

　こんな皮肉なことが実行されたのを仰天する人がいるかもしれない。いや、ひょっとすると、ただ肩をすくめてこう思われるかもしれない。彼らは真っ当な計算をしたんじゃないのか、だって半年後にはフランス選手権の決勝を控えていたんだから。現実には、ハイネケンカップに対して、こうした姿勢をとるフランスのクラブは珍しくはないのだ。アジャンに欠けていたのは、当局にもやむを得まいと思わせるだけの機微だった。違反を繰り返しても数枚のイエローカードだけで事が収拾するのなら、イエローカードを織り込み済みの違反も出てくる。ところが毎年、ハイネケンカップがめぐってくるのが、毎週のように続くトップ14のリーグ戦の二か月後となると、クラブの一つや二つは故障者リストをながめ、チームの余力を検討し、ハイネケンカップに勝つ見込みがあるかを値踏みしたあとで、そっと切り捨てを決めるのだ。試合に勝つために全力を尽くさないのと、実際に試合を捨てるのでは明らかに違うとは言うものの、それはたんに程度の差だけのことで、どちらにしても競争《コンペティション》の本質に背いている。ただ、クラブもわかってはいるのだ。チームが総力をあげて戦っても、疲れがたまっている選手をさらにくたびれさせるくらいのことだろうし、最悪の場合は、負傷によって選手の離脱を招く。だから、それだけのリスクをかけて参加するなら、それに見合うだけの報いがあってしかるべきなのだ。

これは何も、ハイネケンカップのシステムそのものに価値がないなどと言っているわけではない。選手にとってこの大会はすばらしいものだ。なぜなら、選手たちはさまざまなラグビー文化に触れることができるし、利害関係が少ないせいか、得てして試合が速い展開になる。フランスの試合でしばしば目にするネガティブなプレーの類はどこかへ置き忘れられて、攻撃に重きを置くからだ。

フランスのクラブは、ハイネケンカップに輝かしい記録をもっていて、トゥールーズの優勝三回、そしてブリーヴの優勝一回があり、それからごく最近では、決勝進出の二チームともフランスのクラブだったこともあった（二〇〇四／〇五年大会のトゥールーズ対スタッド・フランセ）。ただし、徹底的な力強さには欠けている。

たとえば、二〇〇四／〇五年のシーズンにハイネケンカップに出場したブルゴアンはひどかった。ホームでイタリアのトレヴィゾに0対34で負けたうえに（フランスのクラブが国内でイタリアのクラブに初めて負けたとあって大打撃だった）、次のラウンドではダブリンでレンスターに17対92という、前の試合を上まわるほど惨敗した。こうしたひどいパフォーマンスに対してブルゴアンの釈明はこうだった。「（今季、フランス選手権の準決勝進出を決めたメンバーがたまたまダブリンには帯同していなかったのは）選手の量よりも質を充実させるためにクラブの資金をつぎこんだ結果、鍵を握る選手数人が休暇や負傷中で、チーム力が大幅に下落していたときだったので」

ビッグ3と、おそらくペルピニャンも含めた四クラブを別にして、残るクラブにとって、ハイネケンカップとはケーキのようなもので、フランス選手権があくまで主食（バターつきパン）だ。だれだって、ヨーロッパでの成功の一切れは欲しいが、実際にそれを手にするのは、いつも金持ちだけなのだ。

二〇〇三／〇四年のシーズン、モンペリエはパーカーペン・シールド（二〇〇一年〜〇五年までパーカーが冠スポンサーとなったヨーロピアン・シールドの別称）で勝利をあげた。大会名だけ聞くとかなり魅力的な響きだが、現実はそうじゃない。第一節でグラスゴーに負けてのプレーオフ進出だから、レベルを落としているわけだ。ライバルはハイネケンカップでトーナメント進出を果たせなかったイタリアのクラブチームと、二流どころが横並びする競技会で、いわばうちのめされたチームばかり。とはいえ、どんな大会にしても、勝つのは気分がいいものだ。

もっとも、この大会はコンセプトとしては大成功したとは言えず、もはや消滅してしまった。

今日では「欧州チャレンジカップ」のみとなり、これはハイネケンカップの弟分にあたり、形式も似ている——一グループに四チーム、ホーム・アンド・アウェーの総当たり戦で、八組それぞれの一位が準々決勝に進めるというもの。

このシーズンの初め、モンペリエはチームの目標設定のための話し合いを行ない、ヨーロッパでの戦いに重点を置こうとなって、欧州チャレンジカップのノックアウト・ラウンド（プレーオフ）進出を目指すことに決めた。これには私も驚いた。他の出場チームの水準を考えたら、この決定は少々野心的すぎると思ったのだ。まず、カターニアというシチリアのクラブは、イタリアの二部リーグから上がったばかりだから、さほど切れ味鋭いことはないだろうが、ウスターはいちおうイングランドのプレミアシップ（イングランドの最高峰リーグ。十二チームで優勝を争う）にいたことがあるわけで、そりゃ、我々だってプレミアシップのフランス版にいるわけだけれど、そんな楽に勝てるわけがない。しかもコノートはアイルランドの四県にあるクラブの中で最小とはいえ、モチベーションはかなり高い。ウスターもコノートも、このチャレンジカップに勝てばハイネケンカップ出場の可能性が現実味を帯びてくるから、試合には本気でかかってくるはずだ。

ハードな十試合が二か月半続いたモンペリエは、欧州チャレンジカップ開催を直前にして、足はよろよろ息も絶え絶え、まるで病人の運転する車があと十キロのところで故障したみたいな状態だった。ヌーローはこれを見て、いつもの先発メンバーを休ませ、長らく待たされてきた選手たちを走らせるいい機会かもしれないと考えた。これはいい決断だ。今季はここまでの段階で、ペルピニャンに勝ったもののアジャンとの試合を控えて勝ち点15で、ポーをわずかに上まわるだけ。ポーは勝ち点13、トゥーロンが勝ち点11でしんがりをつとめていた。モンペリエでこれ以上選手が欠けるわけにはいかないし、これを契機に、ろくに試合に出れなかった選手が、自らの才能を示すことで、先発入りへの道をこじあけようとするだろう。

南アフリカ出身のリカス・ルッベと私は古びたぽんこつ車も同然で、ハイネケンカップを運営するヨーロピアン・ラグビー・クラブ（ＥＲＣ）事務局に提出した登録選手名簿には載っていない。私が試合に復帰できるのは数か月先になるし、リカスもちょうど休養中なのだ。残念ながら、うちのチームは、期待の選手を適度に休ませるというようなぜいたくは言ってられない。レギュラーで試合に出ていた者のほぼ全員が週末にオフをとったり、ビーチですごしていては、チーム編成ができないのだ。全員がそろい、準備も万端、そしてタイトルをとるという目的があったから、戦い抜いて次のラウンドへ進むチャンスもあったというもの。

フィールドに放り出された、これまで憂き目を見てきた控え軍団が、ウスターでなかなかよくやっているものの、（前半戦終了時には15対15だったのに）18対36で負けてしまう。次のコノートとのホームゲームは、より強い相手に奮闘したにもかかわらず、13対19で負けを喫する。カターニアとのホームゲーム、これは唯一光り輝いた試合だ。相手があまりにぱっとしなかったのもあるが、我々はしっかりプレーして冷静さを失うことなく74対12で勝利したため、シチリアではどんなに恐ろしい結果が待っているかを暗に示していたというか、数週間後のアウェーゲームでは34対37で負ける（ラテンの血が濃ければ濃い人ほど、ホーム・アンド・アウェーには燃えるらしい）。

アイルランドでは10対43と完敗、さらにホームでウスターにも21対31で負けると、すでにカターニアがホームの最終戦でコノートを破り、我々にはもうあとがない。まいったな！　次のラウンドに進む資格はここで断たれる。だが、欧州チャレンジカップの女神がこの程度で我々のプライドをくじいても、痛手はさほど深刻ではなく、多少は苦しんでも、喉元過ぎればなんとやら。もっと大きな問題で心配しなくてはならないからだ。

アジャンとの試合を控えた前の週、我々はとことんまで練習する。試合形式の練習はとくに念入りに。欧州チャレンジカップの結果だけを見れば、成果はあがってないように見えたとしても、その経験が役に立ってきたのかもしれない。連携がうまくとれるようになったというか、コンタクトされても、いいパスが出せるようになっている。成果があがるようになると、これまで手が届かなかった次の課題にも挑戦できるようになる。そのうえで、フランス選手権でもこの自信を持ちつづけることができれば、これまでの戦い方に欠けていた、一つの特性が加わることになるだろう。

「練習のようにプレーしろ」とは、コーチングの決まり文句で、たいていチームで耳にタコができるほど聞かされるのは、それが一般的には正解だからだが、フランス人というのは相当な一匹狼ばかりだから、練習時にまとまった動きをしていたからといって、その日に何が起こるかなんて予測がつかない。私は腕のけがのためにアジャンへは同行しないが、私の推測はたいして外れていない。アジャンは今季、スタートでもたついたが――対戦前の時点で彼らは勝ち点18、我々よりもたった3ポイント多いだけ――さて、その隙を狙ってこちらは勝利をいただけるだろうか？　ボーナスポイントは？

あー、それはないな。キックオフから数分で、トライとコンバージョンキックを決められて、十五分後にはさらにもう一つトライをとられる。フッカーのディオが、ラインアウトからドライビングモールの真ん中でボールをグラウンディングし、ココがコンバージョンキックを決めたのが前半残り十五分のところ。だが、敵も数分後には同じように得点し、前半終了時が7対21。

ルペニ・ザウザウニンブザ（ザウザウ）というフィジー出身の俊足ウイングに、こっちはいつも（といっても、彼の気分がのっているとき限定で）手を焼かされる。こちらが点を取りかえすと、すぐさま彼は4トライをあげてボーナスポイントをチームに献上。彼のランニングスタイルはまるで迷路を進んでいるみたいで、一見すると苦もなく加速しているように見えるし、腰をくねらせ方向転換するさまはエルヴィスをも嫉妬させるほど。こうした個性が一つにまとまるから、彼をタックルするのは悪夢のようにやっかいで、とりわけ彼がディフェンスのほんの数メートル前にいたら、裏をかかれてしまうのがオチだ。彼がどんなステップを踏むかも承知してるし、魔法をかけられたわけでもないのに、頭上を飛び越されたようなあの走りに頭が混乱してしまうときさえある。スタンドから見るとすごい走りだが、間近で見ていて楽しいわけがない。それはさておき、ただいまの得点は7対28。ココがまたもペナルティを決めてくれたが、すぐにフランソワ・ジュレズにキックを決められ、さらにもう一本トライとコンバージョンキックを決められて、最後はペナルティキックで有終の美を飾られてしまう。スコアは10対41、我々にはボーナスポイントすらなし。

私はこの結果にたいしてショックは受けないし、これじゃ惨敗だなと悟ったところで、とあるアイリッシュパブに拠点を移して、敗戦の痛みを和らげることにする。ガールフレンドのマリオンも引っぱりだして、イングランド対ニュージーランド戦を視る。オールブラックスは、イギリス諸島のグランドスラム達成目指して順調に勝ち進んでいる。うっかりしてたが、ニコ・グレロンとドリカス・ハンケというやはり故障中の二選手も一緒だから、フランス対トンガ戦とウェールズ対南アフリカ戦が終わるまで席を立つわけにいかず、全員が満足するまで観戦していた。ということはつまり、ほぼ六時間近く試合を視つづけているわけで、モンペリエではスタウトと見なされる黒ビールに相当量の金をつぎこみ、ご機嫌ななめのフランス人ガールフレンドが一人いる、ということだ。幸いにも、オールブラックスはイングランドを相手にあやういところで逃げきる。

イングランド対ニュージーランド戦だけが、何年にもわたって、常にすばらしいラグビーを生み出してきたわけではない――歴史的に見ればスプリングボクス（南アフリカ代表）こそ、世界制覇を目指すニュージーランドの最大のライバルなのだが、本書の執筆時点では、世界チャンピオンはもちろんイングランドだ。とはいえ、ほとんどのニュージーランド人にとって、国として絶対に負けられない試合が一つあるとすれば、それは対イングランド戦だということでは意見がまとまるだろう。

その戦いにはラフプレーも含まれてしまうが、それ以上のものがある。ニュージーランドが一人前の国家になったのは、悲惨にも一九一六年のガリポリ上陸作戦中に、ダーダネルス海峡の血に染まった丘の上に立ったときからだとは、よく言われてきた。当時のニュージーランドの人口は約百万人で、ガリポリ作戦ではトルコの海岸線に八千四百五十人が上陸し、そのうち二千七百二十一人が戦死して四千七百五十二人が負傷した。第一次世界大戦中のニュージーランド人の死傷者は五万八千人――地球の反対側で起こった一つの戦争によって、だ。

　こうした話は、数千年の歴史があると自負するヨーロッパの人からすれば、奇妙に思われるのかもしれないが、ニュージーランドは自意識の強い若い国家で、自己評価の材料を他者の目に頼ろうとするところがあるから、第一次世界大戦中に大量の戦死者を出したことで、我々は大英帝国から遠く離れたところにある一植民地ではないという思いを確認したのだ。わが国は英国とも同様か、ひょっとしたらそれ以上に、勇気や資源や天性の根性に満ちた国であり、そして世界の舞台に立てるだけの大きさをもった国だということを。

　この国家としてのアイデンティティの種は、それより十年前に蒔《ま》かれていて、ニュージーランドを代表するチームがラグビーをするためにグレートブリテンに来たときのことだ。一九〇五年、〝ジ・オリジナルズ〟として知られたチームは、五つのテストマッチを含めて三十五試合中、負けはただ一度、ウェールズに0対3で敗れた試合だけだった。彼らは銀色のシダ《シルバーファーン》の葉の絵柄がある黒色のジャージを着ていたので、ここで初めてオールブラックスと呼ばれた。これは、ある新聞が遠征中の選手のことを描写しようとして、凶暴性と優雅さをあわせもっていたところと、フォワード陣がバックス並みのスキルと俊足の持ち主であることを表現しようとして、見出しに「全員バックス《オール・バックス》だ！」と書いたつもりが、だれかがこっそりl《エル》の文字をすべりこませた、という逸話に基づいている。残念ながら、くだんの新聞を見た者がだれもいないので、いまではチーム名がジャージの色に関係しているという、まったく陳腐な解釈がまかりとおっているのである。

出自がどこでもかまわないが、そのときのオールブラックスはイングランドを15対0、トライの数4対0で破った。遠き島の植民地から来た男たちが本国を——要するにラグビーを創案した国を——打ち負かしてしまったのだから、スポーツ好きの英国人たちに、その力と技を強く印象づけることになった。とりわけ、英国の作家たちから、次のような賞賛のコメントを引き出した。ニュージーランドのポジティブな性格がチームのパフォーマンスに反映されている、たとえば、自然で健康的な生活環境のおかげで彼らは丈夫で力強いのだとか、平等主義の社会ゆえに彼らは順応性や寛容さをもち、因習にとらわれることをさげすむ、といった内容だ。

こうしたものがすべて、ニュージーランド人自身の思いと見事に一致していた。ニュージーランドの自己評価はブリテンとの比較（とくに権力の座にあるイングランドと比べることがほとんど）でやってきたから、ラグビーによって国の価値を証明してもらったことに誇りをもった。それ以来、ニュージーランドのラグビーは、世界の頂点にあると信じている。どこかに負けるのは災難で、イングランドに負けるのは、天地がひっくり返るのに等しいのだ。伝統的なハカ（オールブラックスが試合前に舞う、先住民マオリ族に伝わる戦いの踊り）の冒頭はこうなっている。「カ・マテ！　カ・マテ！　カ・オラ！　カ・オラ！」

——「死を！　死を！　生よ、生よ！」

ニュージーランドにいる少年が、いずれはラグビーをやってオールブラックスを目指そうとする人に一人も出会わずして成長していくなんてことはあり得ない。私など、ラグビーを始める前から、シルバーファーンが胸元についた黒のパジャマを着ていたほどだ。私が初めて試合に出たのは九歳のときで、ニュージーランド《キーウィー》の子どもにしては遅いほうだった。毎週土曜の朝八時頃にはウォンガヌイの競馬場で、はだしでラグビーをやっていた。ピッチは砂地だから、冬の寒い朝に靴なしでやるなんてあり得ないのに、とにかくラグビーが大好きだったのだ。

オールブラックスがニュージーランドの価値の象徴になっているとすれば、この国の他のあらゆるスポーツ選手にとっても評価の基準になっている。他分野でのナショナルチームの愛称を見れば、どれほどあやかっているかがわかるだろう。バスケットボールが「トールブラックス」でサッカーは「オールホワイツ」、クリケットは「ブラックキャップス」。ネットボールは「シルバーファーンズ」。ヨットチームが漕ぐのは「ブラックマジック」号で、陸上、ボート、自転車などの代表選手もみんな黒《ブラック》を着る。

人はしばしば、ニュージーランドのような小国が、どうやればここまで世界ラグビーのトップ、あるいはそれにごく近い位置にいつづけられるのか首をひねる。そこにはさまざまな理由がある。たとえば、現在のオールブラックスのメンバーの多くはかつて信託統治されていた太平洋の島々の出身者であり、彼らの爆発的なプレースタイルは、純粋に身体的な破壊力をもつという点で他の国よりもまさっている。けれども、そのすべてを一つに束ねているのは、この国がラグビーを「かけがえのないもの」としてとらえていることにある。ラグビーの伝統の中で育った年上の世代は、年下の選手を励ましたり、自分の知識を語り継ぐことに非常に熱心だ。

革新は、常に伝統の一部でありつづけてきた。選手一人ひとりの個性を見極めてポジションを与えるようにしたのは、一九〇五年の〝ジ・オリジナルズ〟が最初だった。それまでの、重そうで動きのぎこちない人をフォワードにしたり、やせっぽちをバックスにするという単純なやり方をやめたのだ。そのあとも、新たな波が押しよせては、質を向上させるための方法が模索されていった。ニュージーランド・ラグビー協会によって管理されるピラミッド構造では、国全体がラグビーの頂点――つまりオールブラックス――に選手を送りこむシステムが機能しており、選手をめぐってクラブと国が綱引きをしてダメージが出るようなことはない。ただ、ラグビーのプロ化が進んだことが、ニュージーランドの優位を脅かすようになったのは、皮肉な話だ。それによって国境の垣根が取り払われてしまい、世界中のクラブでニュージーランドの選手がプレーしている。彼らに刺激を受けて、他の国の選手たちも負けじと努力を積むようになったのだ。

もちろん、ニュージーランドにもかつてひどい時期があって、負けつづけたものだ。しかも、ワールドカップでの優勝は一九八七年大会のたった一度、かたやご近所のライバル、オーストラリアは二度も優勝している。それでも、ニュージーランドには、世界でラグビーをやるどの国との対戦も勝ち越しているという記録がある。スプリングボクスだけが互角に近い――オールブラックスは対南アフリカ戦ではちょうど五十五パーセントの勝率である。

私は高校最後の一年と大学の三年間を過ごしたイングランドで、かなりのカルチャーショックを受けた。イートン校とオックスフォード大という高尚な雰囲気の中でのラグビー経験だけで推断するのは危険だと思うが――一般のクラブにある硬い庭《ヤード》ではやらなかった。本当ならそこでこそイギリスラグビー本来の姿がわかるのだろうけれど――チームメイトやコーチの姿勢には強い印象をもった。イングランドでは、ラグビーは「楽しむ競技」であり、健全な活動であって、偉大なものを勝ち取れても取れなくても、そう、それでよかった。分かちあうことこそが、重要なことだから。

私はずっとスポーツは競いあうものとして育ってきたが、それはどんなことをしてでも勝つとまでは言わないが、それに近いものがあったのだ。たとえば、相手にズルをして非難されるのは、ペナルティを課された場合にだけ――言い換えれば、見つかった場合に限られていた。スポーツマンシップとは、戦いの最後に握手しあうことであり、勝っても負けても（アフターマッチでは）同じ仮面をかぶって楽しむことだった。私が初めてイートン・ファーストXVの試合に出たとき、二度とプレーをするなと脅されてしまったが、その理由は、覆いかぶさる敵の下にあるマイボールを、足を使って出そうとしたからだという。スコットランド人のレフェリーは驚きもしなかったのに、コーチ陣は、こんな行為はもってのほかだと思ったのだ。

イートン校では全員に個室が与えられていたが、共有のロッカールームがなかった。私が仰天したのは、初めてのホームゲームが始まる直前に、ヴィジター用のバスでやってくる相手を出迎えたうえに、我々の部屋まで案内して着替えてもらうと知ったときだった。どう考えても、そんなことをする気にはなれなかった。モールバラ校との試合が終わるなり、私のことをにらんでいた選手に握手をこばまれ、大声でこうも言われた。「きみがズルばっかりしないでくれたら、この試合はもっと楽しめたよ」と。彼がラインアウトでのスタートが最後までうまくいかなかったのは、私が彼の肩越しにジャンプしつづけたせいだという。てっきり私はお世辞でも言われたんだと思っていた。彼にタオルを貸さなかったからといって、どんなことばを交わしあえばよかったんだ？

これに比べたら、オックスフォードのほうがあらゆる点ではるかにましだったけれども、それでも事の進め方にはディレッタント風なところがあって、一年間に公式試合がたった一つでは、なんの助けにもならず、ほかはすべて親善試合だった。ケンブリッジ相手のヴァーシティ・マッチ（大学対抗戦）は、世界ラグビーの中でも異色の存在で、古きよきジェントルマンによるアマチュアの日々に後戻りしているうえ、二大学はブリティッシュ・アイルズのベストプレーヤーから何人か選抜してもよいことになっている。このプロ化の時代に、どこか余興めいた話だ。それはそれとして、十二月の火曜日の午後、トゥイッケナムで行なわれるその余興に、なんと五万人がつめかけ、百万人の視聴者がテレビに惹きつけられるのだ。

選手たちは真剣にとらえているものの、この対抗戦は、なんとも儀式めいた感覚に包まれていた。ヴァーシティ・マッチとは、十九世紀にラグビー校の校長だったアーノルド博士と同校の教職員たちが目指したものを踏襲した、最後のラグビーの砦なのだ。一所懸命に若者を鍛えようとするアマチュア理念では、勝ち負けは二の次で、競いあうことの厳しさこそが重要だ。私はオックスフォード大学のチームで三年間を大いに楽しみ、終生の友もたくさんできたが、ニュージーランドで身につけた、人よりも一歩でも先に進むことを追求するスタンスからはかけ離れた、あのリラックスした雰囲気では、私のラグビーに利するものはなく、むしろ逆行してしまったという気持ちが沸き起こってくる。

オックスフォード時代に初めて遠征したのが一九九二年、行き先は日本と香港だった。当時の日本はラグビーの世界ではどちらかといえば小物《ミノウ》扱いだったし、いまもそれは変わらない——現在のＩＲＢのランキングではルーマニアの下の十六位でグルジアの一つ上——だから私は、遠征してきた大学チームにこんなに関心が集まったことにひどく驚いた。遠征最後の三試合の対戦相手は日本のＵ23代表チームで、四万人の観衆の前で行なわれた（香港では、移住者コミュニティ以外の人が関心をもつことはなかった）。

ラグビーが、ラグビーをやらない世界に拡大していることは、あまり目立ったことではないのだが、ＩＲＢの世界ランキング表に載るのは現在九十五か国。スリランカではラグビーは百年の伝統があり、学生たちの試合には数千の観衆が魅了される。二〇〇五年、マダガスカル・マーキスが、首都アンタナナリヴォの国立スタジアムで南アフリカのアマチュアチームを破るのを四万人の観衆が観ていた。グルジアでは、二〇〇六年のヨーロピアンネイションズ・カップの予選で、自国代表チームがロシアと対戦するのを六万五千の国民が見ていた。日本はその潤沢な資金で、ビッグネームの選手を国内のリーグ戦に呼べるけれども、貧しい国ではいま持っているもので間に合わせるしかない。グルジア人がソヴィエト製の古いトラクターでスクラムマシーンを作るのはお手のものだし、マダガスカルの都市部の貧民街に住む子どもたちは、つぶしたプラスチックボトルをラグビーボール代わりにしている。フィンランドは、九十五あるユニオン中九十五位だが、世界で唯一、年に一度の北極ラグビー・トーナメントがあることを自慢する権利をもっているのだ。（本文中のランキングは筆者執筆当時のもの。二〇一二年七月十六日現在のＩＲＢランキングは九十六か国中、日本十六位、フィンランド九十六位。つまりほぼ変化なし）

10 政治

ビアリッツは最新（二〇〇六年当時）のフランスチャンピオンで、トゥールーズとスタッド・フランセに並ぶ〝ビッグ3〟の一つだ。ビアリッツの町は小さい——人口三万——けれども、（バイヨンヌ、アングレット、ビアリッツの頭文字をとった）BAB《ベーアーベー》と呼ばれる一帯の中では大きなほうで、バスク地方のフランス側にある都市部のど真ん中に位置する。一九九八年以来、ビアリッツ・オランピクはビアリッツ・オランピク・ペイイ（Pays）・バスク（英語にするとビアリッツ・オリンピック・バスク・カントリー）として知られ、隣接するバイヨンヌの人たちは、その名称に驚かされたという。というのも、そこには、ビアリッツの人たちのことを金持ちだが心はたいしたことがないえせバスク人だという思いがあったからだ。そのシーズンの終わりが近づいたころ、だれかが（おそらくバイヨンヌのサポーターが）、スタジアム名の表示板からyの文字を盗んだために、スタジアム名が〝ビアリッツ・オランピク・パ（Pa s）・バスク〟（英語にするとビアリッツ・オリンピック・ノット・バスク）になっている。

この町はかつて、バイキングが定住したから——九世紀にスカンジナビア人がこの地に上陸してそのままとどまり、漁場の開拓をしたから——ここは、最初からこの地にいたBjornihus

（Bjorn の家）の堕落を意味する Biarritz と呼ばれ、最終的には Biarritz（ビアリッツ）という名になった。バスク語の名称に関してはバイヨンヌなら自慢できるものがある、といっているわけではない。バイヨンヌは、Bjorhamn と呼ばれていたのが、やがて Baionam に、そして……ま、このへんでご勘弁を。

ビアリッツはラグビーのプロ転換に見事なまでに成功してしまったが、それは、セルジュ・カンプという巨大スポンサーの力によるところが大きくて、彼は自分が所有するＩＴ及びコンサルティングの巨大企業、カプ・ジェミニを通じてフランスラグビー界で最も金を投じた人物かもしれない。そして一九八〇年代に光り輝いたフルバックであるセルジュ・ブランコも、このチームに非常に貢献してきた。ブランコは、リーグ・ナショナル・ド・リュグビィ（ＬＮＲ）という、フランスのプロラグビークラブを管理する団体の長でありながら、ビアリッツ・オランピクに対しては応援団長的な存在であるため、しばしば利害関係の衝突を招いて非難を浴びることになる。

結果として、ビアリッツは、フランス選手権優勝が前世紀にはたった二回（一九三五年と一九三九年）だけだったのが、過去五年のあいだに二回も――二〇〇二年と二〇〇五年に――優勝したし、今シーズンもまた優勝の本命チームだ。二〇〇四年と二〇〇五年のハイネケンカップでは準決勝に進出し、二〇〇六年は決勝進出を果たすものの、マンスターに19対23で負けてしまう。

ということで、我々にとってはこの試合も簡単にはいかないことがわかっている。ましてその次はパリでの試合があって、なおさらいい結果はのぞめない――シーズンのほぼ中盤にきて、我々の勝ち点はたった15。苦しいのはわがチームだけではないのがせめてもの救いだ――ポーとトゥーロンの勝ち点は、それぞれ13と12で我々のすぐ下、ナルボンヌとバイヨンヌが勝ち点17で我々のすぐ上にいる。我々を含めた五チームすべてが今週末はホームで、相手はビッグチーム、ポー対パリ、トゥーロン対ペルピニャン、バイヨンヌ対カストルというカードだ。アジャンと対戦するナルボンヌがいちばん楽な時間をすごせそうだ。ほかの試合の結果しだいで、我々は負ければ窮地に陥り、勝てばいち抜けできる。

試合開始時、モンペリエにとっては向かい風で、ビアリッツはキックオフ直後から優勢に立とうと風をうまく使ってこちらの陣内に入り、さっさと点を取ろうとしている。実際、点を取るのが少し早すぎるぞ。敵は、勝利とボーナスポイントにしか目がいっていないようだが、ラッシュをかけては、らしくないミスをおかして終わる。敵のノックオンと、ダイレクトタッチになるキックのおかげで、こちらもしばらくはなんとか持ちこたえさせてもらえる。だが、本当にしばらくの間だけだ。十分のあいだに小柄だが力強いウイング、フィリップ・ビダベにトライを二本決められ、ディミトリー・ヤシュヴィリがコンバージョンキックを一つ、ペナルティキックも一つ決めてスコアは0対15、そのあとココがペナルティキックを一本決めてくれる。

数分後、ミカがビアリッツのアルゼンチン人センター、フェデリコ・マルティン＝アランブルにハイタックルをしてイエローカードを出されるが、ヤシュヴィリがその後のペナルティキックを失敗し、こちらも選手が一人倒れているが、どうにか持ちこたえる。前半終了時点で3対15、ただしビアリッツは、いまはゆっくり進めて、後半でスピードを上げてボーナスポイントを確実に取ろうとしているかのようだ。後半はこちらが追い風側に立つが、風をうまく利用できず、ヤシュヴィリにまたもペナルティキックを決められ3対18。このスコアは、ペルピニャンにリードされた後に反撃に出て勝利を勝ちとったときとすごく似ているが、また同じことが起こるほうに賭けるつもりはない。

いずれにしても、私の予想がまちがっていないことはまもなく証明されるはずだ。残り三十分弱で、ウイングのロロ・アルボが突破し、もう一人のウイング、セブ・クズビクにボールをパス、受けたセブが高速で走りきる。トライとコンバージョンが決まって10対18。十分後にもう一本ペナルティキックを決めて13対18になると、みんながペルピニャン戦を思い起こしている――二度めもありか？　残り十五分、チームは勢いづき、ビアリッツが王者らしく見えない。残り十分、ロロがセンターのアレックス・ストイカからのボールを巧みに受け取り見事トライ。さあ18対18で、あとはキックを決めるだけ。ココは大きく外すが、まだ時間はたっぷりある。

試合終了まで秒読み段階に入ったところで、我々はビアリッツ陣内にいる。まだゴールラインまで四十メートル強ある地点でスクラムが組まれる。おそらくこれがこの試合最後のプレーになりそうだ。レフェリーが、スクラム内で我々の側にペナルティがあったとして笛を吹く。すると、ビアリッツのキャプテン、トーマ・リエヴルモンがボールをつかみ、スクラムのボール投入地点のすぐそばですばやくタップし数メートル前進したところで、ミカ・バートにタックルで倒される。彼が速攻をした狙いはここにあった。こちらのディフェンス陣が彼との距離を最低でも五メートルとらないうちに慌てて彼をタックルしてしまい、妨害行為としてペナルティをとられてしまった（ペナルティをとられたチームはキックを蹴る選手から十メートル後退しなければならない――

ただしキックがすばやく蹴られた場合、ボール保持者との距離は五メートルあければよい)。レフェリーは、本来ならマーク(地点)を示す前に蹴ったリエヴルモンのプレーをとめるべきなのにハーフウェイライン近くで新たに発生したほうのペナルティに対して笛を吹いたから、キッカーは射程距離内に入りこめた。リエヴルモンがヤシュヴィリにボールを渡したとたん、試合終了のサイレンが鳴り響く。

ペルピニャン戦とシナリオは似ているが、ボールを蹴ろうとしているその足は、色の違うソックスを履いている。ヤシュヴィリはプレッシャーがかかる場面でいい仕事をしてみせる。彼がこれまでフランスで見せたすばらしいプレーは、厳しく追いつめられたときばかり。一方で、さほど重要でない試合では月並みの選手にしか見えない。このときの彼はひるむことなくペナルティキックを決めて18対21。ビアリッツの選手たちが握手を交わしながら、いくぶんすまなそうにしているのは、自分たちの基準から見て、あまりにひどすぎたパフォーマンスで勝たせてもらったことがわかっているせいだ。

アフターマッチ・ファンクションで、モンペリエ陣営はひそひそ話に花を咲かせる——選手よりもむしろフロントやサポーターのあいだでだ——あんな不正がまかり通るとは、と。厳密に言えば、リエヴルモンが急いでタップをしたかったのなら、ビアリッツ側のスクラムより後ろからであって、ボール投入地点ではないはずだ。あら探しをしているみたいに思うかもしれないが、重要なことだ。モンペリエ側におまけの一秒があれば、オンサイドの地点まで戻れたし、それなら、ああまでパニックを起こすことはなかったはずだから。レフェリーのクリストフ・ベルドー

（フランス人で二人いるプロのフルタイムレフェリーのうちの一人。あと一人はジョエル・ジュッジュ）は、リエヴルモンを、クイックタップしてよい位置まで後退させるか、スクラムをきちんと解いてから本来の位置で――つまり、スクラムを組んだ位置で、プレーを再開させるべきだったのだ。

あの余分な十メートルがなくても、ヤシュヴィリはおよそ六十メートルの地点からゴールポスト目がけてキックしただろう――不可能とは言わないまでも、成功の見込みは薄れたはずだ。こちらの士気があがって、引き分けにもちこみ、勝ち点2を獲得できたかもしれないのに、一敗したうえに守備のボーナスポイント1しか取れなかったのだ。

ベルドーはスクラムを見ていたから、リエヴルモンに背を向けていた。事はあまりに素早く起きたから、見落とすのも理解はできるし、この件でひどく腹を立てても意味がないとは思う。それでも、本格的な共謀説があっという間に広まった。我々が受けるべきペナルティはスクラムに対してのものであるはずだ（しかもレフェリーは、スクラム内で何が起きているかを正確に把握できないことがしばしばあると認めている）とか、スクラムでペナルティをとられる直前に違反が一つあったとか……だまされたってことだ！

共謀説については、二、三の興味深い事実を考慮にいれると、がぜん面白くなる。まず、これはすでに触れたが、ＬＮＲの会長、セルジュ・ブランコがビアリッツ寄りの人間だということ。どんなに中立な立場を主張しようとも、それが崩れ去ったのは、二〇〇五年のハイネケンカップでスタッド・フランセと対決した準決勝でのハーフタイムに、力強く檄を飛ばしている姿を見つけられてしまった瞬間だった。これは、テレビカメラによって視聴者のもとに中継されてしまったのだが、ロッカールームの隅にいた本人は、自分が撮られていることに気づいていないようだった。

もう一つ追加しておこう。現状ではフランス選手権決勝のレフェリーをベルドーがやらせてもらうことは絶対にない、という憶測が流れている。ただし、フランス選手権決勝戦のレフェリーの人選に大きな影響力をもつのはLNRだから、今日の判定の裏側に、まだ若いベルドーの野心がちらついているとしても不思議はないが。

最後に少しヒントを出そう。ベルドーにはこんな噂がある。十八か月前にトゥールーズ対ビアリッツの試合でレフェリーを務めたが、試合終了一分前にトゥールーズにペナルティキックを蹴らせて試合を終わらせたため、ビアリッツはあの判定がなければ勝てたはずの試合に負けてしまったというのだ（実は、問題の試合で審判をしたのは彼ではなくディディエ・ムネだったのに、こんな共謀説がひとたび転がりだしてしまったら、事実など車輪の下に押しつぶされてしまうのだ）。

偏狭なホームでの負けに熱くなって、そんな噂が立ったのか、できすぎた陰謀説か？　とはいえ、成績低迷中のチームのうち、ナルボンヌだけがアジャンとの対戦に勝利したから、我々が勝っていたら、もっといい気分になれたはず。

翌日ティエリー・ペレスは記者会見で不平をまくしたてたけれども、アフターマッチで飛び交ったゴシップめいた噂話をもちださないだけの分別はもっていた。私はパリでの試合を終えた月曜、この件でヌーローとペレスに話をする機会をもてた。きっかけは、年に一度開かれるラ・ニュイ・デュ・リュグビィという高尚なお茶会で、これはラグビー界のさまざまな団体との会議の翌日に、LNRとプロヴァレ（フランスのプロラグビーの選手会）とカナル・プリュスの主催で開かれる。私はロロ・アルボと二人で出席。われら二人は、選手会のモンペリエ代表なのである。

私はヌーローとペレスにこう言った。お二人は公の場で批判するべきじゃなかった、あれをやると、一種の被害者意識を生み出すおそれがあるし、選手があのレフェリーは誤審をしたことがあると色眼鏡で見るようになるから、と。ましてや、クラブの上層部までもがレフェリー批判を始めてしまうと、今後どんな判定が下されても、判定の中身より先に〝あれは正しくない〟という思いにとらわれる選手と同レベルに陥ってしまい、次に何をすべきかと前向きに考えられなくなってしまうから、と。ペレスとヌーローの反論はこうだ。不正な判定が下されたのに苦情を言わないままでいたら、レフェリーは判定が五分五分のとき、抗議しないほうに不利な判定を無意識のうちに出すかもしれない。それに、我々のような弱小クラブにたいした影響力がないのも事実。レフェリーは、発言力のある国際クラスのチームや選手の言い分を聞こうとする傾向がより強いが、今回の件なんて、気にかけてすらもらえないかもしれない、というのだ。

もっとも、レフェリーの仕事がタフだというのは確かだ。テレビの再生画像が出現してからも、トライを認定すべきかどうかの判定がいつも明白になされているとは限らないというから意外だ。まして、再生画像も部分的には不明瞭なことが珍しくないとなると、フィールドに立つレフェリーにとって、即時に判定を下すことは途方もなく難しいにちがいない。レフェリーを務めるたびに問題なく裁いているというのは、実に驚くべきことなのだ。フランスのレフェリーは、ほとんどいつも敵意に囲まれた場でこの仕事をやっている。少しでも誤審が発覚すれば、ホームの観衆からこっぴどく懲らしめられる。試合後に、怒り狂った観衆に襲われたレフェリーがいることはあまり知られていない。

レフェリーの仕事は、一つひとつの局面にさまざまな要素がからみあっていて非常に判断が難しい。ラックの状態一つ挙げても、守備側のチームの選手がボールを保持する選手をタックルして、そこでラックになったとする。タックルした選手はラックのオフサイドの位置にいて、攻撃側のボール出しを遅らせている。そこへ攻撃側のチームの一人がやってきて、彼に足が触れてしまいそうだったとき、保持していた選手からボールが離れる。その一瞬、レフェリーは数多くの判定をしなければならない。守備側の選手は努めてラックから出ようとしたか？　そうでないなら、その選手はペナルティの対象だ。ボールの上に横たわったままで、守備側のチームもすでに警告を受けていたならば、イエローカードを出すのは正しい。

その一方、攻撃側の選手が単にボールを解き放とうとしていただけかもしれない。あるいは、その選手がむやみに対戦相手に飛びかかって傷つけようとしたのか？　さらにまた、レフェリーがその状況をどう判断するかで、プレーを続行させるか、ペナルティの笛を吹くか、イエローカードに手を伸ばすかは、任されているのだ。

その違いは多くの場合、かなり微妙で、しかも、レフェリーによって、対応がまったく異なることだってある。確実に言えるのは、レフェリーの判定が試合展開に強い影響力をもつ、ということ。もしレフェリーが、どんなに些細な不正行為にも笛を吹くとすれば、試合は少し進んではまた止まるの繰り返しで終わるかもしれなくて、ペナルティの認定どころではなくなる。かといって、些細な不正行為を放置して試合を進めれば、レフェリーには自由放任主義《レッセフェール》な態度があるとみて、両チームともこれにつけこむ可能性がある。そうなると、試合はあっという間に収拾がつかないことになり得る。なぜなら、ある選手がほかの連中が笛も吹かれずに不正を働きつづけていると判断すれば、自分たちも似たような手を使って張り合おうとするかもしれないからだ。

　こんなもんじゃだめだといわんばかりに、両チームとも——選手と同様、コーチ陣も——徹底的にごまかそうとする。レフェリーが、ロッカールームに入って選手の靴底の鋲《びょう》を確かめ、監督やキャプテンとルールの詳細について確認しあうその瞬間から、両チームには偽りの笑みが浮かんでいる。ときには、そのごまかしの始まりが、早すぎないかと思うときもある。報道陣に対して次のようなことを触れまわるときだ。対戦相手はある一定の状況におかれるとどんなごまかしをやっているとか、レフェリーがある特定の選手のプレーばかりに目を光らせていてひどいとか、午後のひとときにオフサイドを連発する常習犯がいる、とか。

　数年前、スクラムの危険性が認知され、スクラムの専門家であるフロントローの選手でなければ深刻な故障を負いかねないとして、リザーブにフロントローの選手が残っていない場合は、ノンコンテストスクラム（押し合わないスクラムのこと）を強制するという新ルールが生まれた。この新ルールはよかれと思ってつくられたのに、やたら乱用されるようになってしまった。チームが午後の試合中、スクラムで後退させられっぱなしなら、数人いるプロップを退場させれば、問題が解決するからだ。〝故障した〟フロントロー数人の代わりに第三列の選手一人をリザーブにおけば機動力が増すうえ、スクラムでの余計な競り合いがなくなるから、確実にマイボールが取れる。

こんなことが頻繁に起こることは予想できたはずだ。それなのに、レフェリーはルールを字義通りに適用する義務を、たとえどんなに気を抜いたプレーをするチームだと思ってもあてはめることになる。しかも、騙しかどうかを見極めるのは不可能に近い。あるプロップにレフェリーが、これといって異常は見あたらないと告げても、次のスクラムでその選手がスクラムを崩して背骨に深刻な負傷を負ってしまうかもしれず、そうなったらそのレフェリーは法的責任を問われるおそれがある。というわけで今年ルールは改正された。フロントローの選手が足りなくなった場合、スクラムをそれまで通りノンコンテストにしてもいいし、交代要員がいなければ他のポジションの選手を出してもよくなったのである。このルール改正がなされて以来、同じような状況が発生しないのはなんとも奇妙なことだ。

レフェリーとはまた、自分の進む先を文字通り注意《ウォッチ》しないといけない。ラックまたはモールからボールが出てくるのを待つ間、レフェリーが立つ位置はフィールドのオープンサイドや、守備と攻撃の両チームのあいだにあるゲインライン上になることがほとんどだ。これは、レフェリーにはボールの保持をめぐる戦いの中で、何が起きているのかを見極め、かつオフサイドラインを決めて、次のフェーズへどう移っていくかを正確に狙いさだめられるようにするためだ。もっともなポジションであるけれど、それは攻撃側のチームにも有利になり得る。レフェリーをついたて《スクリーン》代わりにすれば、ボールを持つ選手は守備側の死角にうまく入ってディフェンスの壁に突進できる。レフェリーに向かって走ってみるといい。自分をタックルするために走る選手の視界からコンタクトエリアに突進する自分の姿が消えたり、レフェリーが自分にぶつからないよう相手のいる側にぱっとよけてくれれば自分には有利になる。

理屈のうえでは、レフェリーは動かずにじっとしていればいいから楽だと思われそうだが、オフサイドラインを確認し、自分に向かって走ってくる数多くのダミーや、シザーズ（二選手が左右斜め前方へクロスして走りながらパスする）の動きに惑わされて――そこにボールを持つ選手がサポートの選手と併走してくれば――身の置きどころがわからなくなるかもしれない。おまけにこうしたことすべてがものすごいスピードで起こることを肝に銘じておかねばならないのだ。ボールかボールの保持者に接触されたら、レフェリーはプレーをとめてボールを持つ側のスクラムにするが、ディフェンス側の妨げになったなら、ただ運が悪いだけ。だからディフェンダーは、自分が不利な立場になりそうだとわかれば、これから起こる「密集」状態にレフェリーも押しこんでやろうかという気になりかねない。レフェリーに行く手をさえぎられたからとか、タックルしようとしただけだとかを口実にして。レフェリーにとっては、あんまり愉快なことじゃない。

ロロと私は、ラ・ニュイ・デュ・リュグビィに行く前に、プロヴァレの他の代表者たちと午後のひとときをすごしているところ。私は常々、この選手会こそ所属クラブとのいかなる対決においても役に立つ擁護者だと思ったものだ――たとえば、第8章に登場したダニエル・ハーバートは法廷での闘争中、選手会に代理人になってもらった――が、実際は、それよりはるかに大きな意味がある。選手会が前シーズンの労働協約を後押しする原動力となったのだ。協約の中身は、プロのラグビー選手の最低保証賃金を一か月あたり、トップ14にいる選手は二千三百七十五ユーロ、二部リーグの選手がその半額、つまりはフランス全労働者の最低賃金と同額に固定する。選手権の新旧シーズンのあいだに八週間の休暇をとらせる（ただし親善試合やトレーニングは含まない）。年間六週間の休暇と、最低でも週休一日を保証する。また、引退した選手が、トレーニングと職業適応指導を受けて社会復帰するための仲介機関の設置も決まった。

選手会はフランスラグビーの現場が、老舗クラブ対ナショナルチームという長年の対立から、いまや三者間――つまりクラブ対ナショナルチーム対選手会が対立して行き詰っていたところで、十分すぎるほどの役割を果たしてきた。これが事態をややこしくしているとはいえ、選手にとってはいいことなのだ。たとえば今回の会議では、我々はクリスマスからニューイヤーの期間に試合をやる可能性という、これまでクラブ側から出されていたテーマについて話しあう。クラブ側の意見としては、年間予定があまりにびっしりなので、シーズン中盤にあたるこの時期の週末をむだにしていては、ほかの週末に国際試合やクラブ間の試合を倍加するか、十日間のあいだに三試合を無理やり押し込んで、金・水・日曜に試合をしなければならない、というもの。だが、選手側はこう考える、クリスマス休暇は神聖にしておかすべからずだ。同じ町にいても親兄弟そろって暮らす家族はわずかなのだし、一年のうちでこの時期だけは、みんなが集まり、数日間リラックスできるのだ。選手はシーズンの変わり目にひと月休めるとはいえ、七月十四日までにはトレーニングに戻らなければならないし、そのころに学校や仕事がある家族の大半が夏休みに入るので入れ違ってしまう。というわけで、クラブ側にとってはうんざりするだろうが、クリスマス休暇については投票の結果、大差で協定しないことに決定する。

年間試合予定に関するこうした類の決定は些細なことだと思われるかもしれないが、フランス選手権の運営にかなりの影響を与えている。国際試合が選手権のラウンドと同時期に行なわれるたびに、ビッグクラブのように、国際的に活躍する選手が集中しているところは不利益をこうむるが、弱小クラブのほうは番狂わせの勝利をつかむチャンスが増える。

小さいクラブのほうが、国際試合とフランス選手権の試合が併行開催されることに賛成している（もっとも、自分たちがそれを奨励しているようには見られたくない）。というのも、財源の差で生ずる不均衡を矯正できるからだ。ビッグクラブが反対するのは、金のかかる国際的な選手を雇うことにペナルティを課されているような気がするからだ。しかも、ナショナルチームの代表を務める「協会」は、トッププレーヤーがトレーニングや試合準備にできるだけ参加するよう求めている。協会の要求が最近になっていよいよ切羽詰ってきているのは、フランスがワールドカップ二〇〇七年大会のホスト国だから。ホームでのすばらしいパフォーマンスこそ、ラグビーにとって大いに助けになるはずだから。

フランスのシステムは、ニュージーランドや南アフリカ、オーストラリアのように国の組織が中心になっているわけではなく、イングランドと似たシステムで、クラブと国のあいだには代表選手をめぐってある程度の緊張関係が常にあり、二〇〇七年はとりわけ紛糾したようだ。いまのところ、ビッグ3のうちの一つがフランス選手権準決勝への進出を逃し、その理由がチームのベストメンバーが国際大会に招集されてしまって格下チームとの試合に負けたせいなんていう実例はないけれど、もし本当にそんなことが起こったら、ラグビー界には憤怒の叫びが響きわたり、まちがいなくなんらかの策が講じられることだろう。

選手同士の会議で私たちが話しあうテーマには、フランスで行なわれた数多くの試合について進められている医学的な研究や、選手の健康が長期的にみて脅かされているかどうか、などがある。体力的な許容範囲はどこまでなのか？　選手は一シーズンに三十試合以上に定期的に出ている――国際クラスの選手となると四十試合ほどになるときもある――ことと、最近の試合がより激烈になっていることをあわせれば、これは考える価値のあることだ。試合がもっと増え、回復はもっと遅くなると、急《せ》きたてられた選手がパフォーマンスを高める薬に向かってしまうかもしれない。

選手会では、選手が一シーズン中に出場できる試合数の上限を決めようという提案が出されているが、こんなことを強制するとやっかいなことになる。たとえば、試合終了間際の十分間だけベンチを離れることは、八十分間フル出場するほど体へのダメージが少ないのは明らかだし、ある選手が所属チームと決勝に進出しようとしているのに、彼に割り当てられた試合数に達してしまったから、彼の人生で最も重要な試合に出ることを選手会が禁じるという、ばかげた状況を招くことになりうるのだ。

どんなルールであれ、守らせるのは難しい。常に例外が生まれるし、ときには選手自身が試合に出たいと思うかもしれない。今シーズン初め、海外への遠征試合に帯同した選手がフランス選手権の開幕試合に出られないことに気づいたクラブがあった。労働協約の中に選手権の新旧シーズンのあいだに八週間の休暇をはさむというルールがあるからだ。これは、親善試合に出るのはシーズン開幕への準備になるので違反にはならないが、ツアーが非公式だったことが問題になった。そうは言っても、選手たちは試合に出たいから出た——少なくとも、やりたかったと言っていた（やりたくないと言うほうが難しい）。

ブルゴアンはルールを厳守し、国際的な選手を出さずにブリーヴに僅差で負けたが、一方でビアリッツやトゥールーズ、ペルピニャン、ナルボンヌは、出してはいけないはずの選手を試合に出して——故障者がいたので出さざるを得なかったとクラブ側は主張した——そして勝利した。そうしたクラブには数千ユーロの罰金が科されたが、大半のクラブにとってこの程度の罰金は、石を投げつけられる代わりに甘い菓子《プロフィテロル》をぶつけられるようなもので痛くもない。唯一の例外がナルボンヌ、わがチーム同様金のないチームだが、ジュリアン・カルデロンがフランスのために試合に出たことを誇りに思ったものの、一万ユーロと下された罰金がなかなか払えなかったのだった。選手会がいま望むのは、労働協約のいかなる違反に対しても、制裁は競技上での措置——フランス選手権のポイント消滅というような——にすればいいということ。そうなれば、もっと影響力が出るはずだ。

選手会は、ストライキを宣言する選択権《オプション》ももっている。これまで行使したことはないが、前シーズンの最終試合の前に、圧力をかけたLNRがキックオフ数時間前に譲歩したことがあったが、そのときに選手会は、ストライキになれば関係者全員が大損害を受けるだろうと脅しをかけた。シーズン最後のラウンドは、全試合同時に開始し、テレビ中継されることになっていたからだ。ストライキになっていたら、カナル・プリュスとフランスラグビー界との関係は深刻なことになっていただろう。一九八一年、TF1という地上波のみで放送するフランスの民放テレビ局がフランス・ラグビーリーグ（十三人制）選手権の決勝戦を生中継したときに、ほんの四分経過した時点ですさまじい絶叫が響きわたり、レフェリーが試合中止を告げたとたん、その後は画面いっぱいに沈黙時間《デッドエアー》が一時間半も流れっぱなしになった。これ以後、リーグの試合は二度とテレビ中継されないという伝説が残ったほど。これは事実ではないが、評判を落としたのは確かだ。ラグビー界はメディアを通じてポジティブなイメージをつくりあげようと必死でやってきたのだから、カナル・プリュスの面子《メンツ》をつぶすようなことになれば、ラグビー界自らが墓穴を掘ることになる。選手にとってストライキは、いまだ核兵器級のオプションであり――メディアを叩くことができる、ある種の相互保証みたいなもの。プロスポーツ選手によるストライキ行動は、知られていないわけではないが、選手側の勝利で終わることはほとんどない。

クラブと選手、そして協会《フェデラシオン》の間では、ときに論争が巻き起こることはあっても、三者の関係はいまなお健全だ。問題解決の鍵を握る人物の大半が元選手だから、ビール一杯で三者間の違いを解決する術を承知している。私は偶然にも、セルジュ・ブランコと、選手会のディレクターでありトゥールーズの元キャプテンだったフランク・ベロ、そしてビアリッツ監督のジャック・デルマスの三人と出くわす。場所はビアリッツのナイトクラブで、こちらが雪辱戦を終えての午前三時のことだ。そのときの彼らときたら、万事うまくっているかのような表情を浮かべていたっけ。

スタッド・フランセとのパリでの試合は、ひじがまだ麻痺したままの私は出られないが、観戦には行く。スタッド・フランセには魅力的な過去がある。一八九二年、フランス選手権史上、初の決勝進出を果たしたチームで、そのときはラシンに3対4で負けるが、翌シーズンは優勝し、一八九三年から一九〇八年の間に八度優勝している。一九二七年に、決勝でトゥールーズに敗れて、翌シーズンからの六十年間は放置状態が続いた。一九九二年にマックス・グアジーニが指揮をとるようになると、その時点で三部リーグだったクラブを一九九五年に、近隣にあるクラブ・アトゥレティク・スポルツ・ジェネル（ＣＡＳＧ）と併合させ、同年にベルナール・ラポルトを監督に就任させた。

それ以後の三シーズン、スタッド・フランセは三部リーグを勝ち抜き、次の二部リーグ昇格をかちとり、一九九八年に決勝でペルピニャンを破って再びフランスチャンピオンに返り咲いたときには、前にタイトルをとってから実に九十年が経っていた。二〇〇〇年、〇三年、〇四年にも優勝し、ハイネケンカップ決勝に二度進出した。

ベルナール・ラポルトは、一九九九年にフランス代表監督に就任したが、スタッド・フランセとの密接なつながりは保ったままだった。後任についたクラブ監督のジョルジュ・コストをシーズン中に追放してしまったのだ。クラブの選手は残った二か月間を自分たちだけで切り盛りして、リーグ優勝を果たしたのだからお見事。そのあとオーストラリア人のジョン・コノリーが新監督に就任したが、どうやらフランス人の思考様式になかなかなじめなかったようだ。元南アフリカ代表の監督だったニック・マレットが後釜にすわり、二〇〇三／〇四年のシーズンで前季よりいい結果を残せたのは、フランス語とこの国民の精神を理解していたことがかなり大きな助けとなっていて、これは彼がフランスのクラブラグビーに所属していた一九八〇年代に身につけたものだった。元フランス代表のキャプテンだったファビアン・ガルティエが、現在の監督である（二〇〇九年以後、ガルティエはクビになり、モンペリエの監督に就任した）。

パリジャン（スタッド・フランセの愛称）は、ほぼフルメンバーをそろえてきたが、いつもの先発メンバー数人をベンチスタートさせるだけの余裕がある。彼らは我々を叩くことにあまり手間をかけたくないはずで、唯一気をもんでいるのは、四トライをあげて最大5ポイントを確実にとっておうちに帰りたいということだけだ。五分も経たぬうちに、彼らはトライとコンバージョンキックで得点をあげる。モンペリエにとって長く不愉快な夜になりそうだ。我々はしばらくのあいだボールを保持し、敵のディフェンスを大幅に揺さぶることさえあるのに——とくに、カウンターアタックからの——フィニッシュが決められない。ダヴィッド・スクレラがペナルティキックを追加し、ジェローム・ヴァレはイエローカードをもらい、スタッド・フランセがほとんどすぐに追加点をあげる。0対17、我々はまだほんの二十五分しか試合をしていない。

モンペリエは前季この地で12対82と壊滅的な負けを喫したが、あれはホームで49対25とスタッド・フランセを襲撃したことへの、何か復讐の意味あいがあった。我々は惨敗という同じ轍《てつ》は踏むまいと願うしかない。ダヴィッド・ボルトルッシがペナルティキックを決めたので、前半戦終了時に我々のスコアボードには3が記されている。

リスタート直後、我々はハーフウェイライン上で、相手ボールをターンオーバーする。すばやくショートサイドを利用し、若きユーティリティバックスで、左のウイングで出ていたセブ・ロジェロに突進させると、彼はタックルしてくるディフェンダーをなぎ倒し、ゴールライン目がけて縦横無尽に全力疾走していく。美しいトライが一本、そしてボルトルッシのコンバージョンキックも決まって10対17。さらに数分後にも彼がもう一本ペナルティキックを決めて13対17となる。

ペルピニャン戦のスコアは前半終了時に3対17で、そのあと逆転したっけ。まさか、二度目はあるだろうか？　しばらくのあいだ、信じられないことに、本当にあるかもしれないと思えたが、そんな妄想はやはり現実に蹴散らされる。ビュビュにかなり怪しいイエローカードが出されたうえに、後半十分、我々はスタッド・フランセのスコアの半分も取れず、ボーナスポイントどころか、勝ち点1すら手が届きそうにない。

後半開始十分と少々が経過したところで、またもや疑問の余地ありの判定を出されたジェロームが、フラストレーションのあまり爆発し、レフェリーを愚弄するような顔を向ける。この試合二枚目のイエローカードでレッドカードに変わり、彼は試合終了を待たずして退場処分。スタッド・フランセがまたもトライを二本とり、13対45で決着がつく。我々は十四人対十五人の試合を三十分以上やるはめになり、そのあいだに相手は、総トライ六本中の五本を決めたのだった。

11　食事と攻撃力

クリスマス休暇があけての最重要課題は、カストルとの雪辱戦だ。私はまたも負傷中。この本の書き手の体のもろさが心配になってきた読者がいるかもしれないが、それはあなただけじゃない。このシーズンであともう少しは試合に出るとお伝えして、どうか、これからの話にもおつきあい願いたい。

今回、私はずっとテレビで観戦。テレビをつけたときがキックオフの五分後で、モンペリエはすでに7点負けている。おいおい。やがてロロ・アルボのインターセプトでトライが決まって7対7。

スクラムでは、敵陣がミューズを欠いているので――元オールブラックスのプロップでさえ負傷するのだ――最初からこちらが圧倒していて、やがてココがペナルティキックを二本決めて13対7。カストルが再びトライをあげるが、まだ13対14。こちらのラインアウトからインゴールにもちこんで、これは確実にトライを決めるべきところ。ところが、われらがフッカーのディオが、だれかの足の上にボールを置いてしまって、しっかりグラウンディングができなかったあげくに前にボールをこぼしてしまい、レフェリーが相手スクラムを告げる。カストルが復活する一方で、こちらは二十分間、手足がしびれたように動きがとまり、三つのトライを決められてしまって、事実上負けたも同然だ。

　レフェリーの笛が前半終了を告げた時点で16対35、こちらはジェローム・ヴァレがイエローカードを出されると、勝利の機会が逃げたとばかりに意気消沈。最初から結果が決まっているかのような試合でよくありがちだが、後半は試合の体《てい》をなしていない。カストルはすでにトライを四つとっているからボーナスポイントも手に入るわけで、いまはただ終了まで形だけでも試合をしているというところ。今度はセブ・ロジェロからのインターセプトがあり、アルボにとってはこの日二本目の見事なトライ。それはつまり、残り二十分にして、我々にもボーナスポイントの可能性がちらつきはじめたということだ。だが、終了まであと十五分のところで、右プロップのアントニー・ヴィーニャが、強烈なパンチを一発、よりにもよってレフェリーの目の前で殴ってしまったものだからレッドカードを出され、十四人対十五人では、こちらに得点能力はなくなる。

　アントニーは、ある意味、プロップの中でもきわめつけの保守派だ。ゴルゴジラがグリズリーベアそっくりだとしたら、アントニーはどちらかというとでっかいテディベアみたいで、ずんぐりむっくりタイプ。ウェイト・トレーニングやら栄養士の指導やらは我関せずで、自身のキャリアを積んできた。彼は私のよき友であり、フォアグラやチーズに目がないうえに、フランス料理で出される美味なる食材のすべてを大盛りで食べてきて、一九七〇年代のプログレッシブ・ロックは昔から、そしてインターネットによるロールプレイングゲームにもはまりっぱなし、そうしたもろもろが組み合わさって、彼のあの独特な忍耐強い性格がつくられた。少し離れたところから彼を見れば、チーム一アスリートらしく見えないかもしれないが（だから私は助かる。なぜなら彼がいなければ、私が最悪のハンディキャップをもつ選手だから）、非常に有能な選手であり、その巨体を賢く利用していることがわかる。私のかつてのコーチの口癖だった「太った男が通る道」――彼の歩みはその典型であったとも言えるし、フロントローがもつ腹黒いテクニックにも通じている。だとしても、彼は理由もないのに人を殴りつけるような男じゃない。

アントニーのあのパンチは、チーム全体に欲求不満《フラストレーション》がたまっていることの表れだ。勝ち目があったはずの試合をあんなぶざまに取りこぼして28対54の大敗を喫したことと、プロップとしての仕事に精を出していた彼がラックのわきで静かに立っていたところから、スパイクの鋲をカチャカチャ響かせ近寄ってきたことを併せて考えれば、そうとしか言いようがない。それでも我々は、ポジティブな面を強調しようじゃないか。結局のところ、これは優れたチームを相手にしたアウェーゲームなんだ。それに二十分間だけでもいいラグビーができたことは、何もないよりましじゃないか。

ホーム・アンド・アウェーの問題だけが、フランスとこの国のラグビーに不慣れな外国人を驚かすものではないのはもちろんだ。私が驚いたことでまず最初に挙げたいのは、食べ物のこと。要するに、ここはフランスだから、食事が大切。ラシンでのデビュー戦、キックオフの四時間前に全員が集合して、三品料理の食事とさらにはコーヒーまで出された。皿にはすべての料理が盛りつけられ、私は楽しく食べ、そして味も悪くなかったから目の前に出されたものはすべてかきこんだ。お代わりすらしそうになった。グラウンドに向かう途中で私は気づいた。これからウォーミングアップ開始までに食べたものをすっかり消化できるだけの時間はなさそうだ、と。

アドレナリンというのは、不思議な働きをするもので、私が思いっきりラグビーをするためには、ロッカールームまで歩いていける力と湿布剤のにおい、それにコンクリートの通路上でスパイクの鉄鋲が立てる音、それだけあればパブロフの犬のごとく、いわゆる〝戦うか、逃げるか《ファイト・オア・フライト》〟モードに入っていける。たとえ出場していなくても、だ。アドレナリンが消化の働きを抑え込み、すべての血液を筋肉と脳に送り込んでくれるからで、ふだんなら実にありがたいことなのだけれど、三品料理に加えてつけあわせとコーヒーまで平らげてしまったこのときばかりは違った。一時間前にこれが見納めと思って食べたあのチキン入りパスタとじきにまたお目にかかったらまずい、と心配しはじめている。

ほかのみんながどう対処していたのかわからない。ひょっとすると、もう慣れてしまったのかもしれないし、私みたいな食いしん坊ではなかったのかもしれない。いずれにしても、私のフランス語はこの問題を議論できるレベルには到達していなかったし、心配の対象をそろそろ試合に向けねばならなかった。もっとも、私の消化管は無視される気はなかったようで、練習が始まるとひとしきりブープープープーとブラスバンドみたいな音を出し、恥ずかしいったらありゃしない。通説に反して、フランス人はトイレのユーモアを少なくともイギリス人並みには楽しんでくれる。というわけで同情はされないにしても、せめて数人を笑わせることはできた。ハーフタイムが来るころには、すべておさまるところにおさまったが、あんなパフォーマンス、二度と繰り返したくないものだ。

試合前の食事に関してもう一つの問題は、メニューがいつも同じこと。いつもなのだ。内容は、私が初めて味わったハムと野菜サラダ、次にチキンとパスタの料理が出て、仕上げはヨーグルトかフレッシュチーズ《フロマージュ・ブラン》で、私がこの先の九年間、試合前に毎回、同じ食事が出されるのだとわかっていたなら、フランス行きはやめていたかもしれない。

もちろん、チキンとパスタの料理の出来はさまざまで、試合のある土地にも左右される。イタリアは食事のランキングではトップ。フランスは地域によるが、他国よりもよくて――カストルの郊外にある小さな店で出されるチキンは、いつもタイムとレモンの搾り汁をかけてローストしたもの――料理はたいてい信頼できる。

イングランドとアイルランドも大丈夫。実際、イングランドはあのチキンとパスタ料理のいまいましいサイクルを断ちきってくれた。二〇〇二年十一月、グロスターで、どういうわけか我々の伝統が打ち破られて、早い時間の試合開始を前にしたブランチで一度だけベーコンと卵を食べたのだ（嘘じゃない、こういうことは忘れないもんだ）。

その一方で、スコットランドとウェールズは、フランスのラグビー選手のあいだでは、とんでもない調理法で悪名高い。正直言って、すべて試食してきたわけじゃないが、チキンはいつもぞっとするピンク色に茹でられていて、本当にチキンかきわどいところ、かたやパスタはだめにするほうが難しい料理だと思うのに、彼らは調理に苦労しすぎているみたいなのだ。

昔から「人の体は食べ物しだい」とよく言うが、我々も、プロスポーツ選手である以上、ふだんの食生活にもっと気を配るようしょっちゅう言われつづけている。ほとんどのクラブに栄養士がいて、レギュラー選手の栄養管理をしているが、モンペリエも例外ではない。もう何年も前から複合炭水化物と分枝鎖アミノ酸、それにフルーツと野菜をとりなさい、アルコールはダメ、むろんタバコもダメ、と指導を受けてきた。そのたびにみんなはもっともらしくうなずいて、ちょっとした質問を二、三してみせるものの、正直言ってフランスでは、そんなアドバイスは無視されている。少なくとも、私が所属してきたクラブではどこも、選手の三分の一は喫煙者だし、ほとんど全員が酒飲みだ。アングロサクソン人の比率にかかわらずだ。パスタなんてみんな食べている。だからなんなんだ？　オールブラックスの伝説の選手コリン・ミーズが最近指摘していたとおり、パスタがラグビー選手にとっていいのなら、イタリアチームがとっくに世界チャンピオンになってなきゃおかしいだろう。

つい最近も、クラブの栄養士が次のようなメッセージを納得してもらおうとした。生理学的に言えば、昼はたっぷり食べて、夜はかなり軽く済ませたほうがいいのです、と。これを聞いたローラン・アルボ（ロロ）は、それは納得できないなと言ってのけた。うまい食事は社交的にも重要だね、一日の終わりにうまい食事があるからこそ、すべてがうまくいくんじゃないのか、と。彼はこう言いながら、毎晩たしなむ酒瓶のコルク栓をぽんと抜くしぐさをしてみせた。というわけで、この分野での課題はまだまだ残っている。

フランスでもう一つ問題なのは、ただ有名なだけで、たぶん誇れるところはほとんどない、あの官僚主義というやつだ。この現状はいたるところで見られるようだが、何をするにせよ退屈きわまりない書類を必ず三通作成しなければならないし、さまざまな必要条件を満たしていなければならないのだ。こんな愚行で得をするのは、システムの維持管理に携わる人か——もしくは、まだこのほうが少しはましだが、実際に窓口で手続きをしている人だということを、私はラシンに加入してすぐに思い知った。一緒にやることになったラシンの監督は、契約交渉時には通訳を介していたのに、到着した私を車で迎えにきてくれたときは、予想できたこととはいえ、見事な英語を話すことがわかった。「私は英語が話せない《ジュ・ヌ・パルル・パ・ラングレ》」という、このフランス語の一文だけが状況に応じてつかう決まり文句《クリーシェ》ではないことを、私は必要に迫られて知った。荷物を置くためにだけホテルに立ち寄り、それからフランス協会のオフィスを訪ねて、ライセンスの手続きが完了するのを待っていた。私はシーズン途中で渡仏したから新規加入選手の契約期限を過ぎていたけれど、監督はそんなことではひるんでいないようだった。私の調査書類に目を通してもらうことになる事務官にこれみよがしにチョコレートの詰め合わせを見せながら、こう言ったのだ。「ここはフランスだ、我々はルールがあるのは承知しているし、意味だってわかっている。だけどね」——〝ゴール人（フランス人のこと）〟が肩をすくめてみせた——「それを破るのも我々なんだよ」。

残念なことに、こういう類の融通をラシンにいるだれもが持ちあわせていたわけではないので、フランスにきた最初のシーズンを私は労働許可が下りないまま送るはめになった——私が、許可証をとれなかったせいではなく、私には許可証は必要ないと再度断言したとんでもないやつがいたからだったのだ。

次に移籍したペルピニャンも、わずらわしい正規の手続きと善意による違法行為とが絶妙にまざりあったクラブだった。クラブの車を運転した直後に、私は駐車違反の呼び出し状をくらってしまったことがあって、そのころには物事がどう機能するかがわかっていたから、この件は、クラブのフロントの中でも頼りになるある人に報告することにした。彼が私の問いかけにすまなさそうな顔をして見せたのは（この件なんとかなりませんか、というような顔を私がしていたんだろう）、彼ならどうにか不正な手段をつかって助けてくれるはずだという思いを私がにおわせたからではなくて、どうやら彼にとって駐車違反の呼び出し状とは、罰金など払わずにして処理するのが当たり前のことだったらしい――要するに、だれにその話を通せばいいかが決まっていたというのだ。その彼が正直にこう言った。「いつも渡りをつけていた担当者が最近、辞職してしまってね。今度のは困ったことにあまり協力的じゃないんだ。どの部署から異動してきたんだか、事の処理の仕方がわかってないみたいだ。だからきみの力になれそうもないよ」

二月、ブルゴアンとの雪辱戦を翌週に控えて、私はまたもやフランス人ラグビー選手の血に飢えた気質を目のあたりにすることになり、絶対に巻き込まれたくないと思っている。私は故障から復帰したものの、Bマッチ用のジャージしか着られない。キャプテンは二十一歳の若きフッカー、ダヴィッドで、激しやすくて猪突猛進するのが自らの存在証明だと思っているやつだ。選手としては悪くないが、この日は戦術上の指示がこれでもかというくらいに多い。年齢差をすばやく計算してみた。こいつが生まれたころに自分はワンガヌイのU14代表でラグビーをしていたのだと気づいてしまい、これには笑っていいのか、ぞっとしたほうがいいのか決めかねていた。

私の横でプレーをしていたのはドリカス・ハンケで、南アフリカから最近来たばかりの新しいロック、イースタン・プロヴィンスの前キャプテンだった彼も欲求不満を抱えている。我々が新たなラインアウトのために集まると、またしてもダヴィッドから首をひねりたくなる要求が出たので、ドリカスが小声でぶつぶつ言う声が聞こえてくる。「そのとおりだ、ぼうや、いちかばちかやってみな」。私は、それなりに年齢を重ねて得た知恵に基づき、役に立つ提案をしようとするが、返ってくることばはいつも同じ。「命令は命令だ」

こんなふうに言われて気分がいいわけがない。我々がオーシュから来た二軍と対戦しているのが日曜、それまでが長い一週間だった。水曜は町からだいぶ離れた、でこぼこだらけの危なっかしいグラウンドでのエスポワール（二軍）とのトレーニングでうんざりするし、極めつけはレ・ラシェル（U21チーム）を相手に試合を想定した練習だった。こういう記述をときどきみるが、エスポワールが一軍との試合ではアフリカミツバチ《キラービー》の大群になるというなら、U21チームはさながらエスポワールと対決するためのピラニア養成所みたいなものだ。一人ひとりに注目すれば、とくに脅威を感じないのに、ひとたびこちらがボールを手にすれば、その足にやつらのうちの六人くらいがかじりついているはずだ。しかも、ピッチ上に五十人近くもいるように思えてしまう。

とにかく、この特別な日曜の午後に、我々はオーシュ（ここの一軍は二部リーグ所属）を負かそうとしているが、試合の展開にとりわけ印象的なものはない。スクラムでプレッシャーを受けても、深刻なことはない。こちらが楽々とボールを出しているのに、ダヴィッドは相手のプロップにうんざりさせられ不機嫌になり、キャプテンとしての指示を私に出す。「次のスクラムでは（フッカーを）持ち上げろ」――要するに、私がバインドをやめて手を伸ばし、敵のフロントローの一人にパンチを食らわせろというのだ。

これまでに二、三度やったことはあるが、それは我々が完敗しそうな特別な場合に限られたこと。日曜の昼下がり、ましてや楽勝できるBクラスの試合で、それもだれかさんのプライドが傷ついたという理由だけで、やろうなどとは思いもしない。人を傷つけるなんて、これをやるにふさわしい相手ならともかく、そうでもないかぎり絶対に御免こうむる。スクラム中、無防備にひょっこり顔を上げてくれるようなおめでたい選手なんているわけがなく、ただの喧嘩《バガール・ジェネラル》が始まる可能性は大だ。

フリースタイルの喧嘩なら、参加するより見ているほうがよっぽど楽しい。こうした状況におかれたら、背中は常に味方側に向けて、不意打ちをくらわそうとする卑劣なやつに備えて側面からまわりこまれないよう警戒するに限る。そして、正面から殴りかかってくる相手からはたっぷり距離をとることだ。みなのために名誉や光栄、正義を求める現代の騎士《ナイト》のごとく、乱闘のまっただなかに勇壮と踏み込んでいこうなんて考えは、アドレナリンが噴き出して、血液が耳の中で音を立てて流れはじめたときには名案だと思うかもしれないが、実はむだな骨折りだ。あいにく乱闘を仕かけた張本人が自分だった場合は、たぶんレッドカードをくらうだろう。だが、その気になれば――たぶん、その気になるだろうけど、いっそ自分で自分をいためつけるという手もある。最も望ましいのは、けんかはやめろとちょっとだけ威嚇しながら、適当に手足をふりまわして、軽い擦り傷をいくつかつけておけば、アフターマッチの場でしっかり目立つだろうし、こいつは乱闘に巻き込まれても気にしてないとみなが思ってくれるだろう。こんな途方もない努力をして、相当危ない目にさらされる割には、たいした報いがないことには驚かされてしまうが。

もし本当にしたたかに殴られたなら、いちばん身近にいる相手につかみかかって、そいつの頭をできるだけ自分の頭に近づけよう。相手を手放さずにいれば頭突きはされなくて済むし、その男を逆上させるようなけしかけの文句ではなく、それでいて好戦的なことばを適当に叫んでいれば、相手も軽率な行動をとる気を失う（くれぐれもフランスでは、妻の不義をほのめかすことばだけは避けるべし、これを言ったら相手は見境がなくなることまちがいなしの、侮辱のことばだから）。それなら相手に殴られることもなく、相手の味方も仲間のほうを殴ってもまずいから見逃してくれる。それに、運がよければ、そんな乱闘はすぐに終わるかもしれない。

何をしたってかまわないが、落ちぶれたことはするな。人の頭を蹴るなんて、名折れの最たるもの、あらゆる不文律に反することだ。だが、敵陣の中にはひどく頭のイカれた連中もいるかもしれない。チームメイトが、まさに狂気に走ることだってあり得る。喧嘩といえば、この先も忘れられそうにない思い出がある。ペルピニャンに所属していて、ブルゴアンとの試合中のことだ。思いっきりイカれたチームメイトが、明らかに喜びを感じながら蹴りを入れにいったのを見て、セバスチャン・シャバルまでもが駆け出して、その乱闘のど真ん中にスワンダイブをしてみせたのだ。

みんなが試合に望むのはいいプレーであって、乱闘になることじゃないはずだし、終わった喧嘩を懐かしがれと言われても難しい。概して、乱闘でのけがはふつうに試合をしているときよりも深刻にならないものだし、試合後はビールを酌み交わして、自分がどんなに暴れまくったかをチームメイトと大声で話していられる。そのやりとりを聞いて腹を立てる人もいるだろうが、フランスでラグビーをやったことがある人なら、大半が理解を示してくれるだろう。

　私がフランスに来た直後、本来なら目もあてられないような状況に陥ったにもかかわらず、心の底から感動したことがあった。ラシン在籍当時、モンペリエでカップ戦を戦っていた最中のことだ。私は、自分に突進してくる相手の胸に、肩を使ってタックルした――この手のタックルはニュージーランドでは頻繁にあったし、ルール上も問題なしと私は思っていた。ところが、このタックルがあまりに見事に決まったせいで、相手は両脚を宙に浮かせてボールを前にこぼし、背中からばったり地面に落ちてしまって、ひどいうめき声をあげたのだ。私がかけたタックルの位置も少し高く見えたかもしれない。

　私がその選手の横に倒れると、驚いたことに、ほとんどすぐさま味方選手の一人が私の上にとびのった。私は彼の体におびただしい蹴りが入るのを感じ取った。彼が自分の胴体で私の頭を守ってくれているのだ。怒りに狂った敵陣の大群が私めがけて押し寄せるのを見てしまったからだ。彼は背中に痛烈な一撃を五、六発はくらったに違いないのに、立ち上がってこう言った。「おい、大丈夫か《サ・ヴァ・モナミ》？」私は体についた埃を払いおとしながら、それがフッカーのカルロス・マルトスだとわかった。カルロスとはもう十年近く会っていないが、彼が望めばいつだってビールの一杯を喜んでおごるつもりだ。いま思い出しても、涙ぐみそうになってしまうとまでは言わないが、だれかが、とりわけ私のことをよく知らないだれかが、あんなに無欲に私を守ってくれたなんて本当にすばらしい（そのときのレフェリーには、私が選手全員を巻き込んだとしてひどく諫められたあげくに、ペナルティを課されたのだった）。

ブルゴアンとの雪辱戦は、我々としてはいい試合の一つとなる。私はエスポワールでのあの不愉快な出場で、復帰にはまだ不十分だとされて、またもやサイドラインから観戦中。ブルゴアンは、セットプレーが見事に決まった美しいトライを一つとるが、チームの要であるスタンドオフのバンジャマン・ボワイエを欠いたうえに、パペがベストとは言えない出来で退場すると、我々はスクラムやラインアウトで彼らを絞りあげて何一つやらせない。残り三十分の時点で23対20の接戦だが、トライとコンバージョンキックで得点を追加したうえに、ペナルティキックも一つ決まって引き離し、33対20で気分よく勝利する。

12　もし必要とすることがあれば……

バイヨンヌのラグビー場のど真ん中から、ゴシック様式の大聖堂の鐘楼《しょうろう》が見える。歴史的にみると〝レスプリ・ド・クロシェ〟は、教会の鐘の音が聞こえる範囲に暮らす人々すべてを意味し、その町の名誉を守るために〝ラ・スール〟という伝統的なスポーツがあったとされている。ラ・スールは、ラグビーの原型の一つで、守護聖人の祝祭日に二つの村が競いあうが、その記録が残る最古の日付は十二世紀にまでさかのぼることができる。両チームが、動物の皮もしくは膀胱《ぼうこう》でつくったボールを奪いあい、それぞれのゴールを目指すというもので、そのゴールは壁だったり樹木だったり、小川や池だった。この競技の厳密な起源ははっきりわかっていないが、古代宗教の豊饒祭祀と結びついていたことを暗示している。ラグビーともフットボールとも、そのほか現代の大半のスポーツとも異なり、この競技では、前進しながら相手ゴールを攻めるもので、スールをやる人たちの願いは、太陽や収穫あるいは出産の象徴を、対抗する村から自分の村にとりもどすことだったのだ。

ルールは一つしかなかったようだ。ボールだか膀胱だかをゴールに到達させるためには、ボールを蹴っても、投げても、運んでもいいが、肝心なのはもちろん、ボールを手に入れることだった。この競技で血まみれになることはしょっちゅうだが、それを取り締まるようなルールはない、というか、取り締まる者がいないのだ。けがをするのは当たり前でも、命を落とした者はいなかったようだ。ひとたび勝負《ゲーム》に勝てば、〝スール〟を受け取った者が——たぶん宿屋（か居酒屋）の主人か地元の貴族あたりが——村を代表して、戦った者たちが勇敢だったことをたたえて、食べ物や酒をふるまうことになっていた。

　こうした飲めや歌えのお祭り騒ぎを、フランス革命後にもその地に残った中産階級の名士《ブルジュワ・エリート》は歓迎していなかった。彼らは自分たちの働き手には秩序と良識を望んだので、十九世紀にかけて、ラ・スールはしだいに抑えつけられてしまった。それでも、教会の鐘楼の精神はいまも生きつづけている。度胸ある数人が、この古代競技を復活させようとさえしていて、近年になってフランスのあちこちで競技会が行なわれてきたというが、それは村の名誉や収穫の神のためというよりも、団体競技として楽しみたいという思いから発している。

　ブリテンにも中世には「フォーク・フットボール」という似たような競技があったし、イタリアのフィレンツェには、有名な「カルチョ」があったが、これはボールを手で持っていい競技にもかかわらず、いまその名称は、サッカーの選手権に貸し出されてしまっている。実際、ゴールを備えた球技はヨーロッパ中——もっといえば世界中で、行なわれていたのだ。中国の人たちには「蹴鞠《ツウジュ》」があり、コロンブス以前の南アメリカの人たちには「トラトリ」があったが、どちらも手を使うことは禁じられていた。

　紀元前八百年までさかのぼれば、ギリシャの人たちは「エピスキロス」をしていたというし、一方でジュリアス・シーザーは自らの軍隊の健康維持のために「ハルパツウム」をやらせていたという。だから、ウィリアム・ウェッブ・エリスがボールを拾いあげて駆け出した最初の人物だというのは、英雄的ではあるけれど心得違いなのだ。とはいえ、今日ある競技が、イングランドのパブリック・スクールや大学で洗練されていったのは確かなことで、そこではさまざまな形態のフットボールが行なわれていた。ラグビーは一八六三年にアソシエーション・フットボール（サッカーのこと）と袂《たもと》を分かち、一八七一年にラグビー・フットボール・ユニオンが設立された。その翌年、この競技はイギリスの商人や水夫を経由してフランスに上陸し、最初のクラブであるル・アーブル・アトレティクが一八七二年、ブリトン人によって設立された。同年には、パリにイングリッシュ・テイラーズ・クラブが設立されるが、これまたブリトン人によってであった。ラシン・クラブ・ド・フランスとスタッド・フランセがフランス人学生によって構成されるのは一八八〇年代になってからで、両クラブが一八九二年のフランス選手権でまさに初の決勝対決をした（ラシン4点対スタッド・フランセ3点）。このときのレフェリーが、かのピエール・ド・クーベルタン、オリンピック大会で名を馳せた人物で、一九〇六年のニュージーランドを相手としたフランス初の国代表チームの試合でもレフェリーを務めることになるはずだった。

ド・クーベルタンの保護下にあればこそ、一九〇〇年のパリ・オリンピックではラグビーが行なわれた。それ以後、三度のオリンピックで競技種目となり、最後にチャンピオンの座についたのがアメリカ合衆国。一九二四年にパリでの決勝でフランスを17対3で倒した（他に、この競技に参加した国はルーマニアだけだった）。その決勝戦はひどい内容で、殴る選手あり、退場する選手あり、フランス人選手二人はハーフタイムに歩いて帰ったらしいが、それは暴力を受けて具合が悪くなったせいで、試合終了時に観衆が騒ぎ出したのはアメリカ人観客の数人がけしかけたからという。こうしたことすべてが、とてもオリンピック精神では斟酌《しんしゃく》しがたいものだったから、ラグビーはオリンピック種目から消えてしまったのである。

一八九九年になるまで、フランス選手権はパリにあるクラブしか参加資格がなかったのが、この年、地方のチームも参加できるようになった。その決勝戦でボルドーにあるクラブ、スタッド・ボルドレがパリジャンズ・オブ・スタッド・フランセを5対3で破ると、フランスラグビーの勢力基盤は南へ移り、そこがいまもなおラグビーの中心地域《ハートランド》になっている。フランス西部にあるラ・ロシェルからフランス中部を横断して東部にあるリヨンまで一本の線を引けば、線より南にはプロリーグのクラブ（トップ14と2部リーグのプロD2《デ・ドゥ》）が三十あり、パリにあるスタッド・フランセとラシンの二つだけが線より北にある。

ラグビーの人気が急上昇していった一九一〇年、フランスがファイブネイションズ（五か国対抗）に参加したことでその人気は不動のものとなった。ところが、一九三一年に、この対抗戦の出場停止を言いわたされてしまい、その理由がプロ化の疑惑とフィールドでの過度の暴力行為、そしてアマチュア規定から見ればプロも同然ととらえる「ラグビーリーグ」からの選手採用だった。十三人制《ル・ジュー・ア・トレーズ》の「リーグ」のほうが観客数でも選手数でも圧倒していて、十五人制（ユニオン）が低迷していたのに、第二次大戦中にペタン元帥が思いもよらないカンフル剤を打ったことで状況は一変した。ユニオンのある幹部たちがヴィシー政府と近い関係にあって、その影響力を行使して競争相手を排除するため十三人制の禁止やリーグの資産没収およびグラウンド接収を行ない、選手にはユニオンでプレーするかいっさい何もしないかを選ばせようとしたのだった。戦後、リーグの禁止が解かれたとはいえ、なんの補償もないままなので、以来ずっと闘いが続いてきた。もっとも、イングランドのほうも、フランス・ラグビー界の内輪もめに口をはさんでいる余裕はなかった。第二次大戦直前、ジョージ・オーウェルがこう記している。「国際試合のある日にトゥイッケナムの西側スタンドの真下に爆弾を仕かければ、イングランドのファシズムをほぼひと世代ぶんは根絶やしできるだろう」

なぜフランスではラグビーが成功して、クリケットは、ま、そうじゃなかったのか？　世界でフランスを別としてラグビーが行なわれている主な国といえば――国際ラグビー評議会の創設メンバーであり――（大ブリテン島およびアイルランドにある）〝ホーム〟と呼ばれる国、もしくは、かつての大英帝国の植民地で、似たような価値観をもち文化遺産を共有しあう国ばかりなのだ。イングランドのパブリック・スクールや大学で、ラグビーは一競技として体系化されてきたから、南仏《ミディ》地方の熱狂的な人気とはかなり違ったものがある。フランスのラグビーはここで一気に広まったのだ。イングランドでこの競技は、たとえばラグビー校校長のアーノルド博士のように、教室では学べない教育的要素を明確にしようと望んだ人たちの下で発展してきた。体力、スタミナ、チームワーク、身体的な勇気を重要視したのは、いずれは大英帝国軍の士官クラスとなり、ブリテン人がかつて獲得した一大帝国を担っていくはずの若き学徒にとって重要なものだと考えたからだ。この〝筋肉的キリスト教〟の背後には、軍の力は教練と規律の尊重によって形づくられるものだとする発想があった。このような情況のなか、ラグビーが人格形成につながると考えられたのだ。クーベルタン男爵が当時、パリの学生たちにこの競技を奨励したのも、同じ方針に沿った発想からだ。こうした発想は、彼がイングランドとフランスを頻繁に行き来した間に得た経験によって鼓舞されたのである。

ところが、フランス南部の人たちを惹きつけたのは、人格形成もさることながら、それよりもアイデンティティを表現できるところにあった。オリンピックの信条——勝つことではなく、参加すること——は、スポーツに対するクーベルタン男爵の理想主義的な考えを反映したもので、参加するだけで道徳的美点が生まれるとしている。ためしに、キャン対リムー、バイヨンヌ対ビアリッツ、ルルド対タルブといったダービーマッチでプレーするフランス生まれの選手に訊いてみるといい。その小さな町には、偏狭なプライドがあふれているか、でなければ、隣接する町だか大都会のいとこへの恨みを晴らそうとする人でいっぱいじゃないか、と。彼らは汗水たらして——少しぐらいたれたってだれも気にしない——勝利を確実なものにしようとするだろう。世界中のラグビークラブが、ジャージへのプライドを重んじているけれど、南仏に住む人には、とりわけ深く根づいた気質があったから、試合をするグラウンドは創意にあふれたものになり、試合はふだん集団に埋もれている男たちにとって自分を輝かせる絶好の場となり、各自がそれぞれの個性を発揮してみせた。ラグビーという競技がもつ闘争的な魅力が、地域の仲間意識を強めるのに役立ったのだ。

バイヨンヌとの雪辱戦がある二、三週間前、私はヌーローに電話をかけ、私を起用するつもりかどうか訊いてみた。もしないなら、週末は休むつもりだ。エスポワールの試合は一軍復帰にはほとんど役に立たないうえ、今シーズンの残りを――おそらく残されたキャリアを――二軍のラグビーをするために費やしたくなかった。彼の答え。「他のロックがいいプレーをしているし、もし必要とすることがあれば、前もって僕のほうから連絡しよう」

いい知らせだ。週末に休みがとれるぞ。悪い知らせだ。「もし必要とすることがあれば……」というあの言い方。私は彼にこう言い返す。「それならよかった。こっちは、あと数か月は足に体重をかけても大丈夫そうだよ。それに、もう不用だからポイされるって歳でもないしね。それに、このまえのカストルとの親善試合だって、なかなかいいパフォーマンスができたし」「もちろん、もちろんだよ」彼の陰険な笑い声。くそっ。私は食物連鎖の頂点にいることにすっかり慣れてしまっていたのだ。移籍一年目、さまざまなとるにたらない故障を抱えていたにもかかわらず、毎週末、試合に出ていたし、ひどく具合が悪くてプレーができないときにパスしたのは一度だけだった。次のシーズンは、片方のひざにも故障が発生して、ランニングの矯正をする必要はあったものの、先発メンバーの地位は約束されていた。それがもはや自分がどれほど急な下り坂の途中で、めまいを起こしそうになっているのか、いままで気づかなかったのだ。

なんの慰めにもならないが、失意を味わっている選手は私一人ではない。アルゼンチン人のフランカー、マルティン・デュランドはわがチームにいる正真正銘の国際クラス選手だ。「ミディ・オランピク」というフランスのラグビー専門紙が最近、国際的なラグビー記者を対象に、世界トップレベルの選手はだれかという投票を行なったところ、マルティンはスカルク・バーガーやジョー・ロコゾコと同じ順位で、カルロス・スペンサーのすぐ上だったのだ。モンペリエで、こうしたクラスの選手と肩を並べられそうな選手はほかにいない。それなのに、マルティンは一軍での出場機会がほんの少ししか与えられず、エスポワールでかなりの時間を費やしてきた。彼のいまのフォームは、並外れてすばらしかった前年ほどよくなっているとは言えないけれど、やる気だけはあふれていて、明らかに移籍を願い出ているようだ。

雪辱戦は、両チームにとって負けられない試合だとされている。我々は十三位にいるポーとのあいだにどうにか8ポイント差をつけていたものの、勝ち点25で相変わらずの十二位。バイヨンヌは勝ち点26で我々のすぐ上にいる。どう考えても、勝っていけない理由はない。我々は前年に似たような状況で勝利したし、もし九月のバイヨンヌ戦よりもよい出来で、勝ち点30になれば、かなり事態は変わることまちがいなし、だろ?

バイヨンヌは試合開始早々、神経過敏になっていたようで、自ら何度もミスを招いているのに、こちらはたいしたことができないまま最初の十五分を使ってしまう。両チームそれぞれが落ち着きを失っている。そのうちバイヨンヌがじわじわと優位に立ちはじめる。こちらは、選手それぞれにも、チーム全体にも不運がおそう。前半終了時に0対16のスコアが、後半残り十分では0対44。一発も撃てぬまま試合終了を迎えそうに見えたところで、我らが将来を約束された若手フォワード第三列のルイ・ピカモールがひざの故障でピッチをおりると、リザーブのスクラムハーフ、ハーリー・クレーンがベンチを離れてフランカーとして入る。クレーンはペナルティキックにタップを選び、相手ゴールラインまで二十七メートル余りの地点から、実質上の空白地帯を駆け抜ける。バイヨンヌはおざなりに追いかけるしぐさは見せるものの、アントニー・ヴィニャがせわしなく動いてトライをとるまでの結末を見届ける。コンバージョンキックをココが決めて、スコアは少しだけ屈辱的ではなくなるが、相手を慌てさせるまでにはいかず、14対44で終了。私自身がかかわっていたわけではないから、くよくよする振りなどするつもりはない。結果を知らされたとき、私に近寄る人がいたら、かすかに浮かべた笑みを見られたかもしれない。

　ブルゴアンとの雪辱戦が転機になると期待されていたのが、もはやおぼろげな記憶になりそうだ。ホーム・アンド・アウェーの心理のせいで、九月の結果と二月のそれとでは、試合に対する意気込みに違いがあると釈明したところで、話題にしているのは勝ち点60台か70台かの違いくらいで、それは競技場が違うからとか、長距離のバス移動のせいだと言い訳できるレベルを越えている。

　それだから、わがチームがふがいないパフォーマンスをした責任の大半を、都合のいい理由に押しつけてしまった。試合前日に発行された「ミディ・オランピク」に、モンペリエが来季に新監督を招くつもりだという記事が掲載されて、チームが〝不安定に《デスタビライゼ》〟になったのはその記事のせいだとしたのである。

　新監督の噂でしばらくは持ちきりになったから、おそらくこれはいいニュースなのだろう。ヌーローは策が尽きてしまったらしく――いや、むしろシーズン最後の数週間に新たな策をあれこれ講じようとして、実際にはなんの突破口も開けぬまま、残り試合を消化してしまった。そして、結局はどうすることもできなかったんだと自らを納得させて、代わり映えしない負け戦《いくさ》を繰り返してしまったのだ。

新監督の最有力候補として浮上したのはアラン・イアルデ。イアルデは、ベジエでは成功したが、次のモンフェランでは大失敗して、二シーズン目の早々に解雇を言いわたされていた。その理由は、チームのパフォーマンスが期待以下だったからとか。ただ、だれに聞いても、責められるべきはイアルデ一人だけではなかったのだけれども、後釜にすわったオリヴィエ・サイセが華々しく成功したことで、イアルデの評価を落としてしまったのだ。「ミディ・オランピク」の記事をかいつまめば、イアルデがヌーローの後を引き継ぐことになれば、数人の選手と新規契約をすることになるだろう、というもの。ここからが本当にひそひそ話の始まりだ――〝傭兵選手〟は不安定な自分の状況を強烈に意識するうえ、元気でやる気満々の新しい指導者が着任すれば、自分なりのやり方で改革に取り組みたいと思うのは必然だから、だれかがお払い箱にされる可能性が出てくる。

みんなを落ち着かせようとしてヌーローとペレスは試合に向かうバスの車内で、メンバーにこうきりだす。最終的に承認されたものはまだ何もないから、新聞の書くことは信じるな。ただし、新メンバーとの契約については検討中で、ヌーローがいまより一歩引いて、よりマネジャー的な役割につくために監督候補数人との面談を予定している、と。こんな説明を聞いたら、かえって落ち着けやしない。事実上、新聞記事を追認しているようなものだ。煙が立つ以上、どうやらどこかでこっそり火がついていたようだとみなが思いはじめているし、それが自分の尻に飛び火するんじゃないかと気にしている。
とはいえ、大半の選手が、少なくとも来季の終了までは契約期間が残っているから、チーム内には新監督が必要だという意見におおかたが一致している。じゃ、どうしてみんなやきもきするんだ？　この手の話題はプロスポーツの世界にいるかぎり絶えず降りかかってくるわけで、結果がものを言う世界じゃないか。つまるところ、それがビジネスであり、最終結果として、期待外れのパフォーマンスしかできなかっただれかのクビがとぶということだ。新聞の伝える憶測記事に目を通してみれば、この記事がくだらないゴシップ欄から抜け出して、チームが抱える懸念を具体化しているように思えてきた。書いてあることといえば、監督のことやチームの試合展開についての批判ばかり、実際のところ、それがこうした新聞の大きな役目だから。とはいえ、自分の望みは胸にしまっておいたほうがいい。やがてかなうかもしれないからだ。

正直に言えば、我らは保守的なクラブだったということだ。「壊れてないものを直すべからず」（不必要な組織改革に警告を発するときに使うことわざ）がわがクラブの考え方だ。とはいえ、チームそのものが、いつ「壊れた」かを決定づけることはめったにない。チームメイトに義理立てするのは当たり前とはいえ、新たに選手補充をしているという疑いの目で、まわりからも見られてしまうことになる。新規が〝入り〟、古参が〝出る〟なら、ここにいるだれもが古参の一人なのだ。私がペルピニャンに在籍した一年目、チームはハイネケンカップ出場資格の獲得を願ったのに、チームメイトの一人のことばはいまも忘れられない。「出られないほうが幸せなんじゃないか、出場資格がとれたらクラブはもっと金を稼ごうとするし、野心的になって、一流選手と新規契約を結ぶだろう。そうなりゃおれたちはもう余分だってことで、契約打ち切りも覚悟しないと」。当時の私はチームの要の部分を担っていたから、ばかなことを言うやつだと思ったが、彼の言うとおりだったのだ。ペルピニャンは出場資格を得たうえ、それ以来、毎年出場資格を獲得してきた。あれから四年、当時在籍した選手でいまもチームに残るのは、たった二人だ。

13　ダヴィデ対ゴリアテ

トゥールーズとの雪辱戦が行なわれる週末は、フランス対イングランド戦があるため、トゥールーズの選手六人がフランス代表チームに奪われてしまっている。監督のギイ・ノヴェにしてみれば、それでも試合をしなければならないという、泣くか歯ぎしりしたいほどとんでもないことなのだが、シックスネイションズの日程とかち合ってすでに一度は延期していたし、平日に試合をやらないかぎり、もはや年間でほかに空いている週末がないのだ。

トゥールーズの国際クラスの選手で不在なのは〝現役バリバリ〟の選手だけだったが、先発メンバーの中に国際試合の経験者は十二人いる。フランス代表が九人で、ニュージーランド、アイルランド、アルゼンチンの代表がそれぞれ一人。たいしたことない、では済まされないのだ。同時にトゥールーズは、ここ数か月というもの、蓄積疲労らしきものに苦しんでいるらしい。選手の大半がハイネケンカップやフランス選手権はもちろんのこと、国際試合の招集があればいつでも応じられるよう準備しているからだ。ふだんなら勝って当然と思われた試合をいくつか落としてしまい、なかでも下位チームのバイヨンヌ相手にホームで負けたのがショックを与えた。だからこそ我々も、かすかな勝機をつかめるかもしれないのだ。

フランス国王ルイ四世は、婚姻外の女性と性的関係をもったことを女王に告白して教会から厳しい叱責を受けたそうだ。国王はその返礼として、司祭にヤマウズラ以外のご馳走を出してはならぬという王命を下したという。「また《トゥジュール》、ヤマウズラ《ペルドリ》か」は、その聖職者が毎夜毎夜、同じごちそうを眼前に突きつけられての嘆きのことばだったとか。私はといえば、チキンとパスタをどっさり食べてみてやっと、そのときの聖職者のことばの真意が理解できた。つまり、プロのラグビーは一シーズンにあまりに多くの試合をこなさねばならないため、大観衆の前で試合をやるのが退屈になるときもある、ということだ。

　とはいえ、私にとって今度のトゥールーズ戦は、腕の腱を断裂して戦列を離れてから四か月後、復帰後初の試合にあたるから、たとえベンチスタートとはいえ何もかもがうれしくてたまらず、まるで初めて試合に出るかのような気持ちになっている。前夜の練習は、ぞっとするようなグラウンドコンディションだったので、四十五分間いちどもボールを地面に置かずに行なった。チームメイトと部屋をシェアするあの心地よい親密さや、キックオフが近づくにつれてじわじわ出てくるアドレナリン。それに試合当日の朝、近くの公園で念入りに行なうラインアウト練習。スタジアムへ向かうバスの中で、選手それぞれがもの思いにふけって気味悪いほど静かな車内。両手の中にあるボールの感触。ウォームアップ中に踏みしめる芝生のにおい。猛烈な覚悟を高めていくと同時に、選手同士の肉体と骨が激しくぶつかりあうファースト・コンタクトの音。早口でまくしたて、感極まった声。あれは、開始時間が刻々と迫るにつれてロッカールームでリーダーが本気で発している声だ。その合間に、選手同士が互いの背中を平手で打ち合い、尻をトントン叩いたり、鼓舞しあうようにつぶやきあったりと、他の場所でやれば違和感をもたれそうな、ささやかな愛情表現に似た光景にも、私は妙に心が揺さぶられている。仲間数人から、復帰を歓迎することばまでかけてもらえた。

いつものように、全員で肩を組んでしっかり円陣を組み、見つめあって最後のかけ声をかわしあっていると、レフェリーの笛が鳴る。そこで我々は列をつくり、コンクリートの床の上にスパイクの鋲の音を響かせながらトンネルを目指す。その先で待ち構える歓声とチームカラーあふれる闘いの場《アリーナ》へ繰り出すのだ。私がリザーブ用のベンチに腰をおろすころ、「カルミナ・ブラーナ」がラウドスピーカーシステム全開で流され、トゥールーズのサポーターによるドラムが勇壮なビートをゆっくり連打する。私はその一瞬一瞬を愛している。まだ試合が始まってもいないのに。自分がこうした諸々をどんなに懐かしく思っていたかを思い知る。選手をやめたら、どんなに恋しく思うようになるのだろう、と。

トゥールーズのホームで勝てると信じられたら、それは経験に対して楽観主義が勝利したということだ。とりわけ我々のような〝弱小〟チームにとっては。問題は、日程消化のためだけにトゥールーズまで出向いて、同じ負けるにしても接戦にもちこめれば御の字だなんて甘く考えていたら、容赦なく叩きつぶされてしまうだろうということ。彼らは格別にいいプレーをしなくても、50点を奪ってしまうのだ。ペルピニャン在籍中にトゥールーズへ遠征したときのことを私は思い出す。ハイネケンカップの決勝進出を果たしたシーズンのことだ。40点余りとられてもこっちがひどいプレーをしたとは思えなかった。その前のシーズンは60点をとられたうえ、相手から1点も奪えぬまま試合が終わっていた。他のチームと違って、ボールを広く展開する前に叩きのめされてしまうから、無力感にさいなまれてしまう。彼らは最初のフェーズから、ボール保持者に指一本触れさせることなくトライを数本とった。皮肉にも、我々のトライは四。もっぱらラインアウトからドライビングモールで押していった結果だが、攻撃のボーナスポイントをとって帰れたのだから、あの日は首脳陣にとってはいい日だったはずだ。

さて今回両チームは前半のほとんどで、互角に戦っているように見える。トゥールーズには突破できる機会が何度かあったのに、いつもみたいに楽々フィニッシュを決めることができないようで、自信がくだけそうになっているのがわかる。三十分後、トライをとられてしまうが、前半終了時でたった0対5。何かが起こりそうな感じがする。おそらく最後には猛攻撃にあうか、スクラムやラインアウトで少々こちらが有利でも、そのうちひっくりかえされるのだろうけれど。

後半開始十分で相手はペナルティキックを決めたあと、トライもとるがコンバージョンキックは決まらない。しかしこっちも、この試合をそう簡単に落とすわけにはいかないのだ。残り三十分のところで、ついに私は交代出場。試合に復帰できたことに興奮しすぎてやる気ばかりが空回りし、腕を大きく振りまわしながら攻撃してくる敵に突進したら、二回もタックルをはねとばされてしまう。

ようやく落ち着きを取りもどし、試合を楽しめるようになってくる。ディフェンスラインがじわじわと敵にむらがり、南アフリカ人のセンター、リカス・ルッベがジョジオンを阻止して、見事な試合運びをつづける。私はトライを狙う敵のナンバーエイトをタックルしてボールをおさえたが、すぐに敵のフォワードが駆けつけ、体を横向きに倒される。私の脚が不自然な向きのまま、敵のナンバーエイトの下敷きになっているのに、敵のフォワード連中が私をどかそうとして、これでもかと激突してくる。私はしばらくのあいだ、ひざが折れたかと思った。稲妻が私の脚を駆けぬけ、関節が不自然な状態でたわんだか、と。けれども慎重に体を起こしてみたら、どうやら脚は大丈夫そうだしペナルティもとる。残り二十分余り、今度こそ我々の心に火がついたものの、相手陣内でオリヴィエ・ディオマンデが、彼らしくないひどいスローインを二、三本。彼はフッカーとして交替出場したばかり、これでこちらの勝機は逃したも同然だが、それでも最後の最後、ペナルティからの速攻でゴールラインを越えて、これでコンバージョンキックが決まればかろうじてボーナスポイントが確保できる。だが、ココの蹴りはゴールを大きくそれていき、やむなく5対13のスコアに甘んじる。

試合後のロッカールームでは、我々の大半が負けはしたが善戦できたという満足感にひたり、アフターマッチ・ファンクションでは、トゥールーズのおおぜいのファンからフラッグやジャージやプログラムにサインをせがまれる。この夕べの奮闘に対する現実的な見返りは少ないにしても、こうしたことに敬意が示され、お世辞でも歓迎してもらっているのだ。私は、スレイド・マックファーランドのもとへ駆け寄る。彼は最近、故障したウィリアム・セルヴァの代わりに移籍してきたばかりで、トゥールーズの控えにいたのだ。最後に彼に会ったのが一九九一年で、その当時私たちはニュージーランドのU19チームで一緒にプレーした子どもだった。彼はスポンサーと会話中、その相手の所属はＥＡＤＳ。エアバス社を傘下におく巨大多国籍企業で、ラグビークラブに大金をつぎこむ財界の有力企業の一つでもあり、トゥールーズこそ、ラグビーでは世界一予算があるクラブなのだ（イングランドにも〝予算世界一はうちだ〟と主張できるクラブがたいてい一つや二つはあったはずだが、茶番というのが衆目の一致するところであるサラリーキャップ（所属選手の年俸総額の上限を設けること）をイングランドのプレミアシップが導入したために、クラブ予算の実態はベールに包まれてしまっている）。

シーズンもこの段階にくると、大きなチームと小さなチームのあいだに大きな溝ができている。ハイネケンカップに出場したクラブは、どこも予算が七百五十万ユーロ以上あり、現在の勝ち点が50から62のあいだ、フランス選手権のプレーオフトーナメント進出と翌シーズンのハイネケンカップ出場資格を競いあっているところだ。我々のように取るに足らない弱小《ミノウ》チームの予算は、大チームの予算の半分ぽっち。ナルボンヌと並んで、わがモンペリエは勝ち点25、すぐ下にはポーが勝ち点21で十三位というレッドゾーンにいるが、かたやバイヨンヌはトゥールーズから驚きの勝利をもぎとったおかげで、勝ち点31としてひと息つけたところ。トゥーロンは最悪のハンディキャップを背負ってしまい、来季の二部降格という事実をもはや甘受している。何しろ勝ち点がたった12しかないのだから。両極端なチームにはさまれているのがブリーヴとアジャンで、それぞれの勝ち点は37と43。

金と成功とのあいだに直接の相関関係があるのかどうかは見落とせないところだが、何ごとにも例外が一つや二つはあるもので、それがまた興味をかきたてるのかもしれない。ナルボンヌは予算が最小の五百八十万ユーロで、長期的に見れば、このフランスラグビーのエリートたちに前途洋々な未来があるとは期待できず、困難に立ち向かってなんとか勝利を重ねるしかないだろうが、かたやモンフェランは予算額一千万ユーロと第二位にありながら、競技成績では連敗つづきで低いパフォーマンスしかできない。

「プロフェッショナル・スポーツ」ということばは、ある意味で矛盾語法だ。いかなるスポーツでも競いあううえでの根本精神は、同じ土俵で行なわれるところにあるはずなのに、一方のチームがもう一方のチームよりも二倍、ときに三倍もの金をもっている場合、勝ち目が一方的に有利なのははなはだしいほどだ。最悪なことに〝持てる者〟にはさらなるいいことが起こり、その一方で〝持たざる者〟にはますます悪いことが起こる、という循環ができてしまう。金があればあるほどより成功へ近づけるし、成功すればさらに大量の金が集まってくる。これでは、競技の面白さはおびやかされる。試合結果があらかじめ予測できたら、わざわざ観にくる者なんているわけがない。

ダヴィデが巨人ゴリアテの不意をついて勝利をあげるのを期待する人がいるかぎり、あきらかに不釣合いな組み合わせを観にくる人はいるし、ましてフランスではホーム・アンド・アウェー方式が試合の行方にかなりの影響を与える。けれど、大きなチームと小さなチームを隔てる溝は、ますます越えられぬものになりつつあり、限られているとはいえ、ゴリアテがダヴィデを何度も何度もぺしゃんこに踏みつぶすのを見たいという人もいる。私がフランスでプレーしているあいだに、トップリーグ（一部リーグ）のチーム数が二十四から十四に減らされたのは、スポンサーなし・金なし・ライバルなしという事態を避けて、観客に上質なスペクタクルを保証するためとか。だが、ゴリアテ対ゴリアテなら最高の試合になるかといえば、そんなことはめったにない（また、ダヴィデ対ダヴィデの対戦でも、そうそうはない）。

ラグビーは勝敗予測が簡単につくと言われれば、たしかに反論の余地がないかもしれない。得点を稼ぎ出す機会がたくさんもてるようにルールが設計されているから、高得点がとれるし、だからいいチームほど、その優位性を発揮する機会があり、それがスコアボードに必ず反映される。ラグビーのワールドカップがその典型的な例だ。優勝国をぴたりと予測するのは難しいかもしれないが、ほんのひと握りのトップチームの中から出るだろうということはわかるはず。実際、くじ引きによる予選の組み合わせ表を見ただけで、準決勝進出国はかなり正確に予測できる。一つや二つの例外はあるにしても、予選で面白い試合がめったにないのは、ＦＩＦＡワールドカップと同じなのだ。

これは、スポーツの未来を思えば問題であり、問題解決をはかるためにこれまでにさまざまな提言がなされてきたが、それは少なくともクラブレベルでのことだった。サラリーキャップ制は一つの選択肢ではあるが、イングランドの例をみると、努力の甲斐ありとは言えなさそうだ。クラブが小さいほど、これ以上の金は出せないというところで頑張るしかないのに、かたやビッグクラブがサラリーキャップの抜け道を楽に見つけられるのは、メジャーなスポンサーが所属選手に〝お仕事〟を提供してくれるからで、これではセミプロが横行した悪《あ》しき過去の日々とたいして変わらない。"ジョー・ブロウ"（ニュージーランドのスラングで「世間一般の人」）選手が所属クラブと年俸五万ポンドの契約を結べば、それがプロとしてクラブから受ける報酬だ。クラブ側がジョー選手の希望はもう少し上かもしれないと考える。とりわけ、別のクラブから六万ポンドを提示されたとあれば見過ごせない。そこでクラブのスポンサーである〝プレミア・クリーニング・プロダクツ社〟に話をすると、会社はジョー選手には特別報酬を出しても十分見合うほどチームに貢献してくれているとして、ほとんど何もしなくても年間三万ポンドを出すことにする。というわけで、ジョー選手は八万ポンドを得ることになるが、クラブのオフィシャルブックに明記されているのは五万ポンドで、サラリーキャップを遵守しているのだ。

似たようなシステムがフランスでもすでに実施されていて、〝肖像権〟と呼ばれているのがそれだ。スポンサーがマーケティングのために選手の写真を使用した場合や、企業が開くティーパーティを盛り上げるため、スポーツならではの魅力を添えてもらおうと選手をゲストとして招いた際に発生する権利のこと。クラブにとって肖像権は二倍おいしいのだ。まず、いちいち源泉して納税する負担から解放されるうえ、その金は正規の報酬には組み込まなくてよいことになっている。というのも、選手の年俸総額がクラブの全予算の五十五パーセントを超えてはいけないことになっているからだ。

つまり、クラブの予算として公表された数字は、まったくあてにならないということだ。たとえば、ビアリッツ。チーム予算は八百五十万ユーロを計上していて、モンペリエよりたった二百万ユーロ多いだけだ。あのベッカムやジダン、ロナウドを擁する「ザ・ギャラクティクス（銀河系軍団)」の愛称をもつレアル・マドリードのように、オールスター級の選手を集めるためには、クラブにたった八百五十万ユーロの予算と、バスク地方の大地と気候を愛する思いがあるだけでいい、なんてことが信じられるものか。

もう一つの選択肢としてドラフトのウェーバー方式という、アメリカンフットボールとかバスケットボールで採用している制度がある。最下位のクラブから順に新人を選べるのだ。この制度をフランスが実施しようにも、数シーズンは不可能だろう。国内で別のクラブへの移籍を強いる場合、それに見合うだけの金を選手に払わないといけないし、クラブ側がサントル・ド・フォルマシオン、つまりトレーニング・アカデミーでの選手育成をやめてしまうおそれがあるわけで、それは結果的には選手を失うリスクをおかしていることになる(現在では、サントル・ド・フォルマシオン出身の選手と移籍契約をしたクラブは、育成元のクラブに育成料を支払うことになった)。それに、よく知られているように、若い選手のことを正しく見極めるのは難しいのだ。その選手はまだトップレベルでの競争にさらされていないのだから。

それにしてもよくわからないが、たとえ間接的にとはいえ、これまで九年ものあいだよくまあ私に報酬を出してくれたものだ。でも、またどうしてそんなことをしてくれたんだろう? スポンサーの得になっているんだろうか? 万が一、私が金持ちになり、プロスポーツに投資する金をもっていたとしても、もっと別のことに金をつぎこむだろうし、それでも金が余ったら、半ズボン姿で駆けまわるぼさぼさ頭のガキどもの一団に気前よく配ってやりたいね。私がそんなことをしたところで、ラグビー界に金をつぎこむ人が次々に出てくることの真相はわかりそうにない。

みんながみんなお目出たい人たちというわけでもないだろうし。

ジャーナリスト魂をもって、モンペリエでスポンサーが毎月主催するランチパーティに出かけてみたら、さまざまな理由があることがわかる。クラブに投資するかしないかは、ビジネスの大きさや資金量に左右されている。比較的スケールが小さいものとしては、シーズンチケットの購入というのがあって、そのチケットがあれば試合観戦はもちろん、アフターマッチ・ファンクションにも出入り自由だ。モンペリエは、スタジアムがとっくに〝賞味期限切れ〟しているのに、企業からの寄付金がないので頭を抱えているが、クラブ側は知恵を絞って、すばらしい料理と酒にあえて金をつぎこむことにした。スポンサーが試合観戦に来れば、遅くまで残ってもらって、パーティみたいな雰囲気のなか、ブラスリ・デュ・コルム（モンペリエにある複合娯楽施設コルム内のレストラン）の給仕によるフォアグラやそのほかのごちそうを、飲み放題のワインとビールで流し込んでもらうのだ。営業としては比較的小規模だし、チケットの持ち主がラグビーを観て、その後の華やかなパーティに出るというだけのシンプルなものだが、スポンサーがクライアントやシーズンチケットを買ってくれそうな人をつれてきて、首尾よくお買い上げとなれば、買った側にしてもチケット代金をそっと交際費に忍びこませて、結果、まるまる所得税控除となる。

クラブが大きいほど、ラグビーとパーティだけで十分に楽しいだろうが、ここへくるのはおしゃべりが目当てでもある。潜在的なクライアントと出会って、ラグビーがもつざっくばらんな雰囲気のなか、モンペリエがゴールキックを狙うべきだったかスクラムをとるべきだったかとか、あのレフェリーは我々に恨みがあるんじゃないかとか話しているうちに、互いに実りある関係も築けるというものだ。実際、話題はなんでもアリで、試合後の人々の話は実にくだらない話題のてんこ盛りだ。「仕事の囲いこみ」とは、世界中の実業界でよく聞かれることだが、おそらくフランスではそれが度を越している。この国ではル・ピストン、つまりはコネをつくることが一つの芸術形態とまで言えるほどだ。ここモンペリエでは、アグロメラシオン社がメインスポンサーであり、道路工事やビル建設プロジェクトといった、税金が投入される公共事業を請け負う企業なので、アグロメラシオンの人たちと懇意になることは、彼らとビジネスをしたいと考えている人なら、時と労をかけるだけの価値が十分にあると言える。

正真正銘のビッグなスポンサーが――毎シーズン、何十万、いや何百万ユーロもの大金をクラブにつぎこめる人たちが、その対象をラグビーとした理由はさまざまにある。レ・メセヌ、つまり慈善活動を行なう企業家にとっては、効果的なマーケティング戦略を兼ねた、一つの趣味みたいなものだ。セルジュ・カンプはビアリッツとフレンチ・バーバリアンズに資金を提供している。カストルのピエール・ファーブル、スタッド・フランセのマックス・グアジーニ、そしてモンフェランのミシュラン一族は、そろって大富豪ばかり、個人名義の財産でスポーツにちょこっと投資する余裕があるから、その投資先として、メディアでの露出度のわりに、サッカーほど金はかからない対象を選んだのだ。財政的な投資をして、感動という名のリターンがあれば、その投資は本質的に正当だと彼らは思うのだろう。彼らをただ金持ちの好事家だと言ってるわけではない――本当のトップクラスにのぼりつめたことがない人ほど、気まぐれに札束を見せびらかしたくなるようだが――彼らは、自分たちが投資した金が有形のリターンにならなくても、とくに気をもむ必要がない人たちなのだ。

これに該当しないのがオランジュ、フランス・テレコム・グループ（電信電話公社）で、たくさんのラグビーチームと、やはりたくさんのフットボールチームのスポンサーになっていて、そうなると投資をその効果に見合うものにしなければならない。ジャージの胸元にあるスペースにどれほどの価値があるかを算出するなんて、とんでもない仕事にちがいないし、出資金に対するリターンがどれだけあるかを計測するなんて簡単にできるものじゃない。なのに人を雇ってまで、オランジュのロゴが画面に映った時間数を記録させているという。どこまでロゴに注目する人がいるかなんて、試合観戦中に計測するのはほとんど不可能だし、ほぼ同額のコストをかけた他の広告を参考にすれば、その価値がどれほどのものか、察しがつきそうだ。

それから、共同体《コレクティヴィテ》、つまり町や地域によっては、税金をプロスポーツチームに投資しているところがある。それは、その町や地域ではスポーツが目玉の一つであり、チームがコレクティヴィテを引っ張ってくれると見なすからだ。モンペリエの場合、高額納税者だった創設者の後を引きついでクラブを引っぱるのが、元市長であり、現アグロメラシオン社の代表であり、かつラングドック＝ルーシヨン（地域圏）のトップであるジョルジョ・フレシュだ。どこか情けに厚いところをもつ絶対権力者のフレシュは、かつてこう言った。「若いころにやっていたラグビーから、私は大切な価値を教えてもらった。だからこんどはモンペリエの若者を励まして、自分と同じことを学んでほしいんだよ」。彼の考えは明確だった。この地域圏でラグビーを盛んにする最良の方法は、フランスラグビー界のエリート選手をモンペリエに定着させることだ、と。アグロメラシオン社はクラブ予算の大半を出しているばかりか、新スタジアムの建設費用六千万ユーロのほとんどをどうにかひねり出してくれた。これによりクラブに莫大な利益がもたらされたことは明らかで、ここ五年のあいだにクラブは大いに発展できたとはいえ、資金のほとんどを政治的な善意に頼っている状態は、かなり不安定なものと言える。フレシュの地域圏トップの任期はいずれ終わりがくるわけだし、彼の後継者が楕円のボールゲームに夢中になってくれるかは、保証されていないのだ。

会計処理をめぐってブラックホールが発覚するあやうさは、フランスラグビー界ではかなり現実的なことと言える。私がこの国でプレーするようになって九年が経つあいだに、四つのクラブが財政的な理由で降格してしまったし、いつの年も必ず深刻な金銭的トラブルを抱えていると噂されるクラブが、トップクラブの中にも一つかそれ以上はある。トゥーロン、グルノーブル、コロミエ、そしてベグル＝ボルドーの四つのクラブは、歳入と歳出の中身に関して計算を誤ったために代償を払わされたことがある。こうしたことが発覚したクラブは、やがて荒廃する。選手は大量《アン・マッス》に去っていき、新たな経営陣がやってきて、残ったかけらを拾い集める。道なき道を進むのは楽ではないのだ。今季、トゥーロンは五年間の二部リーグを経て一部昇格を果たしたものの、今度はチームの金の使い道にあまりに慎重になりすぎて、必要なタレント獲得への投資を惜しんだために、トップレベルで競い合うには得点力が足りない。

来るべきシーズンでもずっと、こんなことがありふれたテーマになりそうだ。一部と二部との隔たりが橋をかけられないほど広がっていけば、残るのは上下運動の繰り返しだけ。つまり、クラブが一部昇格したものの、今季のトゥーロン風に一年間ハンマーで叩かれつづけたのち、まっさかさまに落ちていく。リヨンはどうやら一部リーグでの戦いに生き残るうえで欠かせない長期プロジェクトをうまくやりとげられそうだが、それは主として、リヨンの町が大きくて、超ヘビー級の財政支援者による後押しがあればこそで、もっと小さなクラブではとても手に入れられないものだ。ただし、いきなり金持ちが現われて、必要とされる結果が出るまで金をつぎこもうとしてくれるなら話は別だ。それでも、金さえあれば成功が約束されているわけじゃない。使い道に聡明さが求められるのだ。そうしたことは、はたで見ているほど簡単な仕事とは、必ずしもいかないのである。

14　ウインターブルース

毎シーズン、十一月から三月の冬の数か月は、モンペリエにとって不毛な時期を送っているように思えるが、今季も例外ではなかった。ただし、それまでのシーズンと違うのは、心配する理由があるにしても、それが表面的なことでなく、深くひび割れが生じてしまったことにある。その理由は二つの要素にわかれそうだ。前季までのチームは、降格を免れたいという後ろ向きな目標を掲げていたが、今季はいつもと違って、もう少し高いところ――目指すは六位から八位のあいだ――だったものだから、我々がいまだに最下位手前の十二位付近をうろついているということは、どう言いつくろっても、期待以下のパフォーマンスをしているということになる。このことに加えて、新規加入の選手には、チームが組織的にみるとうまく機能していないことへのいらだちがあって、現状のシステムが適切かどうかの疑問が広がりはじめていたのだ。

それまでの数シーズンのあいだに、二部リーグのセミプロ選手が一部リーグのプロ選手に取って代わられるさまを、モンペリエの熱狂的なサポーターは興味をもって見つめてきた。二部リーグ優勝時の選手三十三人のうち、残留できたのはたったの十人。多くのセミプロ選手が、このモンペリエの地とはラグビー以外でも結びつきがあるために、わがクラブの将来を思えばと――それだから、代わりに入ってきた私みたいな〝傭兵〟のように、波風を立てたくないのだろう――自らがなし遂げた優勝の犠牲に甘んじたのだ。もしモンペリエが二部リーグにとどまっていたら、そうした彼らの大半は、いまもこのクラブでラグビーを続けていたはずだ。

モンペリエでのプレーを断念した二十三人のうち、現役を引退したのは四人だけ。うち二人はアシスタントコーチになった。カタロニア人の天才センター、パット・アルレタズは、バックス陣の指揮をとり、元フッカーでキャプテンだったディディエ・ベスはステロイドのせいで、愛想のいいノーム（小さな老人の姿をした地の精）そっくりな姿になって、フォワードの指導を担当している。二人とも、コーチ陣の一人としてだけでなく、監督代理グループのリーダー格として、重要な役割を務めている。

旧メンバーが一掃されて、チームの中核にぽっかり空白が生まれた。キャプテンのジェローム・ヴァレは旧チームからの生き残りで、いい選手だし人柄もいいのだが、みんなを束ねる才能には欠けている。どうやら彼は、チームをだれでも発言権のある民主主義スタイルにしたいらしい。それをしたらどんな結末になるか察しがつきそうなものなのに、いざ、みんながいっせいにしゃべりだすと彼はとたんにかんしゃくを起こす。これでは、彼自身のパフォーマンスにも悪影響を与えるし、彼がよくやるネガティブな反応は、チームを引っぱろうとして、たとえばラインアウトの声かけや戦略の決定などの一切合切を背負いこもうとするプレッシャーから出てしまうわけで、これではキャプテンの任務はちょっと荷が重い。いまの彼を見ていると、どうしても次のような疑念が消せないのだ。彼がキャプテンに指名されたのは、もちろんプレーに一所懸命だという理由に加えて、人がよすぎてあの監督に異議をとなえそうにないからじゃないか、と。ここ最近、チーム内の不平不満の声がだんだん大きくなるにつれ、これが変化のきっかけとなって、彼はヌーローと向きあわざるを得なくなっている。

シーズン中に、リーダーやチームの根本的な方向性がさまざまな理由によって変わることがある。リーダーを務める選手が負傷したり倒れたりすることがあれば、それだけで、リーダーとしての正当性に欠けているように本人以外からは見られてしまうかもしれない。新規加入の選手が自説を主張し、新たな勢力グループの中心となり、ばらばらだった個人が提携しあって新たなサブグループが生まれるかもしれない。こういったことが、シルバーバック（高齢のマウンテンゴリラのオス＝リーダー格）をテーマにした、デヴィッド・アッテンボロー風のドキュメンタリーみたいに見えてきたら、公平を期すために、シルバーバックとの多くの類似点を――外見が似ているかは別にして――あげておこう。まず、複雑で興味深い構造をもった集団で、どちらかといえば部外者を排除しようとするが、明確なヒエラルキーは成《な》していない。ただしキャプテンと監督の階級は別だ。どちらも入れ替わりが激しいポジションであるうえ、とりわけクラブ内でのキャプテンと監督は額面以下の働きしかしない。

どんなチームであれ、最も重要な部分を一つだけあげるとすれば、それは監督だ。監督が従う相手はクラブの会長、自分を雇い、そしてほぼ確実に言えることだが、いずれは自分のクビを切る人物だ。とはいえ、チームがうまく機能している限り、監督として采配をふるっていられる。彼に課された責任は、選手をかき集め、鍛え、試合当日の先発メンバーを決めることにある。優れた監督は、管理スキルも優れているし、コミュニケーションスキルも優れている。選手の考えに耳を貸すと同時に、何をすべきかを選手に伝えられる。人格もやり方も異なる選手それぞれのやる気を起こすことができ、さらに選手からの信頼を得て、この人のためにいいプレーがしたいと思わせる人物であること。理想を言えば、父親代わりのような存在だ。試合のことを知り尽くしていて、選手それぞれやチーム全体のパフォーマンスのどこに問題があるかを分析できなければならないし、特定のスキルも総体的なスキルも両方指導できなければならない。しかも、チームに対するヴィジョンがあって、それを選手に伝えることができなければならない。才能を見抜く眼が求められるし、チームの将来を設計する能力があって、革新を受け入れる柔軟さをもちあわせていること。就任中に出される要求に対しては、よき職業倫理のもとで取り組むべきなのは言うまでもない。プロフェッショナル集団の指揮をとるということは、だれであろうが、手に余ることがあるのだから、状況に応じて人に職務をゆだねる術も知っておかねばならない。

問題は、だれかに頼むべき仕事がとんでもなく多くあるわけで、理想と現実を隔てる溝が埋まることはない。私の経験では、フランスの監督は、自分だけで何もかも取りしきろうとして苦悩に陥っている。プロ選手世代が抱える問題の一つとして、ラグビーに伝統的にそなわってきた鷹揚さという精神を失いがちになっていることがある。かつてチームが最も重要視していたはずのパワー・シェアリングを、いまではある種の弱点としてとらえたり、制御不能の証《あかし》と見ているのだ。監督が意思決定を集約化したがるのは、自分のクビが競売にかけられることを承知しているからで、自分自身がミスをしたほうが、ほかのだれかのせいでクビになるよりましだと思うのも無理からぬこと。このことが、監督と選手の関係を微妙なものにしてしまう。監督に責任があるとはいえ、みんなわかっているのだ。情けないパフォーマンスをしたことの報いを真っ先に受けることになるのは彼ではあるが、それはたんに三十人をクビにするより一人をクビにしたほうがずっと楽だから、と。ゆえに選手は、ある意味で監督をしのぐ力を確実にもっている。

フランスでこんなふうになるのが例外と言えるのかよくわからないが、革命をもたらす文化がいまなお生きていて、それがラグビーチームでもしっかりと健在である。九年のあいだに私は四人の監督とかかわった。その一、元フランス代表監督のジャック・フーローでシーズン中に解雇。その二がサイセで、私の在籍中はほぼうまくいっていたけれど、私が移籍したあとにうまくいっていたのは短期間だけで、チームをハイネケンカップの決勝まで導き、その翌年にはフランス選手権の決勝まで導いたのに、決勝戦翌日に解雇通告を出された。そして私の現在の監督であるディディエ・ヌーローは、彼の首をさしだせという抗議の声をどうにもおさえ込めそうにない。いずれのケースも、監督の解任を勢いづけたのは選手だった。

監督との関係は慎重さが必要だ。私は積極的な意見交換を心がけ、監督が私の試合をどう見るかを定期的にフィードバックし、トレーニングについての自分の意見やチームがどう発展しているかについて報告するようにしてきた。それはたぶん、私の歳がチーム内の若手選手よりも監督のほうに近いというのもあるし、どこか同僚みたいな関係を求めていたせいだろう。もっとも、概して言えるのは、選手というのは監督を親分プラス教師の混成物《ハイブリッド》みたいに見がちだということ。これではどうしても両者の関係が、選手対監督の戦闘状態へすぐに発展しやすくなってしまうのだ。

私が大人になってわかったのは、あけっぴろげ《オープン》な対話スタイルでものごとを進めると、「くそくらえ！」的な非難にまともに《オープン》さらされるだけということ、それに、最近になってヌーローに〝勘当〟されるまでは、私は三、四人いる彼の〝息子〟の一人として有名だったのだ。だが、少なくとも自分の置かれている立場はわきまえておくべきだし——あるいは、思いどおりにいかなくなる前にどうすべきか考えておくべきだ。ある時点にきたら、事態の悪化は免れないのだから。そうなったとき、ついつい私は、駄々っ子としての長年の伝統に基づいて、仰向けに寝転がって下唇を突きだし、ふくれっ面をしてしまう。不機嫌という名の暗雲がたれこめる中で、足をばたつかせて暴れまわった挙句にチームに戻る。そう、たしかに、かわいげがない。でも、このほうが効きそうなのだ。イングランドやニュージーランドなら、こんなことをしても無駄、何があっても唇をきっと結び冷静でいることになっている。ところがフランスのチームには、選手の気まぐれな悪ふざけを鷹揚に受けとめようとするところがあるのだ。

フランス人が移り気な性質だということから、チームを心理学的に見ることがとてつもなく重要になってくる。私がいまだに驚いてしまうのは、同じチームなのに、ある週末にはそれは見事なプレーをしておきながら、次の週末には気弱なひどいプレーをしてしまい、しかも、その理由がよくわからないというところだ。個々の選手に敗因があるとはいえ、責任を負わされることになる監督からは、チームの潜在能力を引き出すためだということで、社会工学とやらに基づいた集団トレーニングが提案される。というわけで、我々は毎シーズン、いろんなことをやらされる。

ロッククライミングにアプザイレン（懸垂により絶壁を下降する登山の一つ）にバンジージャンプにカヌーにマウンテンバイク、それからコミュニティワークとやらも。これらすべてが〝チームづくり〟の名目で行なわれてきた。ただ、私は運がいいと思っている。チームによっては陸路をトレッキングするミリタリー・キャンプにずっと参加させていて、あるシーズンなど、一日の長い行軍を終えると、参加チーム中の一チームに生きた鶏とナイフ一本、マッチ箱一つが与えられ、それで参加者全員のディナーを用意するよう命じられたそうだから。

　こうしたことがどれだけ役に立つのか、結論はまだ出ていない。数年前、モンフェランの選手はフランス中央山岳地帯をトレッキングしながら、可能ならどこでも野営《ビバーク》して一週間すごすという過酷なことをさせられた。監督のアラン・イアルデが、これは見事に成功だったと語っていた。チームの中でだれが頼りになるかがわかったうえ、困難なコンディションのもとで、一部の選手が目を見張る成果をあげたというのだ。そしてこうも言った。自分のチームづくりは、ここで明らかになった真のリーダーにふさわしい選手を軸にしていくつもりだ、と。

　なに、たわごとを言ってんだか。もし、コンパスと地図を与えられて雄大な野外に放り出され、自らが先頭に立ってチームメイトを引きつれることになったら、確実に道に迷って、二十四時間以内に全員が低体温で凍えているだろう。ただし、そうなったからといって私にラグビー競技でのリーダーシップがとれないと決めつける理由がどこにある？　これでわかることは、私にはハイキングは絶対に向かない、ということだけじゃないか。

　とにもかくにも、二月に入ると、チームがばらばらになりそうだったので、ヌーローはにわかにチームづくりが必要だと決断する。チームづくりのエクササイズは、通常ならシーズン前のトレーニング期間中に行なうのだから、この決断は異様に思えるが、そこは抜け目のない人だけに、自分にチームを統制する力が失われつつあることは十分承知していて、チームが成長して選手自らがもっと責任感をもってくれたらいいという建前を押し通そうとした。エクササイズの中身は、選手が五組にわかれて地中海をカタマラン船（双胴船）で（寛大にも、免許をもつ船長の助けを借りて）競争しながら、途中でスポーツ心理学者による三時間のセッションを織り交ぜ、さらにフィットネストレーニングを行なうというもの。

これなら法外な内容ではなさそうだ。昼食前に、お遊びなしのヨットレースがスタートし、それぞれが任命された役割に応じて、舵を取るとか回転させるとか、みんなそろって任務を果たすというのだから、それはそれでなかなか楽しそうだ。ということでみんなは了解する。もっとも、いくら冬の太陽に照らされているとはいえ、海上は刺すように冷たいだろう。ところが〝僕ちゃんたち〟は、実際にはたいしてやることがないことも見抜いてしまっていた——船長だけでも多少は操縦できる船だ——というわけで、夜間の当番につく際には、寒さを閉めだすために何杯かひっかけておいたほうがいいかもしれないという提案がなされる。夕食とセッションの合い間に、寒さで縮みあがりながら、夜に備えて酒の在庫を確認しておこう。

スポーツ心理学者は、前季に来たやつよりもはるかにまともだ。あのニューエイジかぶれの勘違い野郎には必死で我慢するしかなかった。ポニーテイルでレザーパンツをはいた医者もどきの男が、東洋の宗教やらパワー水晶やら色とりどりの明かりなどをごちゃまぜにもってきていた。

今季の心理学者は若い女性でなかなかの美人。彼女はしっかり踏みしめられたグラウンドを前もって視察し、メンバーの大半にとってそこがどんな意味をもつかをじっくり調べている——ほかにメンタルなイメージやリラクゼーションのテクニックなどなど。

集中度のレベルは高くない。しかも一時間の予定が一時間半に延びると、彼女の役割は、やじりまくる幼稚園児の一団をなだめすかすことに変化していく。その後、我々はフィットネスセッションでへとへとになり、夕食前に再び心理学のセッションが待っている。ところが、この時点で選手のうち何人かは床にころがり眠りこんでいるし、先生が撮影したビデオがうまく再生できないしで、かわいそうな先生は、だれかハカのやり方をこの場で披露してくれないかと声をかける。先生はハカが試合前《プレマッチ》の準備の中で最高のものと勘違いしているようだ。私は気が進まないが、先生が気の毒だと思わざるを得なかったので、やろうかという気になっていると、同じニュージーランド人のハーリー・クレーンが、それはやめたほうがいいだろうと言う。すべてのニュージーランド人と同じく、我々にとってハカは特別なもの、神聖なものでさえあり、イベント会場のアトラクションとは別物で、笑いをとろうとしてやるものではなく、フランス人たちとは絶対に分かちあえないものなのだ。どうせ彼らはすぐおちょくるだろうし。

夕食後、我々は船に戻る。レースはおそらく午前三時か四時までかかりそうだが、旅行かばんの中でぶつかりあう酒瓶の音は、チームが本当に優先したいことを暗に示している。監督が海岸ぞいに数マイルいった先で、我々が家に戻る前に軽い夜食がとれるよう準備していたのに、そこまであと半分という地点で、みんな飲んだくれてしまい、酒飲み競争をしたり、歌をうたったり、船の無線を使って他の組の選手たちをののしりあったりしていた。〝船から人が落ちた〟ニセ通報をしたり、レース中止の連絡をしたり――そんななか、注意を払っているのは船長だけ――みんなは国歌をうたったり、卑猥なジョークをとばしたりして、無線通信を聞きながらしている。

我らの船にトラブルが発生したかもしれないと船長が思っているころ、何かが船体にぶつかった。六十五万ユーロもする船体に責任がある船長は、主催者を乗せた救命ボートに、点検のために接近してくれと連絡しようとしている。ところが、船長の叫び声は悪童どもの大合唱にさえぎられてしまう。「こちらジャン＝ピエール。あなたの船は体長十メートルの鮫に攻撃されている模様……」「あぶないっ！　おい、頼むから、気をつけろ！　ウアアアア～～～～」「了解。これからスキューバチームをそちらに向かわせます」「虹の戦士号（環境保護団体グリーンピースの旗艦名）作戦に備えよ。繰り返す、虹の戦士号作戦に備えよ」

いまの状況をどうにか伝えようと必死になるほど、音量をあげるしかないわけだ。我々の船が指定された集合ポイントに到着すると、乗っていた一団はリールを巻き上げ、まわりにぱぱっと餌をまきはじめる。年上の選手の中には、すりつぶしたチーズを互いの髪の毛にもみこんだりしている。マリーナに小便をしている選手もいる。そして、こうした一部始終を愛想がつきたような笑みを浮かべてながめているしかないのが、はからずも自分のたくらみが選手のタガを外してしまい、そのことで生まれた大混乱《カオス》になす術もない、ヌーローなのだ。

シーズン開幕のころは、こんな手に負えないチームではなかったはずだ。前季、ヌーローが、イスラム教徒のフッカー、オリヴィエ・ディオマンデがポテトチップを食べているのを見とがめ、激怒したことがあった。オリヴィエが食べていたのは、栄養学に無関心なケータリングスタッフがよかれと思って差し入れたもの。付けあわせの豆料理に、ディオが食べてはいけないベーコンが入っていたからだ。ふつうなら、こんなことで怒鳴るなんて少しひどすぎると思うが、それまでのチームは、みな厄介ごとにはかかわるまいとして黙っていた。ところが、ヌーローの威信がこの数か月で弱まってしまったために、我々は彼を支えようとするより何でも勝手にやらせとけと無言のうちに決めていたのだ。彼はそのことを感じとり、自分にはもう命令口調で言いわたすだけの威光がないことに気づいている。翌朝、我々がふらふらになって朝食の席につくと、ヌーローは心からの気遣いを見せる。「みんなよく寝たか？　疲れはとれたかい？」

心理学の最後の一時間は円滑に過ぎる。というのも、みんな疲れきってしまい、冗談をとばす力すら残っていないのだ。足をひきずるようにして家に帰ると、一連のことがまったくの時間の無駄遣いじゃなかったのかと思えて仕方がなかったが、その次の週末に、我々はこれまでのところ、このシーズンで最高と思える試合をするから、経営陣はあの遠征船団が無条件で成功したと考える。

おそらく彼らが正しいのだ。強いて言わせてもらえば、気晴らしにチームで酒を飲むのはいいことだ。社交的な潤滑油となって、仕事上の関係から友人同士の関係になるのを後押ししてくれるし、チームメイトとの関係が良好になるほど連携プレーもスムーズにいくだろう。同時に、戦う集団の一員でもあることを誇示するうえでも有益なのはまちがいない。バカ騒ぎする権利をめぐって戦うなんて、プロのアスリートとしては必ずしも模範的な覚悟とは言えないが、もしチームが一つにまとまるなら、何をしてもいいのかもしれない。

それぞれのチームには、そのチーム独自のアイデンティティみたいなものが形成されるが、その中核をなすのは影響力のある数人の選手であり、彼らはクラブ自体と固い絆で結ばれていることが多い。生涯とまではいかないにしても、少なくとも何年間かは。彼らは神殿の守護者も同じ、経験を積んだカリスマ的な選手として、次のシーズンに向けて、チームの雰囲気を体現する。よそのチームから来たばかりの選手が、そのチームならではのやり方になじもうとするのは、それがチームの団結力《エスプリ・ド・コール》の土台だからだ。そこに、自分がそれまでなじんできたことではない何かがあったとしても、自分を頑固者だと見せたがる選手などいない。順応することはプロ選手として生きるための重要な要素なのだ。

ここモンペリエでは、たとえば、バックス陣は——「ザ・セクト」という面食らいそうな呼び名で通る集まりで——自分たちだけでディナーをとりながら月一の会合を開いている。彼らは他の話題にまじって、チーム状態について意見を交わし、「今月の零点」を投票で選びだす。それはたいていフォワード陣のだれかだ。秘密の会合とされていて、議事録もまじめに録っている。ときどき、フォワード陣のだれかが会合場所を突きとめようとして、議事録を盗み見たり、バックス連中の車にシェービングフォームをスプレーしたりする。くだらなくて、おとなげないだって？　思い出してもらいたいね、我々がぱんぱんにふくらんだ豚革をショートパンツ姿で追っかけまわして金を稼いでいる大人だってことを。我々の存在そのものが、くだらなくておとなげないんだ。それに、このてのことにも長所はある。選手がリラックスした雰囲気の中で一つにまとまれる。コーチングスタッフの監視が届かないからだ。さらに、こうした伝統は、モンペリエのような若いクラブには必要なものなのだ。

とはいえ、あるシステムに新人選手が参加するかは、そのシステムがうまく機能していると思える場合に限られるだろう。〝傭兵〟はかなり危うい立場にあるから、出しゃばって自ら流れに飛びこむわけにもいかないが、その流れが自分を押しあげてくれるようなら、独立独歩の象徴とされる〝櫂《パドル》〟なしでも、その確かな流れに身を任せるだけ任せて上にのぼっていけばいい。だれしも欲しいのは、少しでも上の結果なのだ。もし二部に降格すれば、自身の経歴書にその事実が汚点として残ることを、経験を積んだ傭兵はかなり意識している。

不平不満の声が大きくなるにつれ、選手はこの船のとるべき進路に関してあら探しするのをやめて、エージェントに連絡をとりはじめ、どこかにまだ自分を乗せる余裕のある救難船がないかを確かめようとする。ひとたびこうしたことが始まると、事態はいっきに悪化する。まして傭兵は、一クラブの歴史と限定的にしか関与していない。自分にとって最も重要なことは、自分を見栄えよくすること。次に「肉の市場《いちば》」が開かれたときに、まずまずの契約がとれるようにしておくためだ。なんとも露骨な表現だが、ある程度は当たっている。ただし、こんなことは、選手が打てるてはすべて打ってしまったと思ったときに限られるけれど。

選手も最初のうちは、自分のガッツを新しいクラブに注ぎ込むものだ。そうすればうまくいく、自分にはそれができるだけの価値がある、と信じたいものだから。だが、三月になって、ひどい実態があらわになってくると、自分自身の利益を求めることが最優先事項になる。成功しているクラブで長期の契約を結ぶトップ選手なら、こうした状況に置かれることはないだろうが、職人プレーヤーにとっては、同じトップ14でも中堅以下のクラブに自分をせっせと売り込むことが、年に一度のイベントになる可能性があるのだ。

自己中心的で短期的な視野しかもたない傭兵が、すでに困難な状況をさらに悪化させてしまうことがある。キャプテン、コーチ陣、選手——と同じ輪の中にいるだれかれのことを、ひそひそ声で非難するキャンペーンが、悪意をもって広がっていくおそれもある。いま、この本を書いている二月後半ですら、すでにチームメイトの一人か二人が救難船探しをしているらしい。これはよくない徴候だ。もっとも、私にはもう関係のないことだ。今季で契約が打ち切られるとしても、もうよそへは行かないつもりだし、引退する覚悟もできている——もっとも、週末がくるたびに心変わりはしているけれど。

ここまで読んでいただいて、雇われラグビー選手が腹黒いやつと思えてきたかもしれないし、もちろん私は美しい絵を描いてきたつもりもない。とはいえ、これだけは言っておかねば。いまロッカールームを見まわしても、名誉や勇気、あるいは、ラグビーをやる者に要求される、もろもろの資質に欠けていると思える選手はただの一人もいない、ということを。もちろん「ジャージに込めたプライド」という決まり文句が、このごろでは少々むなしい響きに聞こえるのは、一選手がプロとして活動するあいだに所属チームの四つや五つ変わるのが珍しくないためだ。だからと言って、その価値の中核をなす自己犠牲や連帯責任、そしてチームスピリットといったものが放棄されてしまったわけではない。いまの時代、結局のところ、それは自尊心に尽きる――自らの行動とその手法に誇りをもつことなのだ。鏡に映る己の姿を見つめることのほうが、チームカラーに誇りをもつこと以上に大きな指針となっているのだろう。何しろ、あるクラブに加入したばかりの選手にとって、たかだか数週間や数か月でそのクラブの歴史や伝統に染まることなど、とてもじゃないが無理だからだ。だが、ラグビー選手としての経験は積んできたから、ラグビースピリットのなんたるかはわかっている。ときにラグビースピリットを見失うことがあって、その理由が給料がアップするかを気にしていたせいだとしても、ラグビーから何かを――金でもプライドでも、なんでもいいから――得るためには、自分のもてるすべてをラグビーにつぎこむしかないということが、わかるはず。

こうした不安定な時期に、我々にとって重要なことは、チームを引っぱる選手が信念を貫き、いつも我々をポジティブでいさせてくれることだ。私がモンペリエに在籍して二年余り、チームのリーダー役の顔ぶれはほとんど変わっていない。オリヴィエ・ディオマンデは、コートディヴォアール出身のフッカーで疲れ知らずの馬車馬のごとく、他クラブから何度か誘いの声がかかってもモンペリエへの忠義を尽くしてきた。ロックのミシェル・マカルディは、今季はナンバーエイトをこなすこともあり、理性的に試合を読む力はおそらくチーム一。ジェローム・ヴァレは、リーダーとして成長しつつあるところ。〝ビュビュ〟ことセバスティアン・ブアダは、肝が据わった小柄なスタンドオフで、すべてを頭に入れて動く策士というより、本能で動く選手だ。アレッサンドロ・ストイカは、イタリア出身のセンターで、いつもデザイナーブランドの服とサングラス姿、スポーツカーが見事に似合っている。そして、老練なウイング、ローラン・アルボはフランス一部リーグ史上、トップクラスのトライ王だ。

私は平《ひら》の選手で、その気になるときゃんきゃん吠える子犬も同じ、重責が伴いそうなことから巧みに逃れてきた。ラシンでキャプテンを務めたシーズンにチームが降格したから、何一つ楽しいことはなかった。ココ・オーカーニュも、いま挙げたリーダー格のリストに載って当然。スタンドオフという重要なポジションにいて、チームで唯一のフランス代表なのだから。もっとも、彼は実に慎みぶかいから人前に出るのはいやがりそうだし、手本となるべき好人物ではあるのだが、我々にいま必要なのは、フィールド上で選手の首根っこをつかんでも戦わせるくらい迫力のある選手なのだ。

そういう選手なら、自分が先発メンバーにおさまるのは当然と思っているから、別の意味での緊張感をチーム内に引き起こす。モンペリエに本物のスター選手はいないから、取り替えがきかない選手などいないわけだし、出場すべき試合数がかなりあるうえに、一チーム三十余人全員が似たような水準だということを斟酌すれば、選手交代の方針に目が向くのは当然だ。ところが、自分たちは機会が与えられていないと不満を抱く選手があまりに多い。この種の問題がひんぱんに起きていても、チームが連勝しているなら黙って耐えるしかない。しかし、期待以下のパフォーマンスが続くのに、それでもまだ自分に機会がめぐってこないとしたら、腹だって立つ。

そのうえ悪いことは重なるもので、ろくなプレーしかできない選手には、二軍《エスポワール》落ちが待っていて、しばらくはそこですごすはめになる。エスポワールには、とても若くて優秀な選手がいる一方で、一度も一軍行きを果たせずに終わる選手だっている。二軍の試合はそれなりの水準でしかないだけに、少なくとも、うまくやろうとするプレッシャーからは解放される。

でも、それじゃあ、一人前のプロ選手としては生きる喜びのない悲惨な生活だ――大観衆の前ですごしたあとにたどりついた場所には、驚くほどに地味で月並みな日常しかないなんて、そんなところでいいプレーをするのは難しい。チームの攻撃パターンや走るラインどりがこれまでなじんできたものからすると、だいぶ見劣りするからだ。どんなにいいプレーをしても、それは当たり前のことでしかない。しかも、ひどいプレーをすれば――これまでの自分なら、たまたま通りかかった人の目の前で大失態をやらかすというアンラッキーなことだけはやらずに済んできたのに、そこが元はジャガイモ畑かと思わせる、ぬかるんでくぼみだらけのグラウンドなうえ、おまけに併走するレフェリーときたらルールブックを生かじりした程度らしいという理由はあるにしても――自分がまるで詐欺でもしている気分におそわれる。

自分には一軍メンバー入りする資格があると主張してよい一瞬は、一週間のうちでも限られたときにしかやってこない。それがコンタクトセッションの時間で、Aチーム対Bチームで競わされる――英語を話すチームメイト同士で、これを「キラーBの襲撃」と呼んでいる。このとき一軍の選手は、週末の試合で疲れた体を回復させて、次週の試合のことを考えているから、血気盛んな競争相手の無鉄砲ぶりには実のところ興味がない。つまるところ、彼らにはいまさら証明すべきものが何もないのだ。すでに望みのポジションを確保しているから。

これに対して、キラーBのほうは全身モチベーションのかたまりも同然で、このチャンスを逃す気はない。こんなセッション、ばかげているし無用だし、一軍にはほとんど益なしと私が思っていても、もしも自分がキラーBから抜け出せない選手なら、それはやっぱり、一軍が土曜の試合にかけるのと同じくらいの信念で、このセッションに飛びこんでいくはずだ。というわけで、この三十分という短いセッションは、Bチームの勝利で終わることがしょっちゅうなのだ。

　コンタクトセッション中に緊張状態が最高潮に達して、気がつけば私はミカ・バートととっくみあいの喧嘩をしていたことがあるくらいだから、まったくお恥ずかしい話だ。彼はロックとして一軍入り目指してずっと訓練を積みかさね、いまや大躍進をとげて、すばらしいプレーを見せている。それはつまり、かつての自分のポジションに彼がおさまっているということだから、我ながら情けない。かつては彼を鍛える側だった自分としては、彼の無作法ぶりが少々おもしろくないのだ。事を正常化するために、我ら二人には友情のキス《ル・ビズ・ド・ラミティエ》をしろと命じられる。互いの頬と頬を触れあわせる、あのささやかな儀式。マナーブックに載らないフランス人の習慣とでも言おうか、美人でいい匂いがする若いフランス女性に出会ったばかりに、このキスをしていいなら喜んでするけれど、さっきまで激しくとっくみあっていた汗だらけで髭もじゃのロック同士でするなんて、愉快なわけがない。とはいえ、こういう儀式なら、ありきたりな握手や形だけの会釈よりも、はるかに誠実な気持ちにさせてくれる。

15　カウントダウン

アンドレ・レストルトはとっくにポーの会長を退いているし、もともとあのチームにはなんの恨みもないけれど、彼らとの雪辱戦が近づいてくると、まるであの十三位の席が、こっちかポーのどちらかのためにとっておいてあるように思えてきて、だったらポーにくれてやれと思ってしまう。とはいえ、まだ相手を引き離している点が少しだけある――ポーが勝ち点21に対し、こっちは勝ち点25、ただいまは三月半ばで、シーズン終了までたったの十週。となれば一つの負けで、かなり不愉快な状況に追いやられてしまう。

我々は試合をずっと優位に進めて、見事なトライを数本決め、才能のあるフルバック、ダヴィッド・ボルトルッシの見事な踏んばりも含めて、自陣からチップ・アンド・チェイス（短く上へキックしたボールを追うこと）をして走る。再び、ボクシスがあらゆる位置からゴールキックを決め、ボールをつなぎ、だから前半終了時に20対12でリードする。

どうしたって、こう思ってしまうのだ。何もかもがシナリオどおりに展開しているぞ、あわよくばトライ四つでボーナスポイントも獲得できそうだ、と。だが、我々にリードをもたらしてくれた最初の呪文は、後半開始十分足らずですっかり解けてしまう。トライとコンバージョンキックを決められ、さらにペナルティキック一本を決められたあと、我々は信じられないといった表情を浮かべて互いの顔をじっと見る――残りちょうど三十分、ポーがホームの我々を20対22で圧倒しようとしている。これが両チームにとって食うか食われるかの試合とわかっているから、ポーのサポーターたちはバスでどっと駆けつけてきているし、モンペリエの観衆はあえて声も出せぬままに敵側の「セクゥースィオーン！　パチ、パチ、パチ（拍手の音）　セクゥースィオーン！」の繰り返しにどっと押され、緑と白の二色からなるポーのフラッグが狂ったように振りまわされる。こちらのリザーブは――私はまたもベンチスタート――さっきまでは、なんの心配もなさそうだとばかりにだらだらしていたが、たちまち緊張感が走って、爪をかんだり舌打ちしたり、互いのことを静かに毒づきあったりしている。私は残り三十分を切ったところで、フィールドに出られてほっとする。展開を考える余裕などほとんどない。とにかく、自分がやるべきことをやるだけだ。

ポーからは創造的なプレーは何も出てこず、ただこちらのミスを頼りに生き残りをはかっているだけ。だからこちらが試合をしっかり締め、モールを押し、ペナルティをもぎとると、ココがタッチキック。我々はラインアウトから、インゴールのコーナー目がけてトライ。リスタート後、再び相手と対等に張り合う。ポーはもはやパニック状態で、くだらないペナルティをおかしてしまい、この試合が自分たちの手からすべり落ちていくのを感じている。敵のスクラムハーフ、クリストフ・ロシュクが、わがプロップ、クレマン・バイオッコに何発か殴りかかる。レフェリーは見ていなかったが、タッチジャッジが見ていたので、ココはまたもペナルティキックを決め、これで31対22。

チームが負けかかっているいま、ポーのバックス陣は一か八かの賭けに出なければまずいと気づき、思いきった作戦に出る。我々のミスタッチキックをキャッチし、果敢に自陣から攻め、絶妙なグラバーキックをカサンが拾いあげてトライ。ボクシスがコンバージョンキックを決めて31対29。くそっ！　残り二十五分。観衆は入場料金の元はとれたとばかりに大喜びしている。行ったり来たりのシーソーゲーム。一方のチームが距離のあるペナルティキックを狙えば、もう一方はミスキックになれと願っている。

残り十分。大型で力強いウイングのセブ・クズビクが相手の左フランカーからボールを奪ってトライをとり、ココがコンバージョンキックを決める。これでボーナスポイントをとり、試合ももちろんいただきだ。クズビクがすべるようにボールをグラウンディングしようとした際、ポーのディフェンス陣の一人が横切ってきて、くやしまぎれに彼の背中に両ひざを落としこんだから、レフェリーは我々にハーフウェイライン上でのペナルティを与える。ココが再びトライを決め、自分でコンバージョンキックまで決めて、41対29。

ポーはまだとどめを刺されていない。こちらのキックオフのあと、ビュビュはプレッシャーから解放されたくてキックのかまえ。ポーのフォワード第三列で、長身のパトリック・タバコが突進してチャージ。ボールは弾んで、ご親切にも彼の両腕の中に転がり込むと、彼にそのまま走られて、こちらのディフェンスは突破され、この日二本目のトライをとられる。ボクシスにコンバージョンキックを決められ41対36となり、我々の神経が磨り減るような数分が過ぎると、ついに試合終了の笛が響いて煉獄《れんごく》から解放される。ポーはボーナスポイントを手にして家路に戻り、我々もボーナスポイントを得て、勝ち点4も獲得。これ以上の満足はない。

それから一週間後、ブリーヴとの雪辱戦ということで、私は前回のアウェー戦と同様先発メンバーに入ることになる。実を言うと、かなり調子があがってきて、来季もやろうかとますます真剣に考えるようになっている。試合前日、地元新聞社の取材で、引退に関して訊かれた。私はドアを開け放したまま、こう答えた。九十五パーセントの確率で、現役生活は今季限りになるでしょう、と。ラグビーをやる喜び、試合に勝つ喜びを味わい、チームメイトとともに喜びあい、それでいて銀行口座には申し分のない金が貯まっていく仕事、ほかに思いつくなら教えてほしい。とにかくも、この世の中で、こんなにいい仕事があるだろうか?

そうした思いが頭の中でまとまってくるなり、いろんなことがおかしくなってきた。あの晩、お隣りさんがパーティを開くことにして、客の一人がジプシーキングスの曲にボンゴの伴奏をつけながら夜中の三時まで騒いでくれた。ま、それくらいならどうってことはない。翌朝の私はちょっと機嫌が悪いが、それでもやっぱり、この世でいちばんいい仕事をしているんだ、だからさっさと出かけよう、と思った。そのあと事態はさらにひどくなる。ブリーヴのロック、サミュエル・シナーロが、来季の契約のことでモンペリエと接触しているという噂を耳にする。来季の契約がないロックは私だけだから、私の後釜ってわけだな。もっとも、この話は本当ではないだろう。どうでもいい話だ。こんな噂はいつものこと。エージェントが、自分が担当する選手の評価をあげようとして、よくやる手だ。毎度のことながら、勝手にやらせとこう。

出だしはよかった。私の印象では、ブリーヴはこの試合への欲があまりない――彼らは勝ち点38で九位につけていて、危険地帯からは十分余裕があるのだ。ポーは依然として勝ち点24で十三位、かたや我らは勝ち点30で十一位。アジャンは八位で勝ち点48、ブリーヴより10ポイント多く、しかも勝ち点があと4ないし5あれば、ハイネケンカップ出場もありか――現実的には橋渡しできないほどの隔たりがあるから、ブリーヴもそこを目指してまでやる気はない。試合は四分経過でこちらが3対0のリード。ああ、またか……。

やがて、我々は二、三のミスをおかして、敵はペナルティからのタッチキックでゴールラインから十五メートルのところに出す。もっとも、そこなら危険はない。我々はよく守っているし、とりわけこれはホームゲームだ。いや、それはどうかな。彼らの点の取り方はきれいで、ありふれたモールに見えるのに、ふりまわされている。彼らのモールを崩そうとしても、私の無能さが後押しして、かえってこちらのディフェンスを崩すことばかりに成功しそうだ。しかもよりにもよって、あのモンペリエ志望のシナーロに、インゴールに突進されてトライをとられてしまうとは。

なんたる慈悲か。いままでのがんばりは、こんな目に遭うためだったのか？　十分経過で3対7と敵のリード。我々が本当にこの試合に勝たねばならないわけは、残る数試合の相手が、ホームでのトゥーロン戦を別にしても、重量級のチームばかりだからだ。とはいえホームの試合も慎重さに欠ければ、またしても最下位グループでのたうちまわるはめになる。あそこから脱出するために必死でがんばってきたんじゃないか。我々はすぐにペナルティキックでとりかえすと、マーフィー・ティールがスクラムのあとフィールドのど真ん中から密集に突進する。私はボールをとりだそうと中に飛び込むが、マーフィーのキックを顔面でまともに受けてしまう、ちょうど彼が仰向けのまま両脚を宙に向け、瀕死の昆虫みたいにぴくぴく動かしていたのだ。

ビュビュがそのボールを拾い、相手ディフェンス不在の陣内を二十メートル駆けぬけていってグラウンディング。だが私はこうしたいっさいを見ていない、手についた血を見ていたからだ。どうやら目から出血しているらしい。なんだ、これ！　勘弁してくれよ！　ま、いいさ。少なくとも、我々はいま勝ちつつある。私はけがの治療のために一時退場。縫う必要はあるが、傷は思ったほどひどくない。

試合に復帰したのは、ココがペナルティキックをもう一つ決めた直後で、チームもどうやらだいぶのってきているようだ。ゆったりしたリズムになっていて、私も当初のパニックはおさまり、リラックスして試合を楽しめるようになっている。両チームとも、オープンに展開しようとしているが、我々は少し欲を出しすぎで、奇跡のパスを投げようとするが、うまくつながらない。ブリーヴにさらにペナルティキックを二本決められ、ココがドロップゴールを成功させて前半終了時で19対13。こちらがゲームを支配するも得点に結びつかないまま、残り三十分のところで私はピッチをおりる。その直後、ブリーヴの若きロック、デニー・ドローズにイエローカードが出ると、我々は速攻し、セブ・クズビクがトライ。これがダメ押しとなって24対13、その後は奇妙な均衡状態のまま、残る二十五分は両者とも得点なしで終わる。

クレモン＝フェランとの雪辱戦は一月の終わりに予定されていたが、洪水のために延期、三月の終わりに行なわれることになる。この延期はありがたい。このころには、チームの雰囲気がだいぶいい方向へ変化していたからだ。どうにか連勝もできてきたし、チームをまとめようと意識的な努力を積んできた。罰金システムを設けたのは、トレーニングやチームミーティングに遅刻したり、新聞社に写真をとられたり、あるいはミーティング中に携帯電話を鳴らしたりした選手のため。チームランの最中にボールが落ちたら、全員で腕立て伏せを十回やる。ホームでの試合終了後はロッカールームに全員が集合して、ビールを何杯か酌み交わしたあとに「今週のウィッグ」賞（wigが意味する「かつら」と「叱責」をかけている）の候補者を推薦しあう。とんでもないへまをしでかしたメンバーは、ブロンドのロングヘアのかつらをかぶってアフターマッチ・ファンクションに出たり、翌週のトレーニング・セッションの行き帰りもかつらをかぶることになる。こんなこと、わざとらしいと思っても、それでもやはり効果はある。罪が本物か想像上のものかに関係なく、いろいろな罪を償うことで、みんなが声を出して笑いあい、適度なストレス解消になっているのだ。

　私が途中出場した後半開始時のスコアは15対10で我々のリード。前半はバックスがいいプレーをして、試合開始十五分で15対0としたのに、ハーフタイム寸前、スプリングボクスのウイング、ブレイトン・ポールセがショートサイドのちょっとした間隙をついて六十メートルを駆けぬけてトライ。我々が苦心してやり遂げてきた一切合切を揺るがすほどの劇的なトライだった。ところがその突撃直後にローラン・アルボがかなり強引なプレーからトライをとると、モンフェランはすっかり意気消沈。フランス選手権の準決勝進出に望みをかけていたのが、もはや関心は、いまの六位の座を確保して、来季のハイネケンカップ出場権を確実にすることに移ったらしい。というわけで、このチームは目指すものがたくさんあるわりに、チームとしてはまとまりを欠いているようだ。

オーレリアン・ルージュリーはフランス代表のウイングで、いつもならモンフェランのキャプテンは彼なのだが、故障で欠場しているせいでチーム自体の調子も悪いのかもしれないが、あれだけの選手層と技能に恵まれているのに――アルゼンチン、イタリア、そしてフランス代表がチームのあちこちにいるうえ、オールブラックスのフランカー、サム・ブルームホールや、ウェールズ代表ライオンズのスタンドオフ、スティーブン・ジョーンズに、ウイングのポールセなど、名前を挙げればきりがないのに――こんな試合は、不名誉以外の何ものでもないのでは？ 正直言って、カナダ人のジェイミー・カドモアは、残り十五分で出来の悪さを象徴するレッドカードを出されるし、そんななか最後まで挑戦をやめようとしないのが、二〇〇三年からフランスのフィールドでプレーしているニュージーランド人のトニー・マシューと、今季終了後にフランスを去り、スラネスリに復帰することになっているスティーブン・ジョーンズだ。彼らを見ていると、どうもフェアじゃないなと思う――もっとも、チームが負けつつある試合でも自分だけ必死でプレーしてきたことは、そりゃうんざりするほどあったなんてことはだれも知らないが――そして試合結果は、42対13と驚くほどの圧勝。我々はトライを五本とり、その四本目は（カドモアを欠いて意気消沈していた）相手スクラムを五メートル押しきってのトライ、それでボーナスポイントをいただく。

　試合終了後、私はトニー・マーシュとことばを交わし、そっちはいったいどうなってるんだとチームの様子を訊いてみる。彼の話は、この六年間ずっとモンフェラン所属の選手から聞かされたのとそっくり同じだ。それだけの時間をかけてこのチームがやったのは監督四人のクビのすげかえ。このチームは時間をかけて一つの型を定着させようとしたことがなく、スター選手を買い集めるというチーム方針は逆効果じゃないかと思う。スター選手というのはみな、自分のことを独特な存在だと思いがちだから、自分を成功させてくれた習慣を変えたがらないのが自然だ。フランス人は、さまざまに異なる素材を混ぜ合わせたら、一つにまとまった美味なるものができそうだという料理の発想をもっている。「マヨネーズになりましたか?」《エス・ク・ラ・マヨネーズ・ヴァ・プランドル?》モンフェランの経験からわかるのは、どんなに最高級の素材を集めても、無駄にしてしまう場合がある、それはシェフがマヨネーズの作り方を知らないか、あるいは、作っている余裕すらないということだ。ジェイミー・カドモアともことばを交わしてみたら、彼の答えはこう。「正直言って、モンフェランでの生活は楽すぎるよ」。何もかもやすやすと手に入るなら、闘ってまで手に入れるものなんて何もない――たとえば、キラーBチームとのコンタクト・セッションもいらない――しかも、そんなに居心地がいい環境に置かれたら、人というのはあっという間に軟弱になってしまうのだ。

16　わがすばらしき生涯

モンフェランとの試合があった次の週末は、ハイネケンカップの準決勝が行なわれるため、我々はオフとなる。この休みを利用して、年に一度の外国人クリケット大会が開かれる。企画するのはシドニー生まれで、かつてナルボンヌでプレーしていたアンソニー・ヒルだ。アンソニーは私より一つ年下なのに、前季のモンペリエとの試合中に背中をいためてしまい、やむなく現役引退していた。彼はいま、ナルボンヌでバーを経営している。さて、オーストラリア人の元ラグビー選手がいたとする、彼にビールを好きなだけ飲ませたうえに、椎間板ヘルニアの持ち主ゆえ運動ができないとなると、そこから自然と行きつく先は？　答え。この元プロスポーツの競技者がいま自慢できるものといえば、好敵手ホーマー・シンプソン（アニメ『シンプソン一家』のお父さん）ばりのシルエットだ。とはいえ、その体格を彼は大いに利用しているし、クリケットデイはカレンダーに丸印をつけておく価値がある日なのだ。

この日、午前十時半集合と言われていたのに、我々が現地に到着したのは十一時をとっくに過ぎたころ。まだ人はまばらにしか集まっていない。フランスのラグビー専門のジャーナリストたちが「外人部隊」と呼ぶこの集まりを、前の晩に酒盛りをして翌日はだらしなくぶらぶらしている集団と一緒くたにされては困る。参加者の中には、ワンデイクリケット（クリケットの試合形式の一つ）にふさわしい色の装束をどこかから調達してくる者もいて、ドウェイン・ハーレという、私が顔をあわすのは試合中に真っ逆さまに落とされそうになって以来の男なんて、かつらをつけてベージュのスラックスにコーヒー色のシャツと、明らかに一九八〇年代と九〇年代のニュージーランドのワンデイクリケットチームに敬意を表したいでたちだ。

アンソニーがようやく我々をバーから引きはがせたのは午後一時ごろ、我々は地元のラグビー場を目指す。そこをメルボルン・クリケット・グラウンドかベイスン・リザーブか、ほかのどこでもかまわないが、つまりは神聖なるクリケット競技場に見立てているのだ。ニュージーランド人参加者が飛び抜けて多いため、試合はニュージーランド対その他の国々の対戦となる。私が先頭打者になるのも驚きだが、もっと驚きなのは、あの小さな赤いクリケットの球ってこんなに硬かったかということや、南アフリカ人のブレイトン・ポールセがひょいと放り投げたときのあの球のスピードだ。試合前、景気づけに二、三杯ひっかけてはいたけれど、いろんなことが記憶から漏れていることに気づかされる。プロテクターをつけ忘れていたことを、球が予測できないほうから飛んできて気づかされたり、球がビュッと音を立てて飛んできても、バットが必ずしも自分の思うような位置では振れていないことも。ありがたいことに、そんな試練ともやがておさらば、またバーに戻ろう。そのあとはずっと、ぼおっとすごした一日。そうそう、結果はニュージーランドチームの勝利、ただし僅差。

ナルボンヌとの雪辱戦まであと数週間、この試合結果に左右されることが少し増えている。といっても、たいしたプレッシャーにはならないだろう。我々の順位はまだ十二位だけれども、ポーとは現在勝ち点で8ポイント差があるし、かたやブリーヴ、バイヨンヌ、ナルボンヌとはそれぞれ勝ち点差が4、2、1で我々より上。我々はいまだアウェーでは未勝利で、今度の試合がおそらく最後のチャンスになるだろう。私はベンチ入り。リザーブ選手のあいだで、だれが最初に交代出場できるかを賭ける——控え七人がそれぞれ十ユーロ出し、勝者が七十ユーロを総取りだ——だから、いつにも増してストレッチやウォーミングアップに力が入る。ヌーローのお眼鏡にかなうために。

我がチームはいいスタートを切る。キックオフをリカバリーして、一分足らずのうちにココがドロップゴールを決めて3対0と先取。そのあと彼が数本失敗するペナルティキックは、ふだんの彼なら絶対に決めるはずのもの。それでも次のペナルティキックは決めて6対0。スクラムもこちらが優勢、気分よく勝つための舞台になってほしい。クリケット大会では、あか抜けない腕のよさそうな農夫スタイルという、いかにもプロップがしそうな扮装でニュージーランドチームのラストバッターを務めたジェイソン・フーパーが、ここではイエローカードを出され、そしてココが再び面目を施す。

これで9対0となり、ナルボンヌはもがいている。けれども、こちらが奇跡のパスを出そうとしても、うまく手元におさまらないし、敵がどうやっても追いつけないほどのリードはとてもとれない。ナルボンヌのキッカー、セドリック・ローザランによるペナルティキックは失敗もあったが、そのあとハーフタイム直前に一本成功すると、我々が引きあげようとしているのに、彼らはまだその場で喜びあっている。

後半戦、ナルボンヌは急にまとまった動きをとるようになる。リオネル・マザールの技ありのトライ、そしてローザランの二本目のペナルティキックが決まり、さらにコンバージョンキックも決まって、開始十五分で相手のリードと勢いが勝る。9対3のスコアが9対13に。一分後、相手フルバックのニコラ・ナドーが、ハーフウェイライン上からドロップゴールを試みる。距離がかなりあるから不可能と思われたが、ボールはゴールポストの間をすっと通過していき9対16。

この段階で、私はサイドライン上でびっくり箱の人形みたいにぴょんぴょん飛びはね、交代出場で七十ユーロはおれのものと、ヌーローに目で訴えようとしている。勝利までもたらせたらなおよしだ。モンペリエがついに反撃に出て、プレッシャーを少しかけはじめるが、ココがまたもペナルティキックをミス。ダヴィッド・ボルトルッシがベンチから立ち上がり七十ユーロを手に入れると、数分後にキッカーを任される。今度はキックが成功して12対16。五分後にまたも成功して15対16。

残り十分、状況が面白くなってきた。両チームとも決定的なパンチが見舞えないようだ。ところがローザランにペナルティキックを決められると、こちらが追いつこうにも敵は遠ざかっていく。15対19。残る五分で勝つには、トライをあと一つか、ペナルティキックを二本とらないとだめだ。時計が数分経過したところで、22メートルラインの外でペナルティをとる。ゴールポストの間に入れても1ポイント足りないし、キックオフで敵が深いところへ蹴れば残り時間が減ってしまうから、こちらはタッチキックを選び、5メートルラインあたりからのラインアウトで突破しようと狙っている。

残念ながらキックは真上にあがり、敵はボールをキャッチしてタッチに蹴り出す。残りあと数秒だが、マイボールになる。最後の攻撃が始まり、サモア人の大型プロップ、フィレモン・トレアフォア（フィル）にボールを集めて、ラインを荒々しく突っ切ってくれることに望みをかける。だがこちらの動きは敵に読まれていて、すでにオレンジと黒のジャージ姿の四人組が、この巨人の前にささっと移動しようとしている。フィルも彼らの動きに気づきつつ、走り込むのに最良な角度の計算にかかっている。こんなことをしてるから、彼はボールから目を離してしまい、飛び込んできたボールをとりこぼしてしまう。そこで終了の笛が鳴る。ボーナスポイントはとれたもののの、またしても、あと一歩——とれたはずなのに——とらねばいけなかったのに。


試合後、私はヌーローを待ち伏せて、私を使わなかったのはトゥーロン戦まで温存しておきたいからかと、あえて訊いてみる。彼は、あちらがだれを先発させるかはまだ決めてないだろうが、サム・ヌーシを先発にするのは決まりだ。で、きみを先発に使うのはその次の試合だ、なぜならペルピニャン戦だから、という。これってつまりは、私はトゥーロン戦では控えのベンチにすら座れないってことか。ペルピニャン戦の前までとなると、ひと月の大半が試合に出られないことになってしまう。

ヌーローを脅すつもりで、こう言ってみる。古巣との試合でアホ面はさらしたくない、トゥーロン戦で出場機会が与えられないのなら、ペルピニャン戦はむしろ先発じゃないほうがいい、と。

まず見込みなし。監督も私のはったりを見抜いて挑んでくる。というわけで、私はトゥーロン戦に出られないうえ、ペルピニャン戦でもベンチの温め役になりそうだ。悪いことは重なるもので、そのあとの二試合の相手がアジャンとビアリッツで、どちらにもサムは所属していたことがあるのだ。

私がトゥーロン戦で故障したあとに、クラブが補強したドリカス・ハンケは南アフリカ出身で、優秀な選手であることを証明してみせたし、私より若くてダイナミックで、そしてあっぱれなほど仕事の鬼。いまや五番ジャージの第一候補で、つまりは、サムと私が控えのベンチをめぐって争っている。ドリカスはいいやつで、すばらしい友になれたから、私に彼の成功を恨むことなんてできない。彼はチームによく順応した、そこがアレックス・コドリングには成し遂げられなかった大事なところ。なぜならアレックスは、イングランドとフランスのラグビーがどれほど違うかを気にしてばかりいた。こんな比較ばかりされて、クラブ側も気分がいいわけがない。アレックスのことも公平に扱うなら、必ずしも彼がまちがっているとは言わないし、悪かった背中を故障したことも、彼をいっそう憂鬱にさせてしまったのかもしれない。ただ、彼があまりにネガティブだったので、他のメンバーが本来ならチームになじませようと努めるのに、彼を見限ってしまった。これがまた彼を苦しめることになり、ついにはチームでの居場所をなくしてしまったのだ。

ただいまクラブ内では、来季にだれが何をしているかの噂話でもちきりだ。ここしばらくチーム状態がよくなってきて、どうやら降格も免れそうで、チームメイトも大半は残留できそうだ。

もっとも、ほかのクラブからのオファーを検討中の者も少しはいる。クレマンとディオが、ロンドンのハリクィンズから真剣なオファーを受けていて、二人とも行きたがっているのだ。問題は、彼らがまだ契約途中だということ。ハリクィンズのディレクター、ディーン・リチャーズに高額な移籍金を払う心積もりがあるとしても、ティエリー・ペレスには二人を手放す気がないから、何がなんでも移籍はさせないだろう。それはけっこうなことだ——彼は、クラブにとって最良なことを考えて行動している。それでも、あの二人にとってはひどくつらい。ディオは現在三十二歳、おそらく移籍のチャンスはこれが最後で、彼にすればこんなすばらしい話はない。クレマンはまだ若いが、最近別れたばかりのガールフレンドはこのクラブのスタッフだから、二人は定期的に顔を合わすことになってしまう。彼にとっては環境を変えるのもいいかもしれない。クレマンは不撓不屈の精神をもつ闘士の一人で、戦闘の最前線で忠順に立ちつづける男、そんな彼にはぜひとも好機をつかんでもらいたい。

トゥーロンは到着した時点で、すでにひどい状態にあった。ベテラン選手の多くがチームを離れていて、コーチ陣が変わったばかりなうえに、長距離移動の疲れもとれていない。戦うための目的を失い、ホームグランドを離れたせいか投げやりな感じだ。ラインアウトは粗雑だし、スクラムは押し返されているし、多少はやる気を見せようとして、我々が敵陣ラインを踏み越えるまでの二十分ばかりはなんとか持ちこたえてみせたが、ダヴィッド・ボルトルッシはペナルティキックをとっくに数本決めている。こちらがひとたびゴールラインを踏み越えれば、いっきに歯止めが解かれて、前半終了時で27対0のリード。後半に大敗を喫する前でこの状態だ。我々はよくがんばり、自分たちの形をがっちり崩さぬまま得点を積み重ねていって、最終スコアは65対0。両チームを隔てる深い溝を反映した結果となる。

もっとも、これで事態が退屈になっては困るとばかりに、ポーがペルピニャンを破る。その前週にトゥーロンで勝利を挙げていたから、ポーは勝ち点34となるが、それでも順位は十三位のまま。我々は勝ち点40で十一位、そしてバイヨンヌの勝ち点は37。

最後の追い込み直線走路がどうしてそんなに興味ぶかいかといえば、我々に残された試合がアウェーでのペルピニャン戦と、ホームでのアジャン戦（アジャンはただいま躍起になっている。前週にアウェーでカストルを破ったので、ハイネケンカップへの出場資格が獲得できそうなのだ。だから彼らはこの試合にすべてをかけてのぞむはず）とビアリッツ戦、そして最後がホームでのスタッド・フランセ戦だから。そのうち三チームは準決勝に進出するだろうし、そのうちの一つはハイネケンカップの優勝候補だ。我々は残り試合のうち最低でも一つは勝たねばならないのに、とても勝てそうにないのだ。その予想が当たった挙句にポーが二勝でもしようものなら、順位が入れ替わってしまう。にっくきポーめ――やつら、いままでてっきり死んだと思わせておいて、実は水中でじっと身を潜めていたってわけだな。やつらなら、映画「危険な情事」のグレン・クロースばりに子ウサギを茹でてみせたり、ナイフを手に浴室で金切り声を上げたっておかしくない。要するに何でも起こり得ると、私は思いはじめている。

明るいニュースとしては、トゥーロンに勝ったことで現ナマのボーナスが出ることになった。ブルゴアン戦の後、ティエリー・ペレス会長が、あと勝ち点を19とればわがクラブは安泰だと計算して、この先の六試合で19ポイント獲得したら十万ユーロを提供すると明言した。それをこのほど我々は達成したのだ。皮肉なことに、19ポイント取ってもまだ安心できなくなっているが、ティエリーはもはや約束を破るわけにはいかないので、ただいま我々が取り組むべき課題は、十万ユーロの効果的な分配方法をひねりだすこと。私はこう提案してみる。引退する選手への割増し退職金として全額渡すべしという伝統を確立しようじゃないか、と（つまり「私にくれ」ってことだ）。残念ながら、みんなは私が冗談を言っていると思ったみたいだ。

現役を続けるかどうか、私はうんざりするほど時間をかけて考えてきた。あるとき、こうクラブに尋ねてみようと思いついた。クラブへのこれまでの貢献度を考慮して、少なくともあと一年の契約延長を私に勧める気はないか、と。で、ヌーローに話を持ちかけてみたら——彼は来季もいいポジションをまんまと確保し、たぶんあと一年は監督におさまることになる——返ってきたのは、無関心からくる冷淡な表情だけ。これじゃもう、気持ちが高ぶることはなさそうだ。行儀のよい客は辞去のタイミングをわきまえている。だから厳《おごそ》かに出ていこうとしたら、まさにその瞬間、鼻先でドアをぴしゃりと閉められてしまった。

17　最後まで戦う

ペルピニャンとの雪辱戦に向かうのは四月の終わり、フランス選手権も準決勝進出チームがそろそろ決まるころだ。ペルピニャンはほぼ確実だろうが、こっちは依然として十一位に踏みとどまったままだし、プレッシャーも感じている。勝利の望みはほとんどないが、この時期にボーナスポイントがとれればとてもありがたい。

私はベンチに入り、試合が始まる。先発できなくても、気分はそんなに悪くない。厳しい試合になるだろうし、齢《よわい》三十四にもなれば、思いあがっていられる身分でもない。私はここ数週間、まともにラグビーをしていない。トップチームと試合時間の半分以上も張り合うにしては、不安のほうが先立ってしまう。

ヌーローの試合前のスピーチを聞いていたらいらいらしてきた。彼は〝負けられない試合〟だと口にするが、そんなことだれも思っていやしない。次週、ホームでのアジャン戦こそ正真正銘の〝負けられない試合〟だ。ああいうせりふは、勝たねばならない試合をやって、それから山ほどの数の試合で負けてみてから言ってみろ、それがどんなに無意味かわかるはずだ。彼は引きつづいてこんなことを言う。「彼らも我々と似たようなものだ」――まったく謙虚さのかけらもない。

ペルピニャンが勝ち点69で三位にいて、かたや我々は勝ち点40で十一位だぞ。もっと建設的なことが言えないのかね。具体的な戦術を指示するとか、でなけりゃせめて、本当に動機づけになるようなことをだ！　選手は互いをじろじろ見ているが、なに、力が抜けるようなヌーローの言いようは、いまに始まったことじゃない。

そしてこれも何度も耳にしてきたが、ヌーローに続いて話をするパット・アルレタズの、あのまっとうなものの言い方。本人もペルピニャンでプレーした経験があるから、我々がこれから投げこまれようとしている〝大釜〟のことがよくわかっている。彼の話は、そのチームのプライドと文化のこと、カタロニアの大観衆がこの試合に及ぼしそうな影響のこと、そしてこう続ける。いま背後で響く騒音は、ただの騒音に過ぎないんだ――チームスピリットの質とは、チームの中にあるもので、自分たちが頼りにできるのは自分たち自身の力なんだ、と。

不思議な思いを抱きながら、これまで何度も何度も来ているはずの、スタジアムに向かう道をやがて左に折れてホーム用のロッカールームには向かわず、右に折れて通路をさらに進み、ヴィジター用のロッカールームを目指す。ここに戻ってくるのも初めてじゃない。私がチームを去った次の年、いいプレーはしたが僅差で負けてしまったときのこと。試合中に私がコンタクトレンズを落としてしまい、時計を数分止めたせいで観衆から大ブーイングを浴びたのに、試合終了後にはいっせいに拍手をもらえた。それでちょっと目頭が熱くなった。好意をもたれるのはやっぱりうれしい。

ペルピニャンのサポーターの一途さは有名だが、かといってチームに盲従しているわけじゃない。選手が全力を注いでいるとわかれば、それをわかっているぞと教えてくれるし、必要だと思うときには選手へのブーイングも容赦ない。かつて、スタッド・フランセに40点以上の大差で負けて戻ったら、私の車にはこんな落書き。「恥さらし！　パリにいるカタロニア人の身になってみろ！」

我々がピッチでウォーミングアップをしていると、偶然にも顔見知りのペルピニャンの選手と出くわす。彼らに会えてうれしい。正直に言うと、うらやましくて仕方がない。彼らは内心こう思っているんだろう。〝この試合、最初のうちは動きが悪いかもしれないが、でも結局は勝つ〟と。少なくとも、それこそ私もかつてこのチームにいたときに思っていたのだ。なんだか悦に入ったせりふに聞こえるかもしれないが、そうじゃない。これはただ、成功することからくる自分たちの実力とチームメイトの実力への信頼から出ることばなのだ。我らモンペリエはある程度はよくやってきた、けれども、身のほどをわきまえれば、我々の頭上にはダモクレスの剣が垂れ下がっていて、ちょっとしたへま一つで大惨事を招きかねないことを思い知っている。だからストレスもたまるし、リズムにのることができないのだ。

ラシンからペルピニャンに移籍すると、自分がセレブとつきあっているような錯覚に陥ったものだった。中身はまるで変わっていない、ぱっとしない自分が一夜にして有名人になれたのは、みんなの視線を浴びるからだ。私がプレーしていたのは、スタッド・エメ・ジラールに押し寄せた一万四千人の大観衆をはるかにしのぐ、町じゅうの人たちの前でだったのだ。ただ、そうした人たちの応援は、私のうなじの毛が逆立つほどのすさまじい大音響をあげて、選手がトンネルを抜けてスタジアムに現われるのを待ち構えている観衆とは応援の仕方が違うだけ。信じられないほど熱狂的なカタロニア人の応援を味わった身には、モンペリエの応援が少々物足りなく思えてしまうほどなのだ。

試合は予想外の展開で幕をあけた。ローラン・アルボのインターセプトでトライが決まるのは時計が一分も経たないうちのこと。もう少しで十五分が過ぎるころ、ペルピニャンがマナのトライで返して5対5。こちらが取ればあちらが取るの繰り返し。ジュリアン・ラアラグにドロップゴールを決められると、こっちはレジス・レピナがドロップゴールを決める。ギョーム・ボルトラゾによるトライと、マチュー・ブレによるコンバージョンキックを決められて、今度はセブ・クズビクのトライとダヴィッド・オーカーニュ（ココ）のコンバージョンキックが決まる。残念ながら、このシンメトリーが破られるのは、ラアラグにトライをとられ、ブレにコンバージョンキックを決められた残り十分の時点――こちらは点をとりかえせぬままハーフタイムとなり、15対22とリードされる。

後半開始十五分で、敵は徹底的な大差をつけようとする。ハーフタイム中のチームミーティングで、モンペリエで受けた仕打ちを（我々としては、見事な反撃だったと思うことが、敵にすれば挫折ととらえていたことを）思い出したに違いない。若きキッカーのマチュー・ブレにペナルティキックを決められ、ニコラ・マスにトライをとられ、さらにグレ・ル・コルヴェがもう一つトライ。ブレにコンバージョンキックも決められて、スコアはいきなり15対37。楽々50点に到達しそうだ。

残りちょうど二十分のところで私はベンチを離れられた、と同時にペルピニャンの元オールブラックス、スコット・〝かみそり《レザー》〟・ロバートソンも交代出場。私はあちこち突撃しては、貢献しようとする。数分後、ラックの中で顔をあわせた〝レザー〟にこう言われる。「ふん、仲良くするのはあと三年先だぜ」。そんなの嘘だと二人ともわかっていても、それでもオールブラックスの一人にそう言われていやな気はしない。今日は私の自尊心をもっとくすぐってもらいたい。数分後、スクラムを押されてマイボールが奪われ、ジャン＝フィリップ・グランクロードにやすやすとショートサイドにまわられてトライ。これでスコアは15対42。

敵のトライはこれで六つ。勝利の5ポイントをたぐり寄せているうえに、攻撃のボーナスポイントが加算されるのはまちがいない。すると彼らの勢いもかすかに緩む。我々はしっかり反応して、いまやボールをかなり支配しているが、敵のディフェンスラインをなかなか突破できないでいる。そこでココが、後方から小さなキックを器用に蹴り、セブ・ロジェロがコーナーにトライ。それが我々の三本目のトライとなり、残り十五分で攻撃でのボーナスポイントを自力で手に入れる可能性が現実味をおびてきた。あともう一つ、トライがとれれば。

だが、死に物狂いで得点を稼ぐ必要のないペルピニャンにも、我々に点をとらせまいとするプライドは残っている。彼らのディフェンスは、ペナルティを連発してでも守ろうとする余裕があるのだ。我々がトライを欲しがっていることも、3ポイントではもはや役立たずだということも、彼らはわかっている。だからこっちは何度も何度も敵陣深くでラインアウトを試みるが、毎回、彼らが横切るようにステップを踏むので、こちらのジャンパーがじゃまされて、クリーンなボールをとることができず、モールが形成できない。ひどくいらだたしいが、実に巧妙な手だと認めるしかない。彼らが味方のジャンパーも同時に持ち上げるから、違反をしているようには見えないので、レフェリーも好き放題にやらせてしまっているのだ。

　たぶん我々が一発殴ってでも、やめさせるべきだったのだろうが、エメ・ジラール・スタジアムでけんかを売るには相当に強い度胸がいる。そのうえ、我々は必ずトライをとれるという確信をもっている、ただしクリーンなボールを一つとれさえすれば、だ。だがそんな確信はあまりにちっぽけで根拠ゼロ。今度は、ラックでさえマイボールが奪われようとしている。

　この日、試合時間中ずっと臀部が痛かったというコラン・ガストンが、選手数人が折り重なったいちばん下で、自陣側に突きだしていた長い足で蹴り出したボールを、セブ・ガルティエが拾い上げたとたん、レフェリーは笛を吹き、ノックオンをとる。セブがいらだたしさのあまり、ガストンの足に飛びのったものだから、両チームが身構える。一瞬、ついにけんかが始まりそうになるが、だれもこの燃えあがる闘志を火薬箱に突っこみたいとは思っていない。結局、相手ががまんしたから（あるいは、見ようによっては、こちらが無視したから）、我々には試合終了まではポイントを重ねるチャンスがあるという望みが残された。

　試合後、私はペルピニャンの選手につっかかるのを楽しみにしていたのに、モンペリエの会食の場は彼らとは別になっている。ラグビー学校《エコール・ド・リュグビィ》のクラブ室で、メインスタンドの真裏にある。一部リーグでこんなことをするクラブはペルピニャンだけ。あきれたね。セルジュ・シモンという元フランス代表のプロップで、現在は選手会の会長が、かつてラグビーとは何かについてこう語ったものだ。「試合では互いに手荒なことをしてもいいが、試合が終わったら、ともにビールを飲みにいく」。近年、プロ化による利害関係が強まるにつれて、試合が終わっても選手が緊張から解き放たれることは、かつてほど楽にできなくなってきた。対戦相手と友好関係を結ぶということがなかなか難しくなっているのだ。たとえそうだとしても、大半の選手が互いの名前を知れば、だんだんと尊敬しあうようになるもの。試合後に対戦相手と交歓することは、友愛の大切な部分なのだ。

こうした主張と対立するのが、経済的な問題だということは言うまでもない。ペルピニャンの選手がクラブのスポンサーと同じ部屋で会食をする必要があるのは、クラブに金を投じてくれる人が、事実上の投資対象である選手たちと直接交流する機会を得られるようにするためだ。クラブとしては部屋に入ってくれるスポンサーが多いほどいいのだから、対戦相手をそこに入れたら、チームにとって大事なお得意さまのための場所をふさいでしまうことになる。時と場合によっては、対戦チームも同室のほうが価値がある。たとえばペルピニャンでは、ビアリッツはスポンサーと一緒にする。ビアリッツには国際クラスの有名選手がごろごろいて、スポンサーがスター選手と肩を並べて親しく交流できるからだ。下位のモンペリエには並びがいのある肩もなく、舞台裏へ押しやられるというわけだ。まるで雇われ従業員みたいだ――ま、ある意味、その通りなのだけれど。

アジャンとのホームゲームが非常に重要になってきた。シーズン終了が近づきつつあるいま、我々が一つでもミスをしでかし、他チームが好機をとらえたなら、自力で踏みとどまるチャンスはほぼ消滅する。降格争いは三つ巴《どもえ》になってしまった。バイヨンヌが勝ち点37で我々の下、さらにその下に勝ち点34のポーがいる。勝ち点40の我々が最も安泰な位置にいそうに見えるが、アジャン戦の後にはアウェーのビアリッツ戦と、スタッド・フランセとのホームゲームが待っている。

両チームとも絶好調だろうし、我々との対戦の翌週に、彼らは大事な試合を控えている。日程の巡りあわせで、こちらがアジャンとの対戦中に、ポーはホームでビアリッツ戦、バイヨンヌはスタッド・フランセを迎え入れる。ビアリッツは二週間後のハイネケンカップ決勝を控え、中心選手のうち何人かを休ませたり、控えにまわす。ましてフランス選手権の準決勝進出資格もあるから、ポイントを稼ぐ必要はないし、彼らの心情的にはポーがバイヨンヌより上位にいてもらったほうがうれしいに決まっている。地理的に見れば、ビアリッツとバイヨンヌはほとんど同じ町にあると言っていいのに、ラグビーのこととなると、あまり友好的な関係ではないのだ。

バイヨンヌにとって幸いなことに、スタッド・フランセも選手を数人休ませるつもりということで、それなら実力的に拮抗するかもしれないが、同時にそれは、我々にはありがたくない事態が起こる可能性があるということだ。ポーもバイヨンヌも、次に控える試合はアウェーなので勝てそうにないが、最終ラウンドはそれぞれホームでカストル、モンフェランが相手。ということで両チームとも快勝してしまうかもしれない。ラッキーなことに、アジャンが送り込む選手団も寄せ集めになりそうだ。いいパフォーマンスをすれば、我々に勝利が見えてくる。そうなれば、危機から脱することができるだろう。

　私はベンチに座る予定だ、それだけで十分だ。こんなにも長期間リザーブを務めたシーズンはなかったし、最初はなかなか受け入れがたかったが、いまや慣れて試合が待ち遠しくなるほどだ。ところが、トレーニング時間になって頭数を数えてみると、選手が多すぎる！　二十四人で十分なのに、数えたら二十五人。モンペリエでは常に、選手を二人多く保有している。出場しない控えとして、それは決まってフロントロー一人とユーティリティバックスが一人、だれかがどたんばで故障した場合に備えてという。私はずっと、こうした補強は必要ないと思っているが、意外にも、彼らの起用はけっこうな回数にのぼる。ジェローム・ヴァレは故障のためにしばらく離脱していたが、試合に出たがっている。ジャーレイ・ラッセルとセブ・ガルティエもいるから、我々が必要とする第三列のリザーブよりも一人多い。けれど、ヌーローがジェロームを先発に起用するのはリスクがあると考えるなら、おそらく第三列の二つの持ち場（フランカーとナンバーエイト）をカバーしようとしてミシェル・マカルディを起用するだろう。彼なら、リザーブのロックとしてナンバーエイトもやっている。つまり、私がはじかれるということだ。

ウォーミングアップ中にヌーローが私を呼ぶ。彼が、ジェロームを使うことにしたと話しだすが、次に何を言うかがわかっているから、説明が終わる前にその場を離れる。ジェロームがピークだからとか、あるいは、その選択が正しいと思える理由が他にあれば、この件を彼と議論できただろうが、チームはこのところジェロームなしでもうまくやってきていたし、彼はもう数週間試合に出ていない。背中を故障しているわけだから、彼の肩代わりができる選手はほかにいる。

それに、もし我々が勝てば、これが今シーズンの最後を飾る——そして私のキャリアの最後を飾る、重要な試合になるはずだ。最終の二試合なんてその場しのぎにすぎないのだから。あほらし！　寛大な読者よ、プロのラグビーとはそんなもんだ。

試合前にこんなひと芝居が打たれたからには、ひと波乱ありそうと思いきや、試合そのものはあっけない結末を迎える。こっちは死闘を覚悟で緊張していたのに、アジャンが抱える重量級の砲兵隊の大半はホームにおいてきたか、リザーブのベンチを温めている。フィルモンが試合開始数分で、敵陣数人を圧倒しながらトライを連発。ダヴィッド・ボルトルッシによるコンバージョンキックが二本とも決まり、さらに時計が十五分を示すころ、ペナルティキックで追加点。さらにその三分後にはアレックス・ストイカがトライ。試合がまだ三十分も経たないうちに、ロロ・アルボがトライを決めて、これで四本目のトライ。ボルトルッシがコンバージョンキックを決めてスコアは29対0。シーズン最後としては印象的だ。敵からは反撃一つなさそうで、勝利の5ポイントはいただきだ。

だめ押しでアントニー・ヴィニャもトライ。またもボルトルッシがコンバージョンキックを決める。前半終了時に36対0。なのにアジャンの攻撃は不発のまま。後半で少し変化が起こって、敵がトライを三つ決めるが、ときすでに遅し。我々はペナルティトライとコンバージョンキックを決めて、44対19のスコアで締めくくる。ポーとバイヨンヌも勝利し、数字の上では、我々が勝ち残ったと自信をもって言えないが、ポーは来週末、スタッド・フランセとのアウェーゲームだから勝ち目はない。パリジャン（スタッド・フランセ）がバイヨンヌで負けてしまったあとだけに、なおさらだ。

ビアリッツはモンペリエからおよそ六〇〇キロ離れた、バスク地方の大西洋沿岸にある。バスによる長時間移動に我ら選手は疲れきり、道中で犠牲者が一人出る。マルティン・デュランドが六時間を越えるバス移動のせいで背中の痛みを再発し、到着するころには、プレーができない状態。私は自分の顔が赤くなりすぎるのも気づかずに、バスの床でいつもとっている姿勢から体を起こすと、股間がぴんとするような感覚が走るのを感じていた（二メートル近い私の体をバスの座席に押し込めようとするのは、不可能なことを企てているようなもの。それよりは、バスの通路に横になって手足を伸ばしていたほうがいい。ときどき顔のうえに靴がころがってきても、そのほうがまだましだ）。くそ、バスに乗るたびに故障を起こすようなら、それこそ引退のしおどきだ。幸いにも、トレーニングで体をしっかり温めておけば、次の日までひきずることはないだろう。

それでも、一方では、私はアントニー・ヴィニャと同室になるわけで、これって災難みたいなものだ。ラグビー選手はほとんど全員がいびきをかくが――大半が鼻を骨折したせいだ――アントニーのいびきときたら名人芸と言いたいほど派手なもので、太く低い轟音に騒々しく鼻をすする音をはさんで変化をつけている。彼がグルノーブルに所属していた当時、選手の中で一人だけ個室を許されていたのも、他の選手が同室を拒否したせい。私が同室を我慢するのは初めてではないので、先の展開は読めている。自分より先に彼に寝られたら、それこそパニックだ。だから、自分が先にいびきをかけるよう、トレーニングをがんばったのに。彼が冬眠の熊よろしくいつもの眠りに入るころ、私はまんじりともせず夜を明かす。

次の日、不眠でふらふらになった私は、いまのチームの雰囲気にぴったりだ。いまや降格を免れて、我々には勝つ目的がほとんどないせいか、試合前のチームミーティングで語られる中身は、不穏なことを予感させるものばかり。ティエリー・ペレスからのお願い。「笑いものにはなるなよ」。次にパット・アルレタズが前かがみになって語る「ジャージにこめたプライド」がモチベーションになるという、お決まりのスピーチ。ボーナスポイントについては、あやふやに触れられたけれど、だれもこのことは強調しない。

ビアリッツはこの試合を、翌週に控えたハイネケンカップ決勝戦への本稽古《ドレスリハーサル》にするつもりで、先発メンバーをそろえている。わずかに望みをかけるとすれば、敵がけがをおそれて、コンタクトを手加減するんじゃないかということ。ところが彼らはそのこともしっかり計算している。みんなよく知っているのだ。中途半端なコンタクトが、逆に最もけがしやすいということを。さらに、過去数シーズンで我々がアウェーで二勝したうちの一つは、ここビアリッツでの試合、あのときの彼らは前週にハイネケンカップ準決勝を戦ったばかり。だからその日の試合は、二軍の選手主体でメンバーを組んでいた。敵は、同じあやまちを繰り返す気はないとはっきり示している。あちらはネジを巻き上げているというのに、かたやこちらはネジを緩めている。これでうまくいくはずがないってことは、我々にだってわかる。

そして実際、うまくいかない。いつもならなんとか切り抜けられそうなこちらの小さなへまに無慈悲なまでにつけこまれ、ポイントの加算具合が警戒レベルに達する。ラインアウトで二度も、サインを出すミシェルとスロワーのニコ・グレロンとがかみあわない。ミシェルはマウスピースをしたまま叫んでいるし、ビアリッツの観衆は歌を歌っている。後方にいた選手たちは、ボールが頭上を飛び越えていったのを見て唖然としている。彼らにサインが伝わらずジャンプしてなかったからだ。二度とも、ビアリッツがすばやくボールを拾い、広く展開してボールをつなぎ、そしてトライ。

こちらが深いキックでラインアウトをとろうとする。ラインを形成している最中に敵がクイックスローインをして、スクラムハーフのディミトリ・ヤシュヴィリにサイドラインを六十メートル快走されてトライ。こっちがばかみたいに見えるが、またしてもレフェリーに不当な扱いを受けている感じがする。いまの場合、ラインアウトがすでに形成されていたから、クイックスローインはできないはずだ。頭をたれて屈するか、抗議を開始するか。わがプロップのセブ・プティは抗議の度が過ぎて、イエローカードを出されてしまう。あんたの目は節穴かってレフェリーに言ったもんだから。

かなり我慢強いほうだと自負する私も、レフェリーのミスの多さにフラストレーションがたまってきた。前半終了近く、ビアリッツが中途半端なキックをしてくれて、こっちはそのままトライができそうだ。22メートルラインに立つ私の目の前に、ぽっかり穴が広がっている。私はボールをパスされ、前かがみになり、そのままトライに持ちこもうとしたら、セルジュ・ベッツェンにじゃまされる。背後からの突進は明らかに彼のオフサイド、私をタックルできないはずだ。だから私はすばやく体を起こしてレフェリーに質問する、プレー続行を許したようだけど、ビアリッツのフランカーがオフサイドでないなら、彼はどっから走ってきたんだ、と。そこで笛。レフェリーがペナルティを出したのは、がなりたてる私にだ。ビアリッツはタッチキックでボールをきっちり出すと、モールをつくりゴールラインに向けてゆっくり進めようとする。私はモールに参加して引きたおそうとするが——ディフェンス側一番手の選手ならルール通り、いつもなら苦もなくやれていることなのに——敵のモールは非常にコンパクト、かつきっちり組織化されているから、ろくでなしの我々にはとても倒せず、そしてまたもやトライを取られる。

敵は腹立たしいほどいいチームだ。あまりに早く試合が進んで、いったい何点とられたかがわからなくなるほど。前半終了時点のスコアボードを見れば、六本のトライをとられて0対43の大差とわかる（数週間後の私は少し気が楽になっている。彼らがフランス選手権決勝の後半でトゥールーズに五本のトライを含む31点を叩きだし、40対13で勝つことになるからだ）。

後半になると、彼らは我々に少し寛大になり、反撃させてくれている。私は、レフェリーにぶつけるつもりでいくつか厳選していた悪態を胸にしまいこむ。そんなものを吐《つ》く息が残っているなら、走りまわるほうにあてないと！　ここ数か月、八十分間フルに出てなかったから、それが楽ではないことを思い知らされている。彼らが後半最初のトライを決めたとき——開始二十分ごろだ——私はキックオフでタッチに出たボールをジェローム・ティオンとラインアウトで張り合う。ところが、彼は味方にサポートしてもらえるのに、私のほうはへとへとなうえに、だれのサポートもなく、ジャンプするのもやっと。私の肩が彼の臀部にぶつかり、彼が地面にどさっと落ちる。私は倒れながらも、とっさに腕を伸ばして彼をつかんだので、よりぶざまな落ち方を彼にさせてしまう。しまった！　次週のハイネケンカップ決勝に彼が出られなかったら私のせいだ、そう思うとひどく申し訳なくなる。ビアリッツのフォワード陣が近寄ってくるが、私が心から心配しているのと、わざとじゃないことはわかってもらえたようだ。ティオンは毒づきながらしばらくじっと横たわっているが、私が彼を引っぱり立ちあがらせたら、幸いにも彼はそのまま、だれの手も借りずに立っていられる。

試合終了後、蓄積された疲れとあまりの惨敗ぶりに、私はがっくりきていた。これまでの人生で敗北は何度かあったが、50点差をつけられての負けは久しくなかった。奇妙なことに、もうたくさんだと思った。十分やりきった気分だ。ペナルティをいくつか出してしまったにもかかわらず、十数回ボールを手にしても落とさなかったし、いいタックルも何度かできて、そのうちの一つはティオンへのカバーリングタックルで、激しくぶつかった拍子に彼はボールを前にこぼしてしまったほどだった。気を引き締めた私のプレーはそんなに悪くなかった。相手のモールからトライにつながるのを阻止できなかったとはいえ。いつもの自分なら、こう言って満足するだろう。あれは自分のせいじゃない、どこかほかに問題があった、少なくとも自分はやるべきことをやった、と。でも今回はそうじゃない。アフターマッチ・ファンクションでも、私はずっと冷静なまま。ただぼんやりと、審判団がビアリッツの選手と笑ったり冗談をとばしあったり、一緒に写真におさまっているのをながめている。

18　道はどこに続く？

スタッド・フランセがつくりあげた評判の中には、やることがちょっと変わっているというものがある。たとえば、ニック・マレットによる指揮。クラブは冬の半ばにきて、期待ほどの結果が出せないでいた。そこに、シックスネイションズのためにフランス選手権の試合がない一週間の空白期間ができた。マレットなら、シーズン開幕からの停滞を払拭しようと、この期間をトレーニング・キャンプにあてて、チームを鍛えなおそうとするくらい楽にできたはず。ところがこの南アフリカ人は、首都にある、ぬかるんでいてときには寒さで凍ってしまうトレーニング用グラウンドから遠く離れ、選手たちをアルプスに連れていって数日間スキーをさせていたのだ。思う存分スキーをし――アフタースキーの娯楽もちょっとだけあったそうだ――マレットは、選手がやりたがったほとんどのことをやらせた。端で見ていても――そして、たぶん選手の中にもいたはずだが――こんなのは正気とは言えないと思ったものの、マレットは状況を見事なまでに読んでいた。選手がリフレッシュして戻ったころには、シーズン終盤にのぞむ心構えもできていて、そのままフランス選手権の決勝まで勝ちつづけていったのだ。

ラグビーのプロ化容認以降、選手はトレーニングにより多くの時間をかけられるようになり、このことによって選手のスキルも身体的な調整レベルも向上した。加えて、クラブチームのオーナーが、「趣味の集まりを組織する」人というよりは雇い主となり、金を払う以上、汗水たらして働く姿を見たがる人になった。これはこれで妥当なことだし、概してプレーの水準はかなり向上している。それはたしかにそうだけれど、お金をいただく職業としてやる以上、人より優位に立つためにはトレーニングを厳しく――他の選手よりももっと厳しく――やらねばならないという、自分の内なる声が聞こえはじめたら、たやすくオーバーワークに陥る可能性がある。自分以外がみな必死で練習していると、それを上まわる練習をしなければならない。するとあっというまに、かつてあれほど楽しめたはずのものでさえも、朝が来るたび起きようかどうしようか迷うようになってしまうことがあり得るのだ。

熱中できている限り、プレー上達への道は開ける。一週間スキーをしてチームのメンバーが一つにまとまり、スクラムやラインアウトやラックやモールやタックルやキャッチやパスやキック、その他、日ごろやっている一切合切を忘れさせてくれて、しかもメンバーが休養できる時間をたっぷりとってよいのは、円熟したチームに限られるのだ。

若いうちなら熱中することはたやすいし、それにいったん失いかけてもすぐによみがえる。年を重ねるにつれて、ラグビーは体に堪《こた》えてくるし、ある程度は精神的にもつらくなってくる。ひざのきしみや背中の痛みに苦しんだり、肩の痛みはこの先もとれそうもないと思い悩むことで、たとえ進退にかかわる決意にまでは影響を及ぼさないとしても、先の人生を楽しめなくなるような気がしてくる。

しかも、熱中できているると、自信もついてくる。これは選手のメンタルな能力には欠かせない、かなり重要なところだ。私が二十歳でニュージーランド・コルツに所属していたころ、次は自分もオールブラックスに選ばれるものと思っていた。選ばれていないのは単に時間の問題で、いずれ世界のベストプレーヤーの一人になる、少なくとも控えの間《ま》にはもう通されている、と思い込んでいたのだ。トップリーグの試合に二、三百回出た経験から、オールブラックスのジャージには手が届かないとわかったいまとなれば、そんなふうに真剣に思い込んでいた自分にうちのめされる。けれど、当時はそれが大多数の子どもの宝物だったのだ。他の少年たちより自分は上手なんだと信じているからこそ、いの一番にフィールドに出ていけた。そうした自信をずっと持ちつづけてはいられないにせよ、はっきり言って、持っている限りは打たれ強くいられる。

いつの日か、少なくとも自分と同じくらい上手な人や、少しだけ自分より上手な人が外の世界にいることに折り合いをつけるときがやってくる。それが人格形成でもあるけれど、試合に出るときにそんなものはなくていい。心の中で対戦相手より自分のほうが上だってことを証明してやろうと思う代わりに、あの選手はどれくらい上手だろうかなんて考えたら、どんな些細なこともうまくいかないかもしれないという弱気な思いが、意識の中にどっと押し寄せてくる。スポーツに関して、最も受け入れがたくて、でも最も重要なことの中には、折りあるごとに負け方を学ぶということがある。たとえうまくいったことでも、あとできちんと振り返って検証しなければならないし、うまくいかなかったことならなおさら、失敗の原因を見つけ、改善しなければならないからだ。そうすることでしか、自分で自分を強くして、よりよい選手になる道はないのだ。

人はさまざまな形で自分の中に自信があることに気づき、謙虚さがあるから幸いにも度の過ぎる堕落からは免れる。だが、最高のものと張り合いたい人は、自分で自分を高く評価しないと気が済まない。これは、自信と傲慢さの間にかかる危険な橋を渡っているに等しい——さすがに自分が最高だとまでは思わないにしても、他のライバルよりは上だという自信をもっているのに等しいのだ。大半のスポーツ界のトップレベルにいる個々人の間には、ほんのわずかな差しかない。百メートル走の決勝で、ランナー全員の着差はおそらく一、二メートルもないだろうし、勝者を目の前にしても自分の鼻を前へ出そうとするランナーがいるはずだ。自分がトップを切るイメージをもつことこそ、とても重要だといわんばかりに。

ラグビーは他のチームスポーツと同様、傲慢なままで終わることはまれだ。自分に思いあがった考えがあれば、まわりにいるチームメイトからそれを指摘されるから。古代ローマ軍の指揮官は戦闘で勝利すると、ローマの街道を凱旋行進することが許されていたが、彼らが乗る二頭立て馬車《チャリオット》には、元老院から送り込まれた同乗者がいて、指揮官の耳元でこうささやくのだ。「なんじ死を覚悟せよ《メメント・モリ》」と。イングランドのシーズンが終わり、ジョニー・ウィルキンソンがスタッド・フランセ戦を直前に控えた我々を訪ね、ハーリー・クレーンを激励した。二人はかつてニューカッスルでチームメイトだったのだ。ウィルキンソンは、ラグビー選手として世界一高額な報酬を得ているかもしれないうえ、オーストラリアでのワールドカップでイングランドを優勝に導いた。なのに、いまだにクレーンの流行遅れのヘアスタイルを容赦なくこきおろさずにはいられない。

メンタル面の成熟には、経験がものをいうとされているせいか、フランスのクラブは若さよりも経験に重きを置く傾向があって、自国の若手に機会を与えるよりは、海外からベテラン選手を金で集めようとすることがしばしばある。若い選手には、下位チームで何シーズンも過ごしてきたことを自ら示さなければという思いがある。これがニュージーランドでは、見方がまったく違う。「よくやったと思えたら、もう歳だってこと」なのだ。実際、三十歳から選手としての下り坂は始まっているとされている。三十代前半になってから、実力的にピークを迎えたとされる選手が多いのだ。ところがフランスでは、二〇〇六年のオールブラックスの選手の平均年齢は二十五・五歳、かたやシックスネイションズに出たフランスチームは二十八・五歳だった。

私としては、フランスが経験を重視してくれたことで得をしてきたけれど、経験重視という考えは幻なのかもしれない。選手がひとたび基礎を身につけてしまえば、ラグビーはそんなに複雑なものではない。人より高く飛ぶことができれば、より高いレベルで切磋琢磨するだろうし、進歩も速い。それに、若ければ若いほど、適応するのも早いということはよくある。今季のモンペリエで実例を挙げれば、フルジャンス・〝フュフュ〟・ウェドラオゴという、二十歳にして劇的に上達した選手がいて、シーズン初めはエスポワールにいた彼が、いまや一軍の立派な一員となっている。

これはクラブにとってはいいニュースでも、他のフランカーにすれば微妙なニュースだ。チームがあれこれ手を加えているあいだに、だれかがチームを去っていく。いまこうして、退屈きわまりないトレーニングをやっているのも、スタッド・フランセとのシーズン最終戦を控えているからで、ディディエ・ベスとティエリー・ペレスはサイドライン上で長時間話しこんでいる。ディディエの身振り手振りを交えた鋭く痛烈な批判を受けて、ペレス会長は無表情。ディディエもあまり気分がよくなさそうだ。彼は今シーズンが終わると、来シーズン開幕まで、あのU21のピラニアどもがいるラシェルのコーチを押しつけられている。これは彼にはきつい仕事だ。この一年、ディディエはフォワード陣を自分の専門領域であるスクラムとラインアウトで、がっちりまとめあげてきた。そしてそれが、いまやチームの強みにもなってきたのだ。

ほどなく、ペレス会長からヌーローの残留が発表される。キャプテンのジェロームはあらかじめ、ヌーローが来季も指揮をとるべきかどうか、選手から〝民主的に〟採決を取っていた。結果は圧倒的に反対が多数だったのに、会長が一人で決めてしまった。

バックス陣のコーチに就任したパット・アルレタズの後釜として、アラン・イアルデのコーチ就任が決まった。スタッド・フランセからはオリヴィエ・サラメア、ベジエからはアルゼンチン人のフェデリコ・トデスキーニ、そしてビアリッツからはディディエ・シュウシャンの移籍が決まった。これまた、いい選手ばかりだからクラブにとってはいいニュースだが、彼らがまちがいなく占拠するポジションに元々いた選手にとっては、そんなにいいニュースとは言えない。現にその知らせを聞くなり、浮かない顔をして見せたのが、一人二人いるのだから。

グルジア人のマムカ・マグラクヴェリッジはまだ契約更新できていないし、フルバックのフレッド・ベナゼックは〝解雇〟を告げられていた。契約期間がまだ一年残っているというのに。それ以外のみんなは、ちょうどひと月後に始まるプレシーズンに、再びクラブに戻ってくることになる。

もちろん、私は別だ。これで最後になるだろうという思いを抱いてピッチへ向かうと、二十五年を振りかえって、もう二度と試合に出ることはないという事実のあまりの大きさを受けとめられない自分がいる。さらには、この先〝リアルな〟職探しをしなければならないという、あまり愉快じゃない現実が待っている。プロのラグビー選手は、二十代初めなら、うまみのある商売に思えるし、同じころ、ラグビーをしない友人たちは求職活動にやっきになっているか、キャリアの階段を一段目からのぼりはじめようとしている。ところが、三十代初めとなった自分は、友だちがキャリアの階段をもう何歩ものぼっているところで、一番下の段からのぼりはじめなくてはならないのだ。

試合前のロッカールーム。その場の雰囲気にどっぷりひたって、目の前にある喪失感を無視しようとしても、私の頭の中では、どうでもいい考えばかりが駆けめぐる。マッサージを受けにいったほうがいいだろうか？　選手の多くがマッサージをしてもらうけれど、私はどうせ寝てしまうから、わざわざやるまでもないといつも思っていた。いまやらないと二度とやる機会はこないかも。それにただだ。まいったな！　もう金の心配かよ。これからはジムに行くにも金がいるんだ。

おいおい、集中しろ。必要なことはいいプレーをすること、いい雰囲気で終わることだぞ。私は試合中の動きを心に描いてみる、毎回必ず、いいプレーをしているイメージを心の中で描きながら、あわただしくスパイクを履く。ウォームアップをしに出ていくと、ずいぶん暑いことに気づかされる。全試合とも土曜午後三時に一斉に開始されるから、クラブによる有利不利はないにしても、南フランスのほうが夏は早くやってくる。きょうはもう三十度を優に超えている。

ウォームアップを終えて再びロッカールームに戻り、水をかぶって全身をクールダウンさせる。やがて、みなそれぞれに試合前の準備にかかる。私の場合は、両耳にワセリン、鼻の下にヴィックスヴェポラップを塗って、左の手首に革紐を巻きつける。万が一、手首の骨が折れて飛び出たりしないためにだ。選手が小さく円陣をつくり、何かしら声をかけあって終わり。私は、本当にこれで最後なのかという思いにとらわれすぎて、どんなことばを交わしたのか、もう思い出せない。

フレッド・ベナゼックと私が肩を組みながら、チームの先頭に立って出ていく。彼とは二シーズン一緒にプレーしてきたのに、彼のことがわかるようになってきたのは、この二、三週間のことだ。アジャン戦の日、彼はロッカールームで目をうるませていたという。まさにその週に、クラブ側から契約打ち切りを通告されたのだ。

私は常々、フレッドは人を押しのけていくことにまるで興味がないんだと思っていた。かつてあるジャーナリストが彼を「フランスで最も才能を無駄遣いしている選手」と評したことがあったが、彼はそれをお世辞と受けとっていたようだ。私は彼が、自陣ゴールラインより下がった位置から三十メートルのリバースパスを手の甲を外に向けたまま放つのを見たことがある。パスはインターセプトされて敵に7点を献上してしまったけれど。さらにまた、彼がボールを持って六十メートル以上も敵の大半をふりきって駆けぬけ、見事な個人技によるトライを挙げた姿も目にしたことがあったのだ。

私にわかってきたのは、彼は「興味がない」のとは違うということ。彼はただ、リスクをとることへの単純な喜びにこだわりたいだけなのだ。そして、手堅くて面白みのない試合をするくらいなら、リスクをとったプレーをしたほうがいいと思っているのだ。これぞ、コメンテーターたちが言うところのフレンチ・フレア（「フランス人の閃き」と訳され、フランスラグビーのプレースタイルを象徴する表現）そのもので、このごろはあまり目にすることがない。彼にとっては、きょうみたいな試合をやることがすごく大事なことなのだ。彼は私と歳が近いのに、あと一年は三部リーグのクラブでプレーするという。

最後の試合に印象に残ることをしようと決めていた私は、ルーキーみたいにやたら走りまわっている。プレーがとまってやっと時計を見たら、まだたった七分しか経過していない。この暑さのなか、自分はハーフタイムまで果たしてもつのか？　パリジャンはこの試合を次週のフランス選手権のドレスリハーサルのつもりでいるから、ベストメンバーを組んできているし、攻めの形も見事なのに、かたやこちらは、気分はビーチでバーベキューみたいに緩みきっている。

数分後、フレッドがけがで退場。いまだ両チームとも0点だが、このままの展開で終わるわけがない。我々は相当量のエネルギーを使い果たし、マイボールを取られないようにするのがやっとだ。スクラムでは数分経っても勝負がつかず、私の出番は次のフェーズで来るとわかっていながら、こっそり移動し、へとへとになって、やがてようやくひと息つける。ボールを何度か拾い上げ、コンタクトされてもボールを放さずにいて、ひどい目にあう。スタッド・フランセは強盗を手伝う女みたいに卑しく、強く、ずっと前に立ちはだかったまま。そして私はノット・リリース・ザ・ボールのペナルティを一度とられる。

二十分後、スクレラがペナルティキックを蹴る。ここがターニングポイント。スタッド・フランセがすばやい連続攻撃でトライを二本、二十五分のスコアは0対15。彼らはプレーのフェーズごとに優位に立つ。私は必死で相手のモールを倒そうとするものの、あえなく失敗、頭の上に敵が寝転がってきた。やつら、紳士的なビアリッツと違って、わざと弱いところを狙ってくる。ひざと足首の関節は肉づきが薄くて痛めやすいから、いくらすね当てをつけていたところで、だれかにすねの上でナイフを使って三目並べ（子どものゲーム）をやられているみたいに、痛みがぴっと駆け抜ける。

ハーフタイムまであと五分のところで、ダヴィッド・ボルトルッシがトライを決めて5対15。だがスタッド・フランセがまたもトライ、さらにコンバージョンキックも決めて5対22。ハーフタイムになって、我々は再び水をかぶる。ふと、今日みたいな試合コンディションじゃ、熱射病で死人が出るんじゃないかと思う。あとどれくらいやったら、ヌーローは私を引っ込めてくれる気だ？

両チームの大きな違いは、モンペリエはボールを奪いかえすまでにやみくもに時間とエネルギーを使っているのに、かたやスタッド・フランセは、ボールをずっと生かしたまま、コンタクトなしの状況でパスを回せるところ。この違いの理由は、敵の選手一人ひとりのスキルが高いということもあるが、同時に、我々がコンタクトゾーンでのパス回しの練習をさほど重視してこなかったことにもある。願わくば、来季はしっかり身につけてくれよ。

幸いにも、私は後半十分でフィールドを去る。スタッド・フランセがまたしてもトライをとって5対29。試合の行方に疑問を抱かせる余地も与えてくれない。だが、そのあと我々もどうにか立てつづけにトライを二本とる。一本はレジス・レスピナが、もう一本はロロ・アルボが、セブ・メルシエの見事なお膳立てによって。セブが上半身を震わせるようにして敵のセンター二人を振り切り、六十メートルを疾走してロロにボールを託したのだ。スタッド・フランセがとどめを刺すかのように、さらにトライを二本とって17対43。それでもロロが最後に決める。彼の二本目のトライで、こちらもトライ四つでボーナスポイントを獲得し、全体としては、まあまあ出来の悪くない試合になったんじゃないかな。

こちらがこんな試合をしているあいだに、ポーとバイヨンヌがともに負けたため、ポーが勝ち点40で降格決定。かやたバイヨンヌは43で、我々が46、ナルボンヌが47という勝ち点で終わる。カストルは勝ち点66で、勝ち点63のモンフェランを抑えて来シーズンのハイネケンカップ出場権を獲得する。

理想を言えば、現役最後の試合は、チームがフランス選手権優勝を決めたとか、せめて勝利をあげてほしいものだけれど、自分にはこういう結果でよかったのだと納得しようとしている。なぜなら、ビアリッツ戦直後でもあり、トップレベルで競いあう試合にはもう起用されないと思っていたからだ。ビッグ３以外のほかのチームとの試合だったら（モンペリエみたいな小さいチームなら)、自分はまだまだやれるつもりでいるし、もしこうしたチームのどこかで運よくやれたとしたら、もう一シーズンくらいは現役を続けたかもしれない。だが、小さなクラブには、一か八かの選手をとるゆとりなど、まるでないのだ。自分みたいな選手を必要としているクラブをまた探すことができたかもしれないが、おそらくそれは二部リーグのチームになるだろうし、そこまでしがみついて、あと一シーズンを送りたいとは思わない。実際のところ、この一年のほとんどのあいだ、私の体には警戒信号が送られつづけていたのだ。

さんざんに叩きのめされたにもかかわらず、我々はささやかにピッチを一周して――勝利の一周ほどではない、〝我々はまだ踏みとどまっている〟ことを報告する一周みたいなものだ――サポーターに拍手を送り、彼らからも拍手をもらう。私は、ニコ・グレロンとフィレモン・トレアフォアに肩車されて、そのまま十メートルばかり空中にいたけれど、ニコに「ううっ、おっさん、重いっす!」と言われて下ろされる。

モンペリエの〝おっさん〟としては、自分が若かったころといまとでは、試合がかなり変貌したのを痛感する。一九九四年、ウェリントンで初めて試合に出たころは、まだラインアウトでのリフティングは禁じられていたし、トライに5点の価値がつくようになってほんの数年しか経っていなかったし、フランカーはサイドからスクラムを崩してもいいことになっていた。とりわけこのことをよく覚えているのは、当時の私は、スクラムの側面でじっとはりつかれていても、しっかり対応できるだけの機動力があると見込まれていたから、オークランドとの初対戦では、オールブラックスのフォワード第三列であるジンザン・ブルックや、マイケル・ジョーンズ、マーク・カーターと対抗しなければならなかったからだ。試合時間のほとんどを私はスクラムそば一メートル近くにぴたりとはりつきながら、馬車馬並みの私のスピードでは彼らにすぐ追いつかれるぞとびくびくしていた。この試合で手に入れたのは、母がスタンド席から観戦できるためのチケット一枚と、自分の墓場までもっていくつもりの思い出だけだ。

それから数年後、私はラシン・クラブのチームメイトとともに本拠地パリへ戻ろうとしていた。二部リーグ（プロD2）のプレーオフに勝利したことで、一部リーグへの昇格決定。みんなで陽気に騒ぎながら、クラブの会長であるジェラール・マルティネスに声をかけると、バスの後方までやってきた。たどりついたときの彼は、歯を見せにっこり笑顔だったから、我々が彼を酒飲みゲームみたいな悪ふざけに招いてくれたと思ったはず。ところが実際には、ボーナスは出るかと聞かれたものだから、彼の笑みは瞬時に消えた。

国をまたいだラグビー界の〝傭兵〟第一部隊の一人である私が、アマチュア時代の終焉を悼《いた》んでいては、偽善者と言われてもしかたない。楽しんでやりつづけていたことで報酬が得られる機会をもてたことに感謝している。それでも私は、こう願わざるを得ないのだ。ラグビーよ、多国籍企業にならないでくれ。人情味をなくさないでくれ、と。かつて、ウィンストン・チャーチルはこう言った。「私たちは他から得たもので生活をし、他に与えることで人生をつくる」。この先、何年経とうとも、ラグビー選手は――アマチュアでもプロでも傭兵でも――少なくとも得たものと同じだけのものを、きっと人々に与えてくれるはずだ。

日本語版エピローグ

二〇一一年のモンペリエは、私がやめた二〇〇六年当時とは大違いのチームになっている。ディディエ・ヌーローとアラン・イアルデは二〇〇八年に解雇され、二〇一〇年に元フランス代表チームのキャプテン、ファビアン・ガルティエが監督を引き継いでから、チームは変貌を遂げてきた。ぎりぎり降格を免れてきた数シーズンを経て、いまやトップ14の上位争いに食いこんでいる。〝フュフュ〟ことフルジャンス・ウェドラオゴはキャプテンになり、フランス代表のレギュラーだ。やはり代表に選ばれたフランソワ・トラン＝デュックは、二〇〇五年当時はまだ二軍《エスポワール》にいた。〝ゴルゴジラ〟はいまやスター選手。新世代の選手たちが照準を合わせているのはフランス選手権優勝だ。彼らなら、やってくれるかもしれない。

トップ14も以前に比べればかなりオープンになっている。二〇〇七年と二〇〇八年の優勝はお決まりの面々、トゥールーズにスタッド・フランセだったものの、二〇〇九年は――マルセル・ダグレナが自らが精選した委員会から追放された数年後に――ペルピニャンが初優勝を遂げた。さらに二〇一〇年はモンフェランが、一世紀以上のあいだに十度の決勝敗退を経て、ようやく初優勝を果たしたのだ。

また、トゥーロンとラシン・メトロ92が、どちらも大富豪の支援を受けて一部リーグへの復活を果たしたから、優勝争いは熾烈をきわめている。私がこのエピローグを書いた二〇一〇／一一年シーズンの中盤時点で、十チームに優勝の可能性が残されているほどだ（決勝戦はリーグ戦六位だったモンペリエが初優勝をかけてトゥーロンズに挑んだが、10対15で惜敗した。二〇一一／一二年もトゥールーズが連続優勝）。

こうした現状はトップ14にとってはいいことだが、フランスラグビー界にとっては——あるいはフランス以外の世界ラグビーにとっても——そんなにいいことではないかもしれない。フランスのクラブチームは強烈な魅力を振りまいて、世界中の名選手を引き寄せ——ジョニー・ウィルキンソンとフランソワ・ステインはすでにフランスでプレーしているし、マット・ギタウは二〇一一年のワールドカップ終了後に移籍予定だ——それに続く堅実な（つまり私のような）選手もたくさんやってくるが、本来ならそうした選手はそれぞれの国の選手権で主力となるはずだったのだ。たとえばニュージーランドでは、いまや国内リーグの選手に対する賃金高騰が大きな課題となっているわけで、それは新たにグローバル化されたラグビー界の経済活動の中で自国選手の争奪戦を繰り広げた結果だ。たいした経済基盤をもたない国にとって、これはかなりの犠牲を強いられるおそれがあるのだ。

フランスでラグビー選手という職業につくのは、相変わらずおいしいことだから——実際、かつてよりおいしくなっているから——トップ14の選手の五十パーセント近くが海外からの移籍組と知っても驚きはしない。いわゆるアマチュアのレベルでも、海外からの選手がせっせと自分の売り込みに精を出している。このことと、フランス人の優秀な若手選手が一軍へ上がるのに苦労しているという事実を加味すると、この国のラグビー界が〝健全〟と言っていいのかどうか、疑問は残る。

とはいえ、この巨大権力はいまだ衰えそうにない。二〇一〇／一一年シーズンのトップ14にいるクラブの平均予算は千六百万ユーロで五年前の倍以上、選手の報酬もその倍増ぶりに歩調をあわせて二倍になっている。

フランスのラグビー界の繁栄ぶりと海外移籍選手の急増は、悪いニュースばかりとは言えない。たとえば、アルゼンチンがワールドカップ二〇〇七年大会で準決勝進出を果たしたのは、代表チームのほぼ全員がフランスを拠点にプレーしてプロフェッショナルな環境の中でスキルアップできたからで、アマチュアのみで競いあう自国の環境ではそこまではのぞめなかっただろう。他にも、グルジアや太平洋の島々（フィジー、トンガ、サモア）のように、代表選手を定期的に海外に送り出してトップレベルのラグビーを経験させることで、チームの強化を図れた例もある。マーケットがもつ力が、ワールドカップ大会にも微妙な均衡をもたらしている。時が経てば、もっとはっきりわかることだろう。

少なくとも、ラグビーには立派なサクセスストーリーがある。ちょっと不本意かもしれないが、グローバルな競技になりつつあるところだし、世界中でおおぜいの老若男女がラグビーを楽しんでいる。印象的な一例を挙げれば、イスラム世界で、特別な服を身につける条件での競技会に限られているが、千人以上ものイラン人女性がラグビーの試合に参加しているのだ。

二〇〇七年のワールドカップで代表チームを率いた某有名監督に、ラグビーがアメリカンフットボールみたいにならなきゃいいがとぼやかれたことがある。どんなに夢中になってやっていても、十代後半のある時点がくると、プロになるか、スタンドで観戦するかの二つに一つ。それがアメリカンフットボールだ。私は、ラグビーはそんなことにならないと確信している――ラグビーにはプロフェッショナリズムを超えるものがあるからだ。

二〇〇八年、私は「ウェストポイント」の通称で知られるアメリカ陸軍士官学校を訪ねた。この名門校にあるラグビーチームを取材するのが目的だった。イギリス人作家のジョージ・オーウェルが、本格的なスポーツは「射撃のない戦争に等しい」と批判的に書いたけれども、ウェストポイントでは、それこそがラグビーをする最大の理由と見なしているようだ。アメリカではまだマイナーなスポーツなのに、ウェストポイントにラグビー愛好者が多いのは、彼らにとってラグビーほど地上戦に近似した競技はないとされているからだ。ある将官の表現を借りれば、ラグビーは「軍人精神を増強させるステロイド」なのだそうだ。取材をした若い男女の士官候補生全員から、命を賭ける覚悟はいつでもできていると聞かされ、その職業意識の高さを前にした私は、謙虚な気持ちに包まれた。同時に、彼らはラグビーに熱中しているし、技能の向上にも熱心に取り組んでいる。ラグビーが大きな楽しみであり、戦場に立つ日に備えた訓練にもなっているのだ。それで十分だと思った。

つい最近、私は引退して以来初めて、ラグビーの試合に最初から最後まで出た。結果がどうこうよりも、気楽にただボールを回していればいい試合。二十年余りを経て、初めてチームの勝敗をまったく気にしないでプレーをした。それはすばらしい午後のひとときで、新たな友もでき、さらに夜になっておそわれた疲れと筋肉痛、そして満足感。私ももう四十歳近い。また試合をやるかと聞かれれば、即座に〝やろう〟とは言えない。それでも、パリ郊外の芝生の上で一時間かそこらボールを回しつづければ、たちまちのうちにラグビーの本質に引き戻される。この本質こそ、これからもずっと、世界中の人々がラグビーを楽しむ最大の理由でありつづけてほしい。

〔訳者略歴〕
冨田ひろみ（とみた・ひろみ）
翻訳＆ライター業。埼玉大学教養学部卒。本書がラグビー関連では初の訳書。2019年ワールドカップでミノウ扱いを覆すジャパンを見たいと願うばかりだ。

傭兵《ようへい》の告白《こくはく》
――フランス・プロラグビーの実態《じつたい》

2012年7月30日　初版第1刷印刷
2012年8月10日　初版第1刷発行

著　者　ジョン・ダニエル
訳　者　冨田ひろみ
発行人　森下紀夫
発行所　論　創　社
〒101-0051　東京都千代田区神田神保町2-23　北井ビル
電話　03-3264-5254　振替口座　00160-1-155266

印刷・製本　中央精版印刷
組版　フレックスアート

ISBN978-4-8460-1170-3
落丁・乱丁本はお取り替えいたします